小学项目化学习的学科实践

顾明远题签

邹 莉　杜文彬　主编

南京大学出版社

图书在版编目(CIP)数据

小学项目化学习的学科实践 / 邹莉，杜文彬主编. —南京：南京大学出版社，2024.2(2024.12 重印)

ISBN 978-7-305-26597-6

Ⅰ.①小… Ⅱ.①邹… ②杜… Ⅲ.①课程—教学研究—小学 Ⅳ.①G622.3

中国国家版本馆 CIP 数据核字(2023)第 195097 号

出版发行 南京大学出版社
社　　址 南京市汉口路 22 号　　邮　　编 210093

书　　名 小学项目化学习的学科实践
XIAOXUE XIANGMUHUA XUEXI DE XUEKE SHIJIAN
主　　编 邹　莉　杜文彬
责任编辑 曹思佳　　编辑热线 025-83596997

照　　排 南京开卷文化传媒有限公司
印　　刷 苏州市古得堡数码印刷有限公司
开　　本 718 mm×1000 mm　1/16　印张 15.5　字数 273 千字
版　　次 2024 年 2 月第 1 版　2024 年 12 月第 2 次印刷
ISBN 978-7-305-26597-6
定　　价 80.00 元

网　　址：http://www.njupco.com
官方微博：http://weibo.com/njupco
微信服务号：njuyuexue
销售咨询热线：(025)83594756

编 委 会

序

新世纪以来的二十余年,中国基础教育课程改革持续推进,不断深化。课程改革的不断深化,主要体现在两个方面:一是国家适应时代发展对人才培养的新要求,加强顶层设计,适时研制修订课程方案、课程标准,绘制富有时代精神的新的育人蓝图;二是广大基层学校认真实施国家新课程,积极转变育人方式,让国家课程设计中的新理念、新要求贯彻落实在学校生动的育人实践中。二十余年来,广大基层学校实施新课程、转变育人方式的实践蓬蓬勃勃,如千舟竞发,创造了丰富的改革经验,涌现出众多的先进典型。无锡市梅村实验小学就是课程改革先进典型队伍中的一员,汇集他们课程改革成果的《小学项目化学习的学科实践》一书,为我们演绎了一所基层学校创造性地实施国家课程、深化课程改革的生动故事。

无锡市梅村实验小学是一所有着110年建校历史的名校。21世纪初,国家开启新一轮基础课程改革,该校勇立潮头,二十余年前就提出“为每一个儿童设计课程,让每一位师生幸福成长”的课程理念,踏上了课程改革之路。二十余年来,学校始终坚持“个性化教学”的研究和实践,开发校本课程,并且提出“让每一个儿童主动参与课程设计”的理念,丰富学生的学习方式,注重让学生在丰富的课程体验中经历成长。近年来,学校更加重视“五育并举”,积极开发顺应儿童生长状态,指向儿童德性、思维、身体、心灵和生活舒展的课程内容,努力构建促进儿童生长力培养的课程体系。

无锡市梅村实验小学二十余年坚持走课程改革之路，走得如此坚定、执着，是基于他们对新时代教育使命任务的高度自觉和对儿童成长规律的深入探索。他们认识到，教育是未来的事业，教育是为未来培养一代新人。今天的青少年生活在变革的时代，他们的生活方式和思维方式已大大不同于上一代人，对他们的培养方式也必须改变。小学阶段是儿童身心发展、认识世界的关键时期。小学课程应具备综合性，使德、智、体、美、劳相互渗透、相互促进。他们认为，每个学生都是独一无二的，拥有独特的天赋和环境。全面发展不是无差别发展，而是要激发学生的潜能，培养其特长，弥补不足。要为每个学生量身设计适合的教育，必须了解学生的兴趣与需求，根据其不同情况进行个性化指导。无锡市梅村实验小学对新时期教育使命和少年儿童成长规律的认识，充分体现了国家基础教育课程改革的核心理念：为了学生全面且有个性的发展。

课程改革要贯彻落实上述理念，改革的主要着力点在转变育人方式。育人方式向何处转？怎样转？近年来在普通高中和义务教育课程修订工作过程中，参与的专家们对此进行过深入的探讨和交流。大家认为，关键是要正确认识学科逻辑、学习逻辑和生活逻辑，正确处理这三个逻辑之间的关系。既然学生的发展是课程设置和实施的宗旨，教学活动就必须从以学科为中心、讲授灌输学科知识为中心转变到以学习者为中心、激发学生的学习兴趣、培养学生自主学习的能力上来。学科内容不应是不断膨胀知识点的罗列，而是尽力遴选学生终身发展必备的知识和技能，努力建构能更好培育学科核心素养的内容体系，充分发挥学科育人功能。培育核心素养，要让学生的学习与学生的生活经验和社会实践紧密联系，创设与生活密切相关的真实情境，设计让学生参与实践的学习任务，让学生认识到学科知识与生活和社会实践的关系，更加了解生活，乐于实践，更加热爱学习，热爱生活。无锡市梅村实验小学探索并推进项目化学习，摒弃把教学作为一套机械、僵化、背离儿童成长规律的操作程序，对学生学习情况做深入的了解，教师和学生合作开展有意义的探究，吸引学生积极参与探索，把学生的学习推到了学科课程实施的中心地位。他们的探索抓住了转变育人方式这个关键，注意正确认识学科逻辑、学习逻辑和生活逻辑，摆正了这三个逻辑的关系，取得了丰硕的成果。

无锡市梅村实验小学近十余年坚持项目化学习的研究和实践，推进并不断深化学校课程改革，有着丰富的心得，积累了宝贵的经验。他们把二十余年经验加以总结，凝聚在他们的新作《小学项目化学习的学科实践》之中。书中既有理论的阐述，又有涵盖各个学科的丰富的案例，对正在积极探索推进项目学习、任务学习研究和实践的同行们会有很多启发和借鉴。我读过该书的书稿后写下几点感想，谨以此向无锡市梅村实验小学以及全国广大基层学校高举课程改革的旗帜勇于开拓、勇于实践、勇于创新的教育工作者们致以深深的敬意！

王湛

二〇二三年七月

（王湛，国家教材委员会委员，教育部基础教育教学指导委员会主任委员，教育部原副部长，江苏省原副省长。曾担任教育部基础教育课程教材专家工作委员会主任委员，义务教育课程修订工作指导组组长。）

目录

第一章　素养时代的项目化学习呼唤

一、项目化学习的发展脉络与内涵解析

随着全球教育中的个性化、信息化和全球化浪潮的兴起，国际范围内对素养研究的深入，项目化学习（project based learning）作为一种综合的学习和课程形态，获得了极大的关注。就国内教育发展而言，在教育政策领域，核心素养导向的课程标准修订对教育目标和评价产生了深远的影响，引发对学科素养、跨学科学习、深度学习等的需求。在教育研究领域，学习科学、设计研究（design based research）、基于理解的设计（understanding by design）、表现性评价等新的研究理论、教学与评估方法的介入，引发人们对大观念（big idea）、学习环境、大单元设计等的系列探索。这些趋势和脉络都是与项目化学习所倡导的注重情境中的问题解决、培育关键能力和素养、跨学科学习等方向是类似的，这种设计理念和方向上的共通相互激荡，逐渐成为素养时代新的课程观和学业质量观。

（一）项目化学习的发展历程

项目化学习在中国的演进轨迹可以被追溯到百年前威廉·赫德·克伯屈（William Heard Kilpatrick）的设计教学法（project method）[①]，这一教学法被认为是民国时期应用较广泛的各种教学法中理论系统性最强且实践影响最大的一种[②]。

1. 设计教学法——“做中学”教育理念的一种实践表达

1918 年，克伯屈在《师范学院记录》上发表了“project method”一文，首次

① 张华.论“设计本位学习”[J].教育发展研究，2006(23)：1－7＋13.
② 瞿葆奎，丁证霖.“设计教学法”在中国[J].教育研究与实验，1985(3)：72－84.

将“项目”引入教育学词汇中。如今，我们将其翻译为“设计教学法”。他整合了杜威的哲学观和爱德华·李·桑代克(Edward Lee Thorndike)的学习理论，将实用主义和体验性学习理念融入教育中，并将民主社会的基本生活单位作为学校课程的单位。在克伯屈看来，设计教学法是以与儿童生活有关的问题或事情为组织教材的中心，打破学科界限和班级界限，由学生自发决定学习目的和内容，并通过自己设计和实行的单元活动获得知识与技能。设计活动依目的的不同而划分为创作、欣赏、问题研究、技能练习等类型，其活动有 4 个步骤，即决定目的、制定计划、实施计划和评判结果。

● 决定目的：克伯屈认为，在教学过程中，确定目的是第一步，也是最重要的一步，因为学生有了明确的目的才会产生强烈的学习兴趣。

● 制定计划：在教学过程中，制定计划是整个教学中最困难的环节。让学生自己完成学习计划的制定，可以培养他们独立完成工作计划的能力。

● 实施计划：比起制定计划的环节来说，学生更喜欢参加到实际的工作活动中，也就是计划的实施。在这个环节中，老师需要做的事情就是通过暗示、鼓励和建议等方式辅助学生实现目的。

● 评定结果：这一环节的参与者主体仍是学生，老师制定评价的标准和方法，由学生进行评价。

综上所述，克伯屈的设计教学法，乃是“做中学”教育理念的一种实践表达。

2. 项目教学——关注教学行动的本质

20 世纪 60 年代至 70 年代，美国逐渐兴起了新实用主义，项目教学在美国得到倡导，教师将项目学习理念运用到了学科教学中，比如说坎贝尔的学习中心、阿姆斯特朗的活动中心等人设计的项目学习①。随着欧美国家进行课程与教学改革，项目学习被人们视为一种新型的课程理念，将其融入中小学教学实践中具有可行性，也深化了欧美国家的课程与教学改革。美国著名的多元智力研究和实践专家萨莉·伯曼是典型的项目教学理念倡导者，她以多元智能理论为理论依据，在此基础上开发了一整套多元智能项目课堂教学活动。具体来说，有的项目学习活动涵盖一种类型，有的项目学习活动可以涵盖两种类型或者多种类型。萨莉·伯曼设计的多元智能项目化学习课堂教学活动项目

① 高艳.项目化学习在小学语文单元教学中的整体应用研究[D].湖北：华中师范大学，2021：13.

多样，其主要设计理念是基于项目主题领域，充分考虑学生的年龄阶段特征，以项目问题为方向，指引学生完成项目任务，解决学习问题。到了1971年，项目课程进入德国学校，成为德国学校所倡导的一门“新型”课程。起初，项目课程的种类多样。德国的项目课程又深入了一个层次，不仅包括学科内的项目化课程，也包括跨学科之间的项目课程。从教学组织形式角度划分为“项目课”“项目日”“项目周”(或“项目月”)、“项目兴趣课”以及“项目教程”等，项目课程逐渐走向多元化。

3. 项目化学习——基于学习理论与学习环境理论

尽管重视了教师的管理作用，但以学生兴趣为主要驱动因素，轻活动教育价值的弊端还是使项目教学经历了长久的沉寂，20世纪50年代起，培养精英人才成为学校教育的重中之重。

直到80年代后，随着学习理论与学习环境理论的兴起，刻板的传统教学模式受到批判，学生自主探究的意义再次进入到教育研究者视野。也是由于对学习理论的强调，进化后的项目方式、项目教学获得了新的名称——项目化学习(Project-Based Learning)。

美国巴克研究所推出的《项目学习教师指南——21世纪中学教学方法》提供了项目学习设计的范式。由此，国外有了项目化学习的理论和方法指导，其项目化学习发展速度也呈快速发展状态，并日趋成熟。项目化学习包括学科项目化学习和跨学科项目化学习。由于我国是分科教学，所以在引进项目化学习的过程中结合了国内的教学现状实行学科项目化学习。国外以跨学科项目化学习为主，同时也有关于语言习得、数学、社会科学、自然科学的学科项目化学习。

(二) 项目化学习的内涵

关于项目化学习的概念界定，不同学者提出了不同的见解。巴克教育研究所(Buck Institute for Education，简称BIE)对项目化学习做了详细的阐述，即“学生在一段时间内通过研究并应对一个真实的、有吸引力的和复杂的问题、课题或挑战，从而掌握重点知识和技能。项目化学习的重点是学生的学习目标，包括基于标准的内容以及如批判性思维、问题解决、合作和自我管理等技能。”①

① 巴克教育研究所.项目学习教师指南：21世纪的中学教学法[M].任伟，译.北京：教育科学出版社，2008：4.

国内学者夏雪梅通过对已有项目化学习的界定并结合项目组三年多来对项目化学习的实践探索，将项目化学习界定为："学生在一段时间内与学科或跨学科有关的驱动性问题进行深入持续的探索，在调动所有知识、能力、品质等创造性地解决新问题、形成公开成果中，形成对核心知识和学习历程的深刻理解，能够在新情境中进行迁移。"[①]可以看出，夏雪梅教授比较关注学科和跨学科项目化学习，要求学生通过解决疑难问题，培养学生具备学科或跨学科的关键概念与能力，指向的是概念重建。胡佳怡将项目化学习界定为以学科的核心概念和原理为关注点，学生从事问题解决，以现实世界的探究活动或其他有意义工作为基础，让学生通过主动学习的方式制作并形成项目作品，最终实现知识意义的建构，以现实的、学生生成的知识和培养起来的能力为目标的一种"教"与"学"的模式。从这个概念界定中可以概括为四个关键点：第一，项目化学习的目的在掌握学科核心概念和基本原理；第二，需要以解决问题为出发点，在现实实践中完成任务；第三，最终指向完整的作品，且通过多种形式展示学习成果；第四，将项目化学习认为是师生互动的一种教学模式，而不是一种教学方式。

纵观国内外学者的有关研究成果，可以看出基本是从教学方式、教学模式等不同角度来界定，但是不论界定如何，可以将项目化学习所必备的关键要素进行提炼，即以培养学生学科核心素养为基点，在驱动性问题的引领下，让学生通过交流与合作，协商解决问题的路径，最终得出项目小组合作完成的成果。笔者将项目化学习界定为一种促进学生具备 21 世纪必备能力的一种新型学习方式，在这个过程中，驱动性问题是项目开展的前提，必须在真实问题引导下，通过组建项目学习小组，由项目组长负责分配任务，以组内合作解决的方式，协商解决复杂的、挑战性的问题，完成最终预期的学习结果，培养学生形成批判性思维、创新思维、知识技巧、可迁移能力、情感态度和价值观等 21 世纪学生必备品格和关键能力。

（三）项目化学习的特征

1. 指向核心知识的再建构

这是项目化学习最本质的一条特征。在这个特征中，包含以下两个要素。

① 夏雪梅.项目化学习设计：学习素养视角下的国际与本土实践[M].北京：教育科学出版社，2018：10.

第一，项目化学习要学生学的是核心知识。这些核心知识可以是关键学科概念、学科能力，也可以是与学生成长、世界运转密切相关的知识。通过这些核心知识，学生发现知识与真实世界的联系。

核心知识不是事实性的知识，也不是技能性的知识点，它表现出本质而抽象的特征，指向学科本质或促进人类对世界理解的关键概念与能力。

这就意味着，在项目化学习中，我们对课程标准不能仅做内容分解、细化的工作，还要理解知识与知识之间的关系、知识与情境之间的关系，对零散的知识进行提炼、升华，从学科本质上、从学科对人类社会的独特贡献上整体理解学科的关键概念和能力。每一类项目化学习及其相关的一系列互动，都需要建立项目活动和隐藏其后的概念与能力的联系。素养的培育与项目化学习的进行都离不开知识的建构与转化。素养的培育与知识、技能的教授不能相互割裂，知识、技能的学习是实现核心素养的工具和基础，以促进素养整体的实现。

第二，项目化学习最终是要学生实现知识的再建构。所谓知识的再建构，就不仅仅是说出定义，或举出例子就可以了，也不仅仅是头脑里有什么、说出什么。知识的再建构最重要的表现是能够在新的情境中迁移、运用、转换，产生新的知识，并且要在行动中做出来，运用周围的各种知识和资源来解决实际问题。当学生在新的情境中能够运用以往的经验产生出知识，就意味着迁移和知识再建构的发生。如果主要的项目活动对学生来说没有挑战性，只是知识的应用，或者只是已经学会技能的呈现，这就不是真正意义上的项目化学习。

2. 创建真实的驱动性问题和成果

真实性是项目化学习的一个重要特征，那么，真实是不是就是生活中现实发生的呢？并非如此！

Gordon 等人从 20 世纪 80 年代就开始进行创建真实生活问题情境的研究，但是后来他们发现，真实情境对学生而言太复杂了，学生被淹没其中，而真实情境与学校情境之间的联系非常脆弱，很难常态化。为此，他们的研究重心转向如何汲取真实情境的要素，使其可以在常态课堂中得以实施。结合他们的研究和我们的探索，我们发现，与其绞尽脑汁在课堂中开发出一个真实情境，还不如思考那些让情境变得真实的关键要素，从而思考如何在常态课堂情境中去创建。

真实项目首先是指学生习得的知识和能力是可以在人类世界中真实使用的，而不是只在特定的语文课堂、数学课堂中才会使用的虚假知识和技能。在当下的课堂中，那些只在特定的课堂中使用的知识、只为考试的知识还是大量存在，占用了教师和学生大量的时间。真实项目并不要求学生学习活动中的每个要素都必须是真实的，而是要让学生看到知识和世界的某种联系。

真实项目是指学生解决这个问题的思路在现实生活中是可以迁移的。即使在一个虚构的情境中学生也能够体验到真实，比如说模拟联合国，大家都知道这不是真的，但是学生在其中的思考方式和解决问题的方式是与真实情境相类似的。项目化学习更强调这种思维的真实。

因此，项目化学习所指的真实主要是从上述两个层面来说的：所学知识和能力的真实，所运用的思维方式的真实。至于它是虚构的还是真实事件的再现，是历史的还是未来的，都是可以的。

3. 用高阶学习驱动低阶学习

项目化学习指向高阶思维能力。它用高阶学习包裹低阶学习。而在日常教学中，因为考试的驱动，通常教师们会花大量时间让学生进行知识的识记、练习，然后再进行应用。教师从具体而琐碎的知识和技能开始一点点为学生夯实基础，往往没有时间让学生进行高阶学习。

项目化学习在一开始就用具有挑战性的问题创造高阶思维的情境，激发学生学习的内驱力，明确对学生提出带有问题解决、创造、系统推理分析等高阶认知策略的项目任务，让学生在由强大的驱动性问题所产生的内驱力中创造一个真实的作品。在完成作品的过程中，在与各种材料和文本互动中，学生再来进行低阶学习，主动查找、识记信息，将信息组织化，巩固和理解信息，形成完成这一作品所需要的知识网络和技能准备。

在项目化学习中，学生从一开始就很清楚所学的知识是用来做什么的，具体的知识和技能都被问题结构化、组织化在其中。这种组织知识的方式会对学生的学习动力产生极大的影响。学习首先是学生自我系统的启动，学生对自己所学的内容产生意义感和价值感，每一个学生都有权利知道其所学的知识除了应对考试还意味着什么，对发现自身与世界的联系有怎样的价值。

4. 将学习素养转化为持续的学习实践

我们追求怎样的学习素养，就要让学生用怎样的方式来解决问题。

我们希望培养学生的合作沟通能力，那么，项目化学习就要让学生经历合作中的冲突、讨论与观点的碰撞；我们希望学生学会探索，那么，项目化学习就要让学生提出自己的问题，探索问题；我们希望学生能够富有创造力地思考，那么，项目化学习就要为学生提供创造性、多元表达的机会……

项目化学习要锻炼和培育的是学生在复杂情境中的灵活的心智转换，是一种包含知识、行动和态度的“学习实践”，而不是按部就班完成探究的流程。学生对问题的探究与解决，都需要在项目化学习的过程中转化为学生有意义的学习实践，凝练为素养。

“实践”强调的是“做”和“学”的不可分割性，这意味着项目化学习不仅仅是“做”，不仅仅是技能的获得，同时包含着“学”，包含对知识的深度理解。“实践”意味着学生要像一个真正的科学家、工程师、作家、数学家、新闻工作者那样，遇到真实的问题并在多种问题情境中经历持续的实践。

二、小学项目化学习的实施现状与困境

项目式学习（Project-Based Learning，简称 PBL），强调多个学科的综合，采用问题驱动式、探究式和小组合作式的学习方式，运用能激发学生探究欲望、发展学生创新思维和高阶思维的教学方法，关注学习的过程和实践成果的产出。项目化学习在中国的演进轨迹可以追溯到设计教学法（project method）。作为基础教育领域的一种课程设计理念和教学思想，设计教学法是美国进步教育思潮和欧洲新教育思潮的产物。设计教育法在中国教育界曾经有过一次本体化的实施，国内外研究现状述评本课题文献资料查阅主要在知网、期刊网及相关书籍中进行。

项目学习的产生。项目学习于 1969 年由美国的神经病学教授 Barrows 在加拿大的麦克马斯特大学多所医科学校中推广、修正。因其注重实践性和参与性，强调以问题解决为中心、多种学习途径相整合，实现了向“学习者为中心”和“能力中心型”教育的转变。因此，该模式在高等教育、高职高专教育、中小学教育甚至企业、政府、军事等各个领域如火如荼地开展起来，并且在理论和实践方面产生了大量的研究成果。项目化学习是一种突出学生主体地位、以学生为中心的教学方法，在教学中提供关键素材构建一个环境，学生组建小组或者学习团队，通过在环境中解决一定的开放式问题来进行深入学习。项

目化学习的过程并不局限于学生通过一个既定的方法来解决问题，而是强调学生在解决问题的过程中发展出来的技巧和技能。这些技巧和技能包括怎样获取知识、如何计划项目和控制项目的实施、如何在学习过程中进行团队沟通与协作等。项目化学习模式的学习过程和目标与当前的核心素养培养具有高度的契合，是培养学生核心素养的有效教学方式。

（一）国内外基于项目的学习的应用

基于项目的学习在国外有比较广泛的应用，尤其是美国和欧洲国家在这方面做了很多有益的探索和应用。如加州 Berkley 分校的 Wise 项目、齐治理工学院的 LBD 和 CaMILE 项目、欧洲的 Netpro 项目等。另外，还有些国家是开展基于网络的远程协作项目学习 。如挪威小鬼网络的“多元文化日历(Multi-Cultural Calendar)”项目；美国工程和科学教育促进中心的“国际沸点项目(International Boiling Point Project)”，美国新泽兰州一所小学开展的“交换怪兽游戏 ”，中国和联合国儿童基金会开展远程协作项目学习，如“设计图书馆”项目等等。国内学者对于项目学习也给出了自己的解读。刘景福等认为项目学习是以学科的概念和原理为中心，以制作作品并将作品推销给客户为目的，在真实世界中借助多种资源开展探究活动，并在一定时间内解决一系列相互关联着的问题的一种新型的探究性学习模式。还有的学者使用过程式定义，认为项目学习，就是学习过程围绕某个具体的学习项目，充分选择和利用最优化地学习资源，在实践体验、内化吸收、探索创新中获得较为完整和具体的知识，形成专门的技能和得到充分发展的学习。

关于小学项目式学习的理论研究，主要集中在它的内涵、特征和价值三方面。项目式学习的内涵：它是一种学习模式或教学模式。美国巴克教育研究所将项目式学习的内涵定义为：学生在一段时间内通过研究并解决一个真实的、有吸引力的和复杂的问题、课题或挑战，从而形成对重要知识和关键能力的理；项目式学习的重点是学生的学习目标，包括基于标准的内容以及如批判性思维、问题解决、合作和自我管理等技能。陕西师范大学张文兰等认为：项目式学习是一种教学模式，这种教学模式的理论指导是建构主义理论，强调学生在真实问题情境中探究学习，旨在提升学生的多元能力。在传统的讲授式教学中，学生的探究欲望很难被激发出来。面对这个问题，教育研究者通过持续的研究发现，一种新型的课程方式能够激发学的学习兴趣，并有利于学生理解与应用重要的概念，这就是项目化学习。

（二）小学项目化学习的实施现状

自 1919 年开始，在中国教育界曾经有过本土化项目实施，在当时全国范围内影响广泛，被认为是民国时期流行的教学法理论最为系统且实践影响最大的一种。新时代背景下，在具体学校中开展项目化学习，一般以项目的方式组织教与学，在确定了具有挑战性、驱动性的核心问题后，学生在真实情境中通过探究、合作和分享等方式对相关材料进行加工处理，最终以产品的形式来呈现问题解决方案，在整个问题解决过程中，以长期的学生的能力建设和素养提升为主要目标。“工作过程为导向、项目为载体，任务为驱动、能力为目标、素质为基础、学生为主体、教师为主导、理论实践一体化”的项目化课程教学改革，目前已经在全国高职院校和教学实践中广泛推广，采用项目化教学模式，以工作任务为中心，学生通过咨询、决策、计划、实施与检查评价等步骤，全面地参与整个实践活动，以此来提高综合职业能力，理论学习与生产实践相互结合，能够全面提升学生的专业能力、方法能力和社会能力。但在项目化教学实施过程中，学生的学习过程中仍然会出现一定的问题，非常值得广大教师重视，应该采取相应的对策与措施，及时解决问题。

（三）项目化学习的实施困境

1. 驱动性问题设计缺乏梯度

在小学项目式学习的设计和实践中，一个“好”的问题决定了项目设计的高度和深度。问题的来源是丰富多元的，包括聚焦 2022 版新课程标准中的核心提出的问题、学生感兴趣的话题、基于社会生活中发生的复杂性时间设计的问题。这些具有前瞻性的驱动型问题有阶段的设置，才能引领项目有效展开。在项目化学习中，“好”的驱动性问题应该是结构不良问题，其基本特征包括：话题开放，没有固定答案；问题内容能激发学生开展持续探究；选题跟社会生活密切相连。但在项目化学习实践中，教师和学生设计的问题过于封闭和狭窄，答案过于固定，拓展空间有限，导致学生解决问题的方式和答案趋同，探究活动受限。

2. 实践活动混同于项目式学习

在项目化学习中，教育实践者过于关注实践，而忽略了理论学习，从而导致对于项目化的内涵掌握不够准确和深刻。在实践中，项目化学习经常与实践活动相混淆，甚至有实践者认为，只要是以活动贯穿学习的始终就是项目化学习。

活动诚然是项目化学习的要素之一，实践活动中也强调学生的参与和体验，活动完成后也会产生一些学生的作品和成果，因此，教师经常认为综合实践活动就是项目化学习。但这样的认知误区导致项目化学习没有聚焦的驱动性问题，学习过程缺少探究，产品意义不够深刻。

3. 材料搜集不能有的放矢

在实践中，起初学生不了解小学项目化学习的过程和要求，不会收集资料，导致材料不足；搜集资料的工具和途径有限，不能浏览专业性的学术网站，将百度作为最常用的搜索引擎。但百度的信息良莠不齐，真假难辨，最终会导致信息收集不全面、信息质量不高等问题，而这种信息质量不佳直接影响着项目的开展。同样在小学"综合与实践"的教学实施中多为师范大学的学科专业或者小学教育专业的硕士研究生开展的研究调查，他们在研究过程中多采用问卷调查法和访谈法对学校的师生进行调查，分析调查结果，总结教学现状、问题及成因，提出相应的教学改进政策。有教师从教学目标、内容、方式、评价等方面调查了"综合与实践"的教学实施现状，针对现状问题提出改进对策，并设计出相关课例作为理论和实践相结合。

4. 教学设计注重面面俱到

在实践中，由于教师和学生过于习惯传统的教学方式，因此，希望在教学过程中尽量照顾到全体，能让学生以集体为单位共同获得较为"一致"的成长，但这种追求"统一步调"的教学目标并不符合项目化学习的要求，或者说项目化学习的开展本身就与整齐划一的学习效果相矛盾。例如，随着新课程改革的深化，"综合与实践"越来越受重视。然而，在真实的教学课堂中，"综合与实践"却是被弱化的一个内容板块。结合项目化学习的"综合与实践"在教学性质、教学目标、教学方式等方面与其他三大课程内容有很大区别，它成为实际教学课程改革的一大难点。在教学课堂中，首先，教和学不尽如人意。教师感觉开展项目化设计"综合与实践"的内容难教，学生的课堂参与度不高，课堂教学效果欠佳。其次，形式化严重。课堂教学中存在"重知识和结果""轻实践和过程"的现象，活动单一、学习浅层、评价单调。最后，虚无化现象。由于项目化学习的“综合与实践”不纳入考试，老师们则直接省略此部分的教学，如何进行有设计性的教学方案，将项目化学习中“综合与实践”有条理开展，既不影响实际教学，同时又兼具项目化学习的教学意义。以上问题需得到重视和改善。

5. 产品反馈不够细致深入

在实践中，由于时间的关系，产品公开分享的环节常常流于形式，教师没有充足的时间对学生的产品进行深入反馈。由于产品的设计是指向问题解决的，对产品反馈不够细致深入导致问题解决的深度和效果无法保证。以“综合与实践”教学的现状为例，对“综合与实践”的教学目标、教学内容、教学实施和教学评价进行了调查，调查到以下教学现状问题：教学目标“系统性”不足导致学生综合素养割裂、教学内容“情境性”不足导致学生思维发展固化、教学实施“科学性”不足导致学生实践能力弱化、教学评价“多元性”不足导致学生学习兴趣减弱。

三、素养导向下项目化学习的应然形态与应用价值

（一）关于新课标的理念理解

2022 年 4 月，《义务教育课程方案》发布，教育改革进入了一个新阶段，给学校、校长和老师提出了全新挑战。我国义务教育课程修订是对 2017 年版普通高中课程标准修订理念的延续发展，更是 2001 年以来新课程改革的继承与超越。

新课标的修订试图深度改革当前的课程结构、教学形态、评价方式，我们可以概括为四大理念：素养导向的课程目标观、基于理解的课程内容观、跨学科学习的课程组织观、基于表现性评价的课程评价观。这是围绕课程方案中的素养导向、综合育人、实践育人三大核心原则展开①，如果把这四大理念理解透了，我们就有了这次课程改革的宏观图景，也有了新课标背景下课堂样态的特征描摹。

1. 素养导向的课程目标观：解决真实问题

素养导向要求课程目标始终聚焦于培养学生在真实情境中解决复杂问题

① 中华人民共和国教育部.义务教育课程标准(2022 版)[S].北京：北京师范大学出版社，2022.

的高级能力，也就是培养学生可迁移的正确价值观、必备品格和关键能力。当今世界瞬息万变，科技创新和交流互动频繁，未来社会和职业环境正在变得越来越复杂，也给教育带来了重大的影响。我们必须要去培养学生的高级思维能力和复杂交往能力，也就是说，至少要拥有三种科学思维能力——批判性思维、创造性思维、合作性思维。批判性思维、创造性思维和合作性思维，就是我们乃至全世界都在追求的素养。

素养导向下，课程目标开始走向整体性，三维目标相互渗透、融为一体，工具性与人文性达成统一。其次，课程目标具有一致性，我们所有的教学实践实际是帮助孩子如何看世界、如何看人生、如何进行价值判断和取舍，学习多学科的原因是为了建立起更全面的三观系统。第三，课程目标要有阶段性，所谓的阶段性可以从两个方面理解，一是学业要求的不同水平，不同学段有不同水平的学业要求；二是思维水平的阶段性，理解是一个过程，具有程度性，会逐步变得更深入和全面。一言以蔽之，核心素养对我们课程目标的主要改变，是走向新三维目标，就是把三维目标融合起来，回到真实情境，指向解决真实问题的高级能力和理解能力。

2. 基于理解的课程内容观：围绕核心概念

为什么要重视理解性教学？狄尔泰认为，理解是一个从外部给予的符号中认识一种内在物体的过程。[①] 我们知道，教育的一个重要的意义是让人不断地进行自我完善。对于学生而言，只有理解了教育与他们生活之间的距离，他们才能更好地认识到自身的不足，教育意义才能更好地呈现。

在理解性教学观的视角下，学习不是为了记忆知识，也不是为了将知识变成特定的操作性行为，而是通过对各种知识的整合，不断地汇入个体经验之中，真正成为人生路上的智慧力量。所以，真实的教学在使学生理解生活、理解知识的意义并将之融入学生的经验，让学生亲自去经历、探索、体验和表现。教学即选择少而重要的学科核心概念，创设真实情境，让学生以小组合作的方式运用学科核心概念解决真实问题，经历真实实践，给予学生唤醒和启迪。

3. 跨学科学习的课程组织观：推进综合学习

所谓跨学科学习观，即认为学科是从社会生活包括职业生活和日常生活

① 金生鈜.理解与教育：走向哲学解释学的教育哲学导论［M].北京：教育科学出版社，1997：30－45.

当中逐步分化出来的，学科与社会生活、自然世界、人的心理经验存在内在联系。学科边界可以渗透，可以根据学生的认知特点和发展需要，进行不同程度的融合，因为知识是一个整体，世界生活是一个整体，人的心理经验是一个整体，学科和知识见解也具有整体性、复杂性和关系性。学科边界是相互渗透的，我们可以根据学生认知特点和发展需要，进行跨学科融合。跨学科学习既是发展学生批判意识和自由人格的要求，又是培养学生核心素养的条件。

我们一定要意识到，如果学生只熟悉一门学科，比如说一位学生拿出所有的精力来学习数学，那么数学可能会“害”了他。所以，孩子们如果要获得自由人格和认知发展，就要跨越学科学习，用多元智能认识世界，进而找到自己最擅长的领域，并以此为基础，像专家一样思考，向其他学科跨越发展。这就是信息时代的自由人格。

4. 基于表现性评价的课程评价观：落实因材施教

表现性评价是在尽量合乎真实的情境中，运用评分规则对学生完成复杂任务的过程表现或结果做出判断。[①] 从表现性评价的内涵来看，这一评价方式弥补了传统纸笔测试的局限，不仅能够检测素养，而且有利于促进素养养成。大量的证据表明，表现性评价更适合于检测高水平的、复杂的思维能力，且更有可能促进这些能力的获得；同时能支持更具诊断性的教学实践，促进课程与教学。也就是说，在表现性评价的引领之下，学生主动地深度参与到基于真实情境的任务中，并通过评分规则获取有效反馈，明晰期望的素养目标、现阶段的素养水平以及如何进一步发展等问题，最终通过自我反思，实现核心素养的形成。

（二）项目化学习的应然形态

对于一线教师而言，除了关注教的内容，课标的变化和未来教材的变化，我们更需要思考如何去教，学生该如何去学。事实上，世纪之交的上一轮课程改革核心目标也是变革和优化教与学的内容、方式和评价，但长期以来形成的教育实践的惯性，当前课堂中还存在知识学习碎片化和机械化、知识脱离真实情境、忽视学生沟通与合作的社会性技能发展等问题，教育实践的改革依然举步维艰、任重而道远。

① 周文叶.中小学表现性评价的理论与技术[M].上海：华东师范大学出版社，2014：53.

针对当下课堂教学存在的问题、课堂教学改革的要求，2022 版义务教育新课标指明的方向包括学科综合实践活动、主题式、项目化、研究型等类型，其中项目化学习几乎是所有学科课标都主张的教与学方式。例如，语文学科提出通过“学习任务群”联结课堂内外、学校内外开展实践活动，提升语言文字运用能力和问题解决的能力，这也就是一个项目化学习的思路，教师的教和学生的学更加指向生活中现实问题的解决。在此之前，2019 年 6 月，中共中央、国务院出台了《关于深化教育教学改革全面提高义务教育质量的意见》，这个文件没有明确指出项目化学习，但提出了：强调优化教学方式，切实提高课堂教学的质量，包括探索基于学科的课程综合化教学，开展研究型、项目化、合作式学习。[①] 不管名称如何变化，其本质都是通过项目来实现教师的教和学生的学。

项目化学习作为学与教变革的方式之一，强调的是对核心概念的理解和应用、对知识和真实世界结合的关联，以及学生与他人合作解决真实问题的关注。项目化学习作为课程的一种组织形态，能够将项目逻辑分解为学科逻辑、跨学科逻辑、生活逻辑和主题逻辑，延展学习的空间和时间，从而让学生在真实问题解决中感受知识与技能的价值、发展批判性思维、创造性思维和团队协作等学习素养。这种素养培育导向的课程改革方式适应新课程标准的发展趋势。

（三）项目化学习的应用价值

1896 年，杜威(J.Dewey)在芝加哥大学设立了大学附属学校——杜威学校，是第一所由大学设立、由大学学者直接参与的教育实验机构。在办学实践中，杜威致力于把教育研究放在学校这一小型的社会环境中，他把一间一间的教室转化成工作坊，以儿童心理发展的阶段为指导，设置与社会发展情境相符的社会性课程，进行相关的教育实验和评价，探究科学的教育方法，让孩子们在实践中学习计算、测量、阅读、艺术，把思想表现为优美的具体形式，在解决真实问题的过程中发展能力，以期建立不同于传统教育学的教育研究范式，使得杜威学校在美国教育界成为最引人注目的教育实验园地。

美国巴克教育研究所的研究者认为，项目化学习是一套系统的教学方法，

① 中共中央、国务院.关于深化教育教学改革全面提高义务教育质量的意见[EB/OL].(2019-07-08)[2020-11-20].http://www.gov.cn/zhengce/2019-07/08/content_5407361.htm?trs=1。

它是对复杂、真实问题的探究过程，也是精心设计项目作品、规划和实施项目任务的过程，在这个过程中，学生能够掌握所需的知识和技能。[①] 项目化学习作为一种“以研代教”的新尝试，它具备了其他学习方式所不具备的优势，解决了分科与综合、知识与能力的矛盾。新课标的修订优化了课程结构，强化了课程有效实施的制度建设，更新了教学内容，根本的转变就是从“教育质量提升”到“育人”。要真正落实新课标，就要落实培养核心素养，要落实培养核心素养，关键是知识的融通和应用。如何在教学中达到知识的融通和应用？这正是项目化学习最“擅长”的目标。

1. 项目化学习是落地核心素养的有效途径

相比传统教学方式，项目化学习聚集多个知识点又超越知识点，突破碎片化的知识，不仅可以保证学习效果，更能培养学生的核心素养。巴克教育研究院的一项研究整理了从 1984 年～2017 年的 20 多个关于项目化学习的国际研究，覆盖了义务教育到高中的项目化教学成果，结果显示：高质量的项目化学习可以巩固学生知识掌握、提高考试成绩、实现知识应用以及提升核心素养，并能有效提高学生的课堂参与度和学习驱动力。所以，项目化学习为培养核心素养的“育人”目标，提供了一个落地方法和实施途径。不仅拥有近四十年的学术研究和数据支持，更有严谨的标准、详细的实施路径和覆盖全年龄段全学科的真实成功案例。

通过项目化学习，学生不只是理论上的学习，更将知识在日常生活中加以应用，体会知识的价值，还可以更有创造性地思考，培养学生问题解决、批判性思维、合作学习和终身学习等多种能力，促进学生多向度的发展，实现核心素养的落地。

2. 项目化学习为课程改革提供路径

新课标的修订原则中提到要坚持创新导向。“既注重继承我国课程建设的成功经验，也充分借鉴国际先进教育理念，进一步深化课程改革。”后又强调了“凸显学生主体地位，并关注学生个性化。”这正是项目化学习的现状，借鉴国际先进的理念、结果、框架和案例，发展有中国特色的落地形式。达成以学生为中心，融合个性化教学，整合学科，加强实践和真实性的改革要求。新课

① 巴克教育研究所.项目学习教师指南：21 世纪的中学教学法（第二版）[M].任伟，译.北京：北京教育出版社，2008.

标的课程实施部分，更是原文指出："探索大单元教学，积极开展主题化、项目化学习的综合性教学活动"，已经明确将项目化学习作为新课标课程实施的一种推荐教学方法。

项目式学习的设计有助于落实"实践育人"的课程改革理念，有些实践性和综合性的素 养(如实践创新、学会学习等)需要新的课程载体才能实现，强调" 实践育人"也成为当前课程改革的一个趋势。例如，新课标要求部分学科拿出10%的学时用于开设学科综合实践活动，倡导跨学科实践活动的设计将是一个重要的改革导向。"学科(或跨学科)实践活动"就是新的课程载体，这些活动课程可以设计为通过项目化学习而实施的学习任务，从而落实 "实践育人"的理念。

新课标为教育改革提供了目标框架，但"育人"目标能否真正落地，还取决于一线教育工作者是否能找到可行的方法和切实可行的路径。项目化学习不论是从成熟度还是实践性，都足以成为创新课程改革的路径之一。

3. 项目化学习为真实学习、跨学科学习和过程评估提供了载体

在培养核心素养的目标背景下，真实学习、跨学科学习以及过程评估也是此次新课标的亮点和挑战。如何在有限的教学时间内达到如此多样的"新要求"，项目化学习为它们提供了一个载体。在项目化学习著名的黄金标准中，真实性、过程评估、学生选择权和持续探究都是高质量项目化学习黄金标准中的核心要素。为了节省宝贵的课时，减轻一线教师的压力，完成一个高质量的项目化教学的基础上，不仅同时满足了跨学科、真实性、个性化等新课标要求，更掌握了不同方面的落地策略，可灵活地融入日常的教学。

与"教师讲授—学生接受—检测反馈"的传统课堂教学路径不同的是，项目化学习指向深度学习，强调学习与真实世界的连接，以及核心知识和素养的培育，深刻体现以学生为中心的教育理念。这也对教师的专业素养提出了更专业的要求。项目化学习的教师要成为学习的专家、导师、激励者和评估者，根据教学内容包含的知识做出教学决策，以帮助学生更好地理解新的概念；与学生就项目开展沟通交流，并监督项目的进行情况；挖掘新的资源并提供指导；建立支持项目化学习的课堂文化；通过项目化学习真正地激发学生的内驱力。在教育改革的浪潮下，将项目化学习作为核心任务不仅是培养学生核心素养的有益探索，也是提升教师专业素养的重要举措，更是进一步推进义务教育教与学方式变革的重中之重。

第二章　学科项目化学习的内涵与特征

一、以学科项目化学习撬动学科实践

（一）何为学科实践

何为学科实践？崔允漷，张紫红和郭洪瑞在《溯源与解读：学科实践即学习方式变革的新方向》①一文对其做了详细而具体的分析与释义：学科实践即学习方式的迭代发展，它既注重学科性，也注重实践性。学科实践强调"像学科专家一样思考与实践"，是以一套做法或一系列实践（a set of practices），即以复数的形式而不是以"一种做法"的形式出现的，启示我们不存在一种普适、永恒的模式或方法，而是应当根据具体的目标要求和情境设计相应的实践活动，回归学生的主体性与学习方式的丰富性。简单来说，学科实践是指具有学科意蕴的典型实践，即学科专业共同体怀着共享的愿景与价值观，运用该学科的概念、思想与工具，整合心理过程与操控技能，解决真实情境中的问题的一套典型做法。作为学科育人、实践育人的突破口，学科实践为核心素养时代回答如何育人的问题提供了新的范式。

1. 学科实践的内涵释意

就其内涵而言，学科实践集中体现了"四个统一"：理论与实践的统一，真理与价值的统一，特殊性与普遍性的统一，个体性与社会性的统一，下文将从学习的四个角度分别进行阐述。

从学习的本质看，学科实践是理论与实践的统一，是知行合一的学习。站在马克思主义实践哲学的立场上来看，学科实践强调的是"实践、认识、再实

① 崔允漷，张紫红，郭洪瑞.溯源与解读：学科实践即学习方式变革的新方向[J].教育研究，2021，42(12)：55－63.

践、再认识”的循环往复、螺旋上升的认识形式。只有学生亲身实践了，才能把书本上的理论性知识变为自己的知识，而在实践中，学生可以进一步重构学科知识。

从学习的目的来看，学科实践是真理性（求知）与价值性（育人）的统一。所谓真理性，主要特征就是合乎客观规律；所谓价值性，主要特征就是合乎特定目的。在核心素养时代，课程改革最重要的目的就是全面育人。而学科实践的真理性体现在其包含了求知的维度，要求学生通过学科实践掌握必要的学科知识，建立完善的学科体系，自觉地运用学科思维求索真理，而价值性则体现在真实性实践中培养学生解决问题的能力，在社会性互动中回应人生、幸福、道德等价值关切。

从学习的内容来看，学科实践是特殊性与普遍性的统一。实践必须体现学科性，包含该学科独有的部分，如学科内容、学科核心观念、学科思想方法等。然而，在实践推进的过程中必定会突破本学科的边界，涉及与其他学科的关联、跨学科共通的范式和概念等。因此，围绕学科展开的实践是特殊性（学科）与普遍性（跨学科）的统一。从学习的历程看，学科实践是个体性与社会性的统一。学科实践首先是个体的实践，只有亲自投身实践，才能说一个人真正地掌握了知识。然而，在信息时代，知识的更新迭代越来越快，其内容及结构的复杂性意味着学科实践势必要在学科共同体中展开，乃至超越学科范畴延伸到社会大环境当中，学科实践与生活实践的边界将会进一步融合。

学科实践是课程改革的逻辑必然，是人类的实践、专业的实践、育人的实践，强调超越知识点的素养目标、学科专家思考与行动的惯例、过程技能与操控技能的整合和真实情境中的问题解决，代表着学习方式变革的新方向。

2. 学科实践的价值理解

在传统的知识习得与理解过程中，学生容易习得知识的符号表征、逻辑形式，却难以在意义系统方面有所得，究其根本原因是学生并未经历逻辑考察、历史探源、情感体验、文化觉醒、审美实践、社会探究、意义建构等更深层次的学习过程。学生无法经历真实、有效、多样化的学习活动，只能获得停留于知识的表层、静态和外在形式的浅表化意义，而缺乏知识的发展意义。

学科实践的基础性活动，属于认知性实践活动，如观察、感受、认识、思考、倾听、书写、分析等，是具体知识所包含的外在符号化表征与学生学习建立意义联结的基础性实践活动。学科典型和特定实践活动，如语文学科注重诵读、积累与梳理、阅读和探究、表达与交流、审美体验与鉴赏等；科学注重实验探究、调查、测量等。真实情境的跨学科实践活动，指向学生的探究能力、创新意识、实践能力、社会责任感的培养等，如项目设计、物化的学习产品、展示交流、“嘉年华”“活动周”等。三个层次的实践活动，形成从认知—实践—深化认知，从认知实践—学科实践—跨学科实践的结构化、复杂性、情境化、动态化实践过程。

以学科实践活动为抓手，用实践撬动传统坐而论道的教学方式，建立实践型的新型育人方式，这既是新课标的内在要求，也是落实新课标的必然要求。

（二）适于学科实践的教学模式选择

1. 教学模式的定义及基本特征

教学模式是在一定教学思想或理论指导下，对某一学科领域中特定的教师、学生、媒体互动状态和过程加以概括而形成的，正确反映学科教学客观规律并适用于本学科或其他学科教学实践的，以系统的有序的简明的形式表达其结构关系的一种教学行为范型。

这一定义揭示了教学模式的三大特征：1. 客观规律性。教学模式源于教学实践，但又不是客观实践原型的复现，它是人们在一定的教学思想或理论的指导下，依据已发生过的教学实践活动和经验，经过思维上的加工制作出来的符合教学客观规律的教学活动认识形式，是一种可供参照模仿的教学行为样式和构架。2. 师生互动性。教学模式所描述的对象不是任何类型的教学活动，而是教师、学生、媒体和互动状态、结构和过程。3. 直观性。教学行为范型是直观的，主要特点是：(1) 概括性(或简约性)；(2) 完整性(或结构性)；(3) 有序性(或系统性)；(4) 操作性(或行为性)；(5) 范例性(或仿效性)；(6) 独特性(或针对性)。

2. 学科教学模式的独特性

学科教学模式具备一般教学模式的所有特点，此外还具有“学科性”这一独有的特征。学科教学模式有两个派生点：一是最初的学科教学实践；二是现有的一般教学模式。于是，学科教学模式可分为本学科教学模式和他学科教学模式。两者的生长源和植根处都是学科教学实践。本学科教学模式是指产生于某一学科教学实践而只能运用于这一学科教学实践的为本学科特有的一种学科教学模式。本学科教学模式探讨的价值在于揭示学科教学模式内涵中的“学科性”和“独特性”。而他学科教学模式是指源于某一学科教学实践而可以运用于其他跨学科教学实践的，经植根于某一学科教学实践而形成的一种学科教学模式。它的形成经历的路线大致是：某一学科教学实践>一般教学模式>其他学科教学模式。一般教学模式的生长点是学科教学实践，而它的落脚点也是学科教学实践，当其产生于此学科而植根于彼学科时，就演变成他学科教学模式。换言之，一般教学模式在学科教学实践中的有效运用，就形成了他学科教学模式。据此，每一学科的教学模式体系都可能由若干个一般教学模式演变而成的若干个他学科教学模式组成。例如，数学、化学、生物等学科的教学模式体系，都可能由探究教学模式、发现教学模式、掌握学习教学模式等若干个一般教学模式演变而来的若干个他学科教学模式所组成。

3. 适于学科实践教学模式的必要特征

结合学科实践的内涵与特点，适于学科实践的教学模式要求打破课堂教学的时空局限，突出学生在行动中学习，它既重视认知发展，又重视情感态度的培养或动作技能的形成和巩固。这类教学模式主要有活动教学模式、情境陶冶教学模式和示范模仿教学模式。

活动教学模式是教师指导学生在实践活动中主动认识和发现知识及其关系，完成某一特定任务或解决某一具体问题的一种教学模式。整个实施过程自始至终必须贯穿学生主动的认识和实践活动。情境陶冶教学模式是指在教学活动中创设一种情感和认知相互促进的教学环境，让学生在轻松愉快的教学气氛中既有效地获得知识，又陶冶情感的一种教学模式。示范模仿教学模式多用于以训练行为技能为目的的教学。在新时代，这种模式的结构已发生了本质上的变化，它以“自主练习”为中心，这是旧时代的示范模仿模式所没有的。①

（三）以学科项目化学习作为实现学科实践的可能方向

学习素养的本质是心智的灵活转换。学习者在新情境中运用所学解决问

① 李方.一般教学模式与学科教学模式[J].课程.教材.教法，2001(05)：21－26.DOI：10.19877/j.cnki.kcjcjf.2001.05.005。

题，创造出新意义与新知识。项目化学习促进学习者大脑的发展，知识、能力与态度的整合，奠定学习者心智自由的基础。项目化学习植根于课堂，又同时指向课程的结构性、学校的组织性变革，对于未来教育的转型具有深远的意义。

项目化学习是系统的学习设计，涉及六个维度。项目化学习的核心要素首先是立足于课程知识内容而开展的，其次是利于学生在现实生活情景下解决问题，最后是学生能在实践活动中构建知识体系，这些充分体现了项目化教学特点。项目化学习最大的优势就是通过学生参与解决较为复杂问题的过程，使其运用类似真实遇到问题的情境来进行分析、思考，从而让学生的思考、分析解决问题的能力得到不断发展，还能全面帮助学生学科素养的提升。

从学科角度出发，项目化学习可具体分为学科项目化学习与跨学科项目化学习。其中，跨学科项目化学习旨在运用两个或两个以上学科知识综合解决问题，实现学习者心智转换，创造出新成果。项目化学习可以基于学科又超越学科。在中国背景下，以一个学科为主要载体，聚焦学科关键概念和能力，进行学科与学科、学科与生活、学科与人际的联系和拓展，用项目化的形式呈现出来，既是中国课程改革的可行道路之一，也是国家课程校本化实施的可行道路之一。跨学科项目化学习强调通过学科间不可分割的联系达到整体理解，不是简单的多学科的主题活动。跨学科项目化学习汇聚两个及两个以上的学科概念来解释现象、解决问题、创造作品，让学生产生新知识，获得更深的理解。

而相较于跨学科项目话学习，学科项目化学习更直接指向了学科核心知识在情境中的再建构与创造，是基于学科中的关键概念和能力的项目化学习。伴随着学科核心素养的提出，与大单元、情景化的设计理念相呼应，国家课程的项目化实施成为落地学科核心素养的一种载体。学科项目化学习与当前学科教学存在较为明显的差异。

首先，它的知识观指向的是与学科本质有关的核心概念或关键概念、能力的整体理解，定位更综合、更上位。

其次，学科项目化学习中驱动性问题的提出改变了原来学科学习从低阶开始并主要在低阶徘徊的特点，它更强调用高阶学习来带动低阶学习。

最后，学科项目化学习的持续探究式的学习历程打破了原来学科学习中单课落实的特征，而是从经验单元的角度进行重新设计。例如，语文课程项目化学习是依据语文课程标准，以核心素养为发展向导，通过运用项目化学习手段为学生营造出类似真实的情境，使学生们积极主动参与到语文课堂的听、说、读、写中，借助实践活动来不断获取丰富的经验和情感，提升集体协作能力，培养学生健全的人格。因此，基于学科核心素养的项目式学习是落实语文教育、实现语文学科实践的典型路径。

总的来说，项目化学习翻转了布鲁姆的目标分类学，用高阶的学习包裹低阶的学习，不是从低到高逐步学习具体的内容，而是翻转这一过程，从创造性认知要求的顶端开始，让学生在驱动性问题所产生的强大内核动力中去创造一个真实的产品（Perkins，2016）。在与产品的互动过程中，在各种材料和文本的互动中，学生理解深层次的内容、主动识记、理解为了完成这一产品所需要的知识，提升能力与品质。①

二、何为学科项目化学习

（一）学科项目化学习的基本内涵

学科项目化学习这个说法在国内比较少见，但是在国外的各个学科领域中，运用项目化学习的方式设计课程却很常见。运用项目化学习的方式可以达到强化学科学习，培养学习能力，疲于学生的逻辑思维能力以及创造性等目的。

从项目化学习的内涵上来看，学科项目化学习是通过对学科内容的打破和重组进行设计的学习。项目化学习通过项目的驱动性问题引起学生学习的兴趣，推动项目的完成。而学科项目化学习是对课程和教学的双重改革，课程的设计要立足实际生活和真实情境，高度关注课程标准和教材单元的主题内容，进行教与学的双重设计。

从课程发展的角度来看，基于问题的学习、活动性学习以及综合探究性学习的学习形态在学科课程学习中难以实现，为了使学科知识更好实现与现实生活深度与广度的融合，学科项目化学习将项目学习的设计要素融入学科教学之中达到学科教学的优化。其最大的设计要点是将外在的“项目线索”转化

① 李辉.基于学科核心素养的语文课程项目式学习实践：评《核心素养与学习的变革》[J].科技管理研究，2021，41(22)：244.

为内在的“知识线索”，提供以知识为中心的教学设计，保证学生对知识学习的完整性与深度性。[①]

从课程样态来看，学科项目化学习主要以学科内关键的概念或能力为载体，指向学科本质。[②] 具体地说，对项目学习课程样态的划分，不同的专家从不同角度给予了划分。林奇贤按课程中的真实情境与专业态度、学生自主权或学习所有权、成人与专业人士的联结这三个元素的设计与运用，将 PBL 课程分为阳春型(挑战式学习)、模拟型(塑造或模拟应用的场景)、高端型(专业与开创性探究)、未来型(社区即学校)四个不同的层次。[③] 夏雪梅按照项目学习所覆盖的知识范围的大小、对学校课程的影响力度，将项目学习划分为微项目化学习、学科项目化学习、跨学科项目学习、超学科项目学习四种课程样态。[④] 张丽娟在其硕士论文中试图研究语文学科中的项目学习，她结合小学语文阅读教学具有较强的实践性与表达性的学科特点，依据语言运用的活动范围把项目式学习划分为“语言生成类、问题研究类和创意设计类”三种类型。[⑤] 可以发现，划分的依据不同，则课程样态不同。概括地说，林奇贤依据学习环境的复杂程度来划分项目学习的课程样态，夏雪梅的依据是知识的整合力度，而张丽娟的依据则是知识的不同形态。从核心知识的提出、到问题的解决，以及成果发布和评价指标都是围绕着本学科展开的，体现对学科核心的理解。虽然是学科项目化学习，但项目中也会涉及其他相关学科，形成跨学科素养，但项目的重心仍围绕本学科进行。

要明确学科项目化学习的概念，可在与学科教学的特点中进行对比。

第一，整体出发聚焦核心概念

传统的学科教学中，学习以知识点为中心进行教学设计，课程中知识性的内容和技能的学习作为课程的指向，占据了大部分的学习时间。而与传统的学科教学相比，学科项目化学习指向与学科本质有关的核心概念或关键概念、能力的整体理解。因此，定位更上位，知识点更聚合。

---

① 陈倩.大概念统整的学科项目化学习设计研究[D].四川师大学，2020.DOI:10.27347/d.cnki.gssdu.2020.000041. P4.

② 夏雪梅.项目化学习设计:学习素养视角下的国际与本土实践[M].北京:教育科学出版社，2021:1.

③ 林奇贤.项目式学习课程中的 5A 元素[J].中小学信息技术教育，2017(04):9-12.

④ 夏雪梅.项目化学习设计:学习素养视角下的国际与本土实践[M].北京:教育科学出版社，2021:18.

⑤ 张丽娟.项目式学习在小学语文阅读教学中的应用研究[D].四川师范大学，2018.

第二,高阶知识带动低阶学习

与传统的教学相比,学科项目化学习更强调高阶知识的学习。驱动性问题贯穿整个项目化学习,以高阶知识引领低阶学习,学生通过解决问题,整合基础知识与技能,学习学科中的重要概念和能力,并在真实情境中达到迁移和运用,产生新的知识。

第三,探究学习打破课时壁垒

学科项目学习即可以理解为一种学习的方式,也可以作为一种课程的单元重构方式。[①] 学科项目化学习的探究式学习在驱动性问题的引领下是持续进行的,因此,课程的设置不仅是传统的单课落实,而是以学生的角度看出发,重构单位进行课程设计。在这样的学习进程中,可能会包含若干节课的组合,课程与课程之间的空隙被削弱,学生在指向学科关键概念的驱动性问题激发下,阶段性地解决问题,建立与以往知识的联系,形成知识聚合,以及分析量规,课程成果。

简言之,学科项目化学习就是基于学科中关键概念和能力的项目化学习。[②] 它将项目化学习的设计要素融入学科教学之中,将低阶认知逐步向高阶认知递进,通过项目化学习的设计,将学科知识以项目的形式展开,以强化学科学习和促进学生学会学习,培育学生的问题解决能力、元认知能力、批判性思维能力,以及沟通和合作等诸多能力。

(二)学科项目化学习的典型特征

学科项目化学习主要以学科内的关键概念或能力为载体,指向学科的本质,此过程中会涉及其他学科,也会运用到其他学科的知识作为支撑。但是,从核心知识的提出,到挑战性问题的解决,以及最后成果和评价的指向,都是学科的关键问题,体现对学科的本质性理解。[③]

1. 指向核心知识的再建构

首先,学科项目化学习注重学科核心知识。核心知识表现出本质而抽象

① 夏雪梅.项目化学习设计:学习素养视角下的国际与本土实践[M].北京:教育科学出版社,2021:17.

② 夏雪梅.项目化学习设计:学习素养视角下的国际与本土实践[M].北京:教育科学出版社,2021:129.

③ 夏雪梅.项目化学习设计:学习素养视角下的国际与本土实践[M].北京:教育科学出版社,2021:18.

的特征，指向学科本质，促进人们对世界理解的关键概念与能力。可以是关键学科概念、学科能力，也可以是与学生成长、世界运转密切相关的知识。这就意味着，在项目化学习中，我们对所学的知识体系不能仅做简单的课程设计，还要理解知识与知识之间的关系，与情境之间的关系，对零散的知识进行进一步总结和凝练，立足学科的核心概念建立项目活动，将隐藏其后的概念与能力的联系蕴含于学科项目化的活动中。素养的培育与项目化学习的进行都离不开知识的建构与转化。素养的培育与知识、技能的教授不能相互割裂，知识、技能的学习是实现按心素养的工具和基础，以促进素养整体的实现。

其次，学科项目化学习最终是要实现学生对知识体系的再建构。最重要的表现是能够在新的情境中迁移和转换，并且学以致用，运用周围的已有知识和工具来解决实际问题。当学生在新的情境中能够运用已获得的知识和能力产生出新的知识或得到新的经验之时，就意味着在核心知识的迁移和建构正在发生。如果主要的项目活动对学生来说没有挑战性，那么或者知识已经学会的技能的呈现无法发生迁移和升华，那就不是真正的项目化学习。

2. 概念引领的学科素养的习得概念

学科核心素养是在学生发展核心素养框架下，根据具体学科的特征和育人的特殊功能确定的。在学科学习和实践活动中养成的具有该学科特征的基础知识、基本技能、基本品质和基本经验的综合。它不是各种要素的简单叠加，各学科素养的融合，构成了学生今后生活、学习和工作所必需的基本素质。学生发展总的核心素养处于上位，是指向学生整体的全面的发展：各学科核心素养处于指向学生发展核心素养的关键位置。但要注意的是，学科核心素养的总和不等于学生发展的核心素养。一方面，学科教学不是学校教育的全部，学生发展核心素养并非全部由学科课程与教学完成。另一方面，学科核心素养中可能存在对于学科本身是重要的和关键的，而在学生的整体发展看并非关键的核心素养。

概念是学科核心素养中的重要构成部分。是对具体事物的高度抽象、概括与凝练，反映事物最本质的特性，同时也是区分不同类型的项目化学习的主要指标。课程理论中，最早对概念进行探讨的是埃里克森(2003)，在她的《概念为本的课程与教学》中，将概念分为两类：一类是宏观概念，即跨学科的概念(transdisciplinary)；另一类是微观概念，即学科概念(discipline-specific)。夏雪梅认为不管是哪一种类型的概念，都具有永恒性、普遍性、抽象性、体现样例的共性特征。①

在项目化学习中学科概念指每个学科领域都有的一些，对这本学科的内容进行归纳和总结的核心概念。学科概念是贯穿整个学科的最重要的事实内容的抽象提炼，指向学科的本质思想方法和独特性，反映了一种提纲挈领式的学科认知观。学科概念之间是有结构、层次和系统性的，和真实的知识之间也是有密切联系的。因此，把握学科概念会为与这个学科相关的核心素养问题提供基本的解决思路。

对学科概念的理解与深化是学科项目化学习的基石。项目化学习处理的是“做”有关的知识，而学科项目化学习中会更注重通过探究聚焦学科核心概念性知识，挖掘程序性知识背后的概念性知识，指向概念的深层次理解和迁移，增强更高层次的元认知历程。可以看出，概念是项目化学习的直接知识目标，是实现学科素养的有效途径。

3. 真实性的学科项目化学习

真实性是项目化学习的一个重要特征，但真实性不单指真正正在发生的事情。Gordon 等人(1998)从 20 世纪 80 年代就开始进行创建真实生活问题情境的研究，但是后来他们发现，真实情境对学生而言太复杂了，学生被淹没其中，而真实情境与学校情境之间的联系非常脆弱，很难常态化。为此，他们的研究重心转向如何汲取真实情境的要素，建立一个真实的情境，思考那些让情境变得真实的关键要素，从而思考如何在常态课堂情境中去创建。

如今我们可以说，情境教学中的情境是为教学而设，本质上它是一种教学辅助手段，而项目化学习中的情境是为学习而设，是通过现实世界的学科化促成学科知识的现实化。除了真实情境之外，在学科项目化学习中真实性也是指学生习得的知识和能力是可以在人类世界中真实使用的，而不是只在特定课堂中才会使用的虚假知识和技能。在当下的课堂中，那些只在特定的课堂学习中使用的知识、只为考试的知识大量存在。因此真实项目的存在创设具有真实感受的情境，为达到的是真实性学习，这种真实性学习并不要求学生学习活动中的每个要素都必须是真实的，而是要让学生看到知识和世界的真实

① 夏雪梅.项目化学习设计：学习素养视角下的国际与本土实践[M].北京：教育科学出版社，2021：42.

性联系。真实项目的设置是为了学生在解决问题时从真实情境出发，即使换一个情境，也可以达到核心知识的迁移和运用。比如说模拟某某科学院、某某科技馆，大家都知道这不是真的，但是学生在其中的思考方式和解决问题的方式是与真实情境相类似的。项目化学习更强调这种思维的真实。

项目化学习本身也有一些特征会增进学生在项目化学习中的真实体验，促进学生与真实世界的联结，如下是主要的三点。

(1) 自由空间和全身心的行动：在项目化学习活动中，可以打破原有的固化课堂形式，学生可以有一定自由的空间，一方面促进相互之间的讨论打开视野，另一方面更有利于寻找各种能够用到的资源快速解决问题，全身心投入情境。

(2) 项目的社会性互动和评论：在现实世界中，要完成一个项目或解决一个问往往是一个团队合作完成的，而且需要多方面多角度的意见和言论，项目的成果也小组长需要多方打磨。因此，真实的学科项目化学习也要如此，学习小组之间的相互探讨和不同老师组成的评议小组的评论都会增加真实的体验感。

(3) 有助于改善真实环境的项目化成果：基于真实的学科项目化学习成果不仅在情境上是真实的，在成果上也可以具有真实性意义。真实意义的项目化学习成果对学生而言更具有真实的反馈意义，学生获得的不仅是以风格学科的核心素养，更可以获得来自社会和真实环境带来的荣誉感，触动学习者的内心，有助于增强开展项目化学习的新路径。

因此，学科项目化学习所指的真实主要是从上述两个层面来说的：所学知识和能力的真实，所运用的思维方式的真实。至于它是虚构的还是真实事件的再现，是历史的还是未来的，都是可以的。在项目化学习中，结合 Gordon 等人的研究，夏雪梅博士区分了真实程度有所不同的三种类型真实项目。

(1) 指向专业的学术性项目：这种项目产生于某个学科领域，项目直指向学科中的关键概念，为解决学科相关的某关键问题。这种类型的项目主要用来促进学生对所学内容的理解，通过现有的课程核心概念转化为问题式的、项目式的情境，对学生提出学术性的挑战。对于课程而言这种学科项目化学习更容易贴合学科的设计。因此，学生和教师衡容易适应此类型的学科项目化学习任务，这样的项目也能发展学生积极合作解决问题的能力。

(2) 创设虚拟情境项目：通过虚拟情境赋予学生真实生活的角色并要求

在真实的或虚拟的场景中履行这些角色。这些角色挑战模拟了真实世界中的许多要素，学生可以将自己看作真实世界中的某个人物，成为各类行业翘首。在这个角色中使用必要的知识和技能。教师可以借助文本、网络、扮演某种类型的专家、空间布置等方式让学生产生真实的身份代入感。

(3) 真实的生活世界项目：这种项目是由真实的人或组织所提出的真实问题，需要真实的问题解决方案，比如治理污染等。开展这些与生活世界实际关联的项目对学生来说能积累非常有价值的学习经验，但是这种项目依托真实生活和情境，因此，所需要的资源较大，需要较强的支撑。而要考虑实际情况创设情境，考虑在有条件的情境，比如结合核心要素对学校常规的春游、秋游、社区服务等活动进行转化，给学生提供真实的情境问题。

4. 用高阶学习带动低阶学习

项目化学习指向高阶思维能力。它用高阶学习包裹低阶学习。而在日常教学中，因为考试的驱动，通常教师们会花大量时间让学生进行知识的识记、练习，然后再进行应用。教师从具体且琐碎的知识和技能开始一点点为学生夯实基础，往往没有时间让学生进行高阶学习。

而项目化学习是不同的。项目化学习在一开始就用具有挑战性的问题创造高阶思维的情境，激发学生学习的内动力，明确对学生提出带有问题解决、创造、系统推理分析等高阶认知策略的项目任务，让学生在由强大的驱动性问题所产生的内动力中创造一个真实的作品(Perkins, 2016)。在完成作品的过程中，在与各种材料和文本互动中，学生再来进行低阶学习，主动查找、识记信息，将信息组织化，巩固和理解信息，形成完成这一作品所需要的知识网络和技能准备。

在项目化学习中，学生从一开始就很清楚所学的知识是用来做什么的，具体的知识和技能都被问题结构化、组织化在其中。这种组织知识的方式会对学生的学习动力产生极大的影响。学习首先是学生自我系统的启动(马扎诺等，2012)，学生对自己所学的内容产生意义感和价值感，每一个学生都有权利知道其所学的知识除了应对考试还意味着什么，对发现自身与世界的联系有怎样的价值。

5. 学习素养转化为持续的学习实践

学科项目化学习要锻炼和培育的是学生在复杂情境中的解决学科有关问

题的学习素养，这是一种包含知识、行动和态度的“学习实践”，而不是按部就班完成探究的流程。学生对相关问题的探究与解决，都需要在学科项目化学习的过程中转化为学生有意义的学习实践，并凝练为素养。因此，我们追求怎样的学科素养，就要让学生用怎样的方式来解决问题。

我们希望学生学会解决问题，那么，项目化学习就要让学生发现问题，提出问题，解决问题；我们希望学生能够富有创造力地思考，那么，项目化学习就要为学生提供创造性、多元表达的机会……

“实践”强调的是“做”和“学”的不可分割性，这意味着在学科项目化学习中不仅要获得技能的“做”，还要增加对知识的深度理解的“学”。“实践”意味着学生要像一个真正的科学家、工程师、作家、数学家、新闻工作者那一般，在遇到真实的问题的时候可以在复杂环境中经历持续的实践（Boss et al., 2010）：

- 积极寻找相关背景知识，进行信息整理与重构；
- 不断提出和澄清问题；
- 在试图评估和判断可选方案的优势时，考虑相关的因素和标准，做出有依据的判断；
- 面对各种现象，建立模型；
- 运用网络及相关工具与设备辅助自己思考；
- 在最终的PPT、报告、产品中考虑到美观性和对象的可接受度；
- 和多种群体不断沟通、协调，劝说他人接受自己的观点，或者协调与他人的观点差异；
- 在遇到重大的危机和困难时冷静沉着，控制自己的情绪；

……①

学科项目化学习实践的类型是多样的，可以是探究性的、可以是科学性的、艺术性的、文化性的，这些探索围绕问题的解决持续深入，是对一个个驱动性问题的持续探索与回应。在每一个探索的项目中我们都可以看出一个个未来的积极而明智的现代公民、一个真实的学科专家、一个专业的优秀从业者在解决真实而复杂问题中的实践。

① 夏雪梅.项目化学习设计：学习素养视角下的国际与本土实践[M].北京：教育科学出版社，2021:14.

三、开发与实施学科项目化学习的理论基础

（一）学科育人

1. 学科育人的含义和价值

聚焦新时代背景下落实立德树人根本任务，发展素质教育的现实要求，学科育人功能日益得到重视。有学者认为，学科育人是全面地、全方位地、全过程地育人，是落实立德树人的一种实现方式。从实质上看，学科育人的本质是通过学科教育或教学来丰富学生作为人的社会本质、文化本质和精神本质，促进学生由作为自然生命的人向作为社会生命、精神生命的主体的转化。

在教育领域，学科是为人而存在并为了学生的发展服务的，实现学科育人价值才是学科教学的出发点和落脚点，学科知识必须基于学科育人价值，并围绕学科育人价值加以选择、组织、设计和展开。促进学生发展，是学科教学的终极价值追求，也是课程与教学改革的价值支柱。苏联教育家赞科夫提出“使班上所有的学生都得到一般发展”的教学原则，主张“教学要走在发展的前面”，反对割裂知识与学生发展的价值关联，克服停留于单一的书本知识传授式教学的局限，丰富教学的发展性。实现学科育人功能，需要提升教学的发展性，丰富学科教学的发展品质。

学科育人价值是核心素养形成的载体，如果一门学科（课程）没有育人价值，那么通过学科教学去形成和发展学生的核心素养无异于缘木求鱼。实际上，中小学任何一门学科（课程）都具有客观存在的丰富的育人价值。问题的关键在，学科的育人价值往往是以潜在的、隐性的方式存在教材知识之中，传统的教学活动并没有着力将其揭示、挖掘、展现出来，这样就导致了脱离学科育人价值的学科知识教学。即学科的育人性和育人价值并不能在教学过程中自动实现，它的实现取决于育人方式和活动的质量。这也就是为什么我们必须同时进行育人方式变革的原因。①

2. 学科育人的内在条件

学科何以育人？建构“人——知”互动关系是学科育人的逻辑起点。学科

① 郭元祥.论学科育人的逻辑起点、内在条件与实践诉求[J].教育研究，2020，41(04)：4－15.

教学中首先需要建立关于“人——知”关系的价值思维和意义思维，即从学生发展的角度来挖掘知识对于学生成长的意义。知识是学科育人的关键要素，学科育人的内在条件是引起知识向学生素养的转化。实现学科育人功能，需要真切转变知识观。以课堂教学为载体，创新课堂的育人方式，摆脱十多年来中小学存在的教学时间分配、教学程序简单翻转或单一的教学技术改变的局限，切实进入学生的知识学习过程，创设实现学科育人功能的内在条件。实现这一点，需要做到两点：其一，要树立发展取向的知识观；其二，要促进知识向学科素养转化。

（1）树立发展取向的知识观

从教学价值观的角度看，学科知识是有待发育的“精神种子”。实现学科育人功能，需要理性地回答谢夫勒所提出的知识的认识论问题、价值论问题，以及发生学问题。对学生而言，“公共知识”是有待发育的“精神种子”，它为学生提供了发展的可能性。实现从公共意义向个人意义的转化和生成，正是学科育人的实现过程，“以知识为话题和中介的师生对话与交往、理解和探究、体验和反思，其实是知识作为精神种子在学生身上展开精神发育过程的土壤”。学科育人功能的实现，不去基于学生身心成长的立场确立发展取向的知识观，不去探究公共知识向个体成长的意义增值方式，不通过学科知识教学让学生进一步“进入世界”和“改变世界”，而是期冀作为“精神种子”的知识向学科素养发育，几乎是不可能的。

（2）促进知识向学科素养转化

学科教学要切实发挥育人功能，需要把握学科核心素养的内在要素，促进学科知识向学科素养转化。为了达到这一目标，需要做到学科知识结构化、学科思想的体系化、学科能力的表现化和学科经验的连续化。学科知识结构化是指学生的学科核心素养的根基是结构化的基础知识，学科知识的结构化是形成学科核心素养的条件。深度教学需引导学生正确地理解知识，获得知识的科学本质和科学属性，为基础知识向学科思想、学科能力的转化奠定坚实的基础。学科思想的体系化意指唯有“问题导向”、高阶思维的发展，才能实现学科思想的挖掘和明确化。学科能力的表现化的含义是学科能力在学科素养中就是学生的学科关键能力，而不同学科具有独特的学科能力表现。教学应把学科思想、学科能力作为教学价值、育人功能和教学目标作为深层次的维度。深度教学强调以反思性思维、批判性思维和创造性性思维为基础，引导学生经历高阶思维的过程，促进知识向学科素养的转化。学科经验的连续化是指学科核心素养终究需要在问题解决中来表现和体现，形成问题解决的经验和体验。学科经验既是问题解决取向的学科素养，又是表现性素养，是系统的、连贯的、结构性的经验。

3. 学科育人的实践诉求

以上阐述了实现学科育人的内在条件，而导向学科育人的教学实践需要表达知识的多维属性和引导学生深度学习的发生。

表达知识的多维属性需要做到以下三点：一是让学习可见，二是让思维发生，三是让文化浸润。让学习可见是指学习是需要沉浸、需要行为表现支持的活动。从理解到转化，再到反思、迁移，学生的学习是不断进阶的过程，可见的学习必定有对知识的发生学理解、层进式理解和对知识情境的沉浸，以及明确的思维过程。让思维发生的含义是深度学习最显著的标志是引导高阶思维的发生，只有聚焦问题、关注情境、引导学生经历演绎与归纳、分析与综合、分类类比与比较，以及概念、判断、推理等逻辑思维的过程和逻辑思维的形式，思维才可能真实发生。深度学习的可见，是准确地触及知识的科学本质、属性和规律。从概念到关系，到思想、方法，再到变式，构成知识科学规定性的整体。更为重要的是，要进入历史视角、知识发生学的视角以及社会视角，让知识所隐含的文化背景、社会背景以及知识所赖以依存的情境进入学生高阶思维的过程。让文化浸润是指为妥善解决知识的文化发生学问题，需要寻找教学内容与优秀的民族文化、历史文化、传统文化和先进的革命文化的契合点，提升与丰富学科教学的文化品格，创设文化实践活动，使学生学科知识学习的过程同时成为文化实践的过程，让知识理解过程成为学生文化理解的过程。教学活动只有充分地表达出知识的多维属性，为意义而教，为理解而教，为生成而教，其发展性才能得以真实地实现。

实施深度教学，引导深度学习，是实现学科育人功能的实践诉求。从深度教学的视野来说，引导学生学科学习的充分广度、充分深度和充分关联度，使知识学习的过程成为科学实践的过程、文化实践的过程、社会理解的过程、生命实践的过程，其育人价值才能得到发挥。“充分广度”是指要引导学生进入知识发生的过程，理解知识的来龙去脉，为理解和转化奠定认知基础。“充分深度”是指知识学习必须理解知识的发生过程、内在的逻辑规则，及其具有真理性的信念和意义，才能习得知识的多层次内涵，转化知识的丰富意义，从而展现知识对学生的“意义增值”。“充分关联度”是指前人的认识成果对后来的学习者具有“意义增值”，而知识意义增值的条件是前人的知识与学习者的人生境遇发生充分的关联，尤其是与时代文化的关联，与个体经验的关联和个体想象的关联。

4. 学科项目化学习如何实现学科育人

以学科项目化学习推进五育融合，实现学科育人，具有其必要性与可行性。有研究表明，项目化学习特别是学科项目化学习，聚焦关键的学科知识和能力，用驱动性问题指向这些知识和能力，在解决问题的过程中进行学科与学科、学科与生活、学科与人际的联系与拓展，用项目成果呈现出对知识的创造性、运用和深度理解。因此，项目化学习既没有弱化知识学习的目的，同时也达到了与其他几育进行联通的目标。项目化学习具有可操作性是因为它是以真实情境为核心的问题解决过程，能比较全面地反映和锻炼学生各方面的素养，如发现问题、关心现实问题的敏感性，对公共事务的责任感，对他人的关切，对事物的好奇心，让自己和周围人的生活更加丰富有趣，特别是实际付出体力和脑力实现这些善意的意愿和表现，这些就将五育融于问题解决的具体过程，从而推动五育并举走向五育融合。[①]

（二）逆向教学设计

1. 传统教学设计的弊端

在传统的教学设计中，许多老师从输入端开始思考教学，即从固定的教材、擅长的教法，以及常见的活动开始思考教学，而不是从输出端，即从预期结果开始思考。换句话说，太多老师过分关注于自己的“教”，而不是学生的“学”。所以，学生很多时候不理解一些教学活动的意义，而老师也很难发现，如果没有设置清晰明了的学习优先次序，很多学生会感觉日复一日地学习是令人困惑和沮丧的。在学生完成整个学习任务过程中，如果教学设计没有突出强调清晰的目的和明确的表现性目标，那么学生将无法做出令人满意的反馈。

① 陆康其，杨玲.以项目化学习推动五育融合的探索[J].上海教育科研，2021(07)：83－87.

2. 逆向教学设计的含义与优势

要想做出深思熟虑且重点突出的设计，需要教师和课程开发者在思考工作性质的时候做出一个重要转变。这个转变是指教师在思考如何开展教与学活动之前，要先努力思考此类学习要达到的目的，以及哪些证据能够表明学习达到了目的。虽然教师习惯上总是从自己和教材出发，考虑教什么和如何教，但是现在必须转变思维、挑战自我。要关注预期学习结果，这样才有可能产生适合的教学行为。

我们的课堂、单元和课程在逻辑上应该从想要达到的学习结果导出，而不是从我们所擅长的教法、教材和活动导出。课程应该展示达到特定学习结果的最佳方式。最好的设计应该是"以终为始"，从学习结果开始的逆向思考。同样，在进行教学设计时，追求"理解"也至关重要。如果我们不清楚所追求的特定理解是什么，不知道在实践中这些理解是如何表现的，那我们就不知道如何"为理解而教"，不知道应该采用哪些材料或开展哪些活动。只有明确知道预期结果，我们才能专注于最有可能实现这些结果的内容、方法和活动。因此，回答"为什么"和"那又怎样"的问题，并在做课程计划时将这些问题的回答作为重点进行落实，这正是追求理解的教学设计的本质所在。于是，老师们需要思考，如何通过设计帮助学生了解学习活动或资源的目的，以及活动和资源在实现特定表现性目标时带来怎样的帮助。基于此，我们提倡将习惯的做法进行"翻转"。我们要求设计者在开始的时候就要详细阐明预期结果，即学习优先次序，以及根据学习目标所要求或暗含的表现性行为来设计课程。与很多常见的做法不同的是，我们要求设计者制定目标之后思考以下问题：什么可以用来证明学习目标的达成？达到这些目标的证据是什么样的？只有回答了这些问题，我们才能在逻辑上导出合适的教学和学习体验，从而使学生成功地完成学习任务，达到内容标准的要求。因此，这种转变使我们转向思考以下问题："不管我们组织什么活动或使用哪本教材，学生怎样才能通过活动或教材本身去理解？""什么可以用来证明学生获得了这种能力？""哪些教材、活动和方法最有助于达到教学效果？"在"为理解而教"时，我们必须把握主要观点——我们是培养学生用表现展示理解的能力的指导者，而不是将自己的理解告知学生的讲述者。

在教育领域中，当你尝试从习惯和传统教学的"逆向"视角去理解时，你就会发现这是非常合乎逻辑的。与常规教学实践相比，这种视角的一个主要变化是：设计者在决定教什么和如何教之前必须思考如何开展评估，而不是在一个单元学习即将结束时才构建评估体系。逆向设计要求我们在开始设计一个单元或课程的时候，就要通过评估证据将内容标准或学习目标具体化。

从以上论述中，可以发现逆向教学设计也可与项目化学习有机结合，从需要学生最终产出的公开成果出发进行设计，为了学生的理解而教。

（三）单元教学

1. 单元教学的含义

2022 年我国义务课程方案和课程标准，特别强调“坚持素养导向”，明确提出了探索大单元教学，积极开展主题化、项目式学习等综合性教学活动，促进学生举一反三、融会贯通，加强知识间的内在关联、促进知识结构化。素养导向的课程内容结构化、学科实践的学习方式变革，都离不开大单元教学作为课程教学的基本设计单位。

大单元教学是对传统单元教学的变革，通过学习单元的课程化设计、课标—教材—学情一体化衔接，成为学科素养在课堂养成的主要途径。大单元教学以大观念为支点，以目标转换、问题情境、任务驱动、学习评价为支撑，它通过实现教学设计的系统思维、教学过程的核心聚焦、教学模式的多元呈现和教学意义的深度达成，助推课堂教学变革。

大单元教学，从课程教学视角来看，是以学科素养培养为目标导向，以知识结构化的综合学习、跨学科学习的学习单元为中心，构建课程标准—教材—学情一体化，“教—学—评”一致性的课程化教学。从学生发展视角来看，学生与大单元的知识主题发生意义联结，经历知识产生、发展、变化的动态过程和复杂情境，通过大观念、大情境、大任务等搭建的学科实践路径和多种深层次的学习活动，以实现学科素养的养成。大单元教学将这两条线索形成有效的意义联结，以结构化的学习单元设计与实施为中心，以学科实践为路径，支撑起新课程方案和课程标准的素养导向和教学改革的结构化关联，让“为什么教”“教什么”“教到什么程度”和“怎么教”形成发展性闭环。[①]

① 伍雪辉.大单元教学的内生逻辑与实践立场[J].教育研究与实验，2022(04)：91－96.

2. 单元教学的必要性

大单元教学以知识的结构化整合为基础，学生在知识的动态生成变化的过程中，突破思维提升、能力发展和情感变化，并在真实的复杂问题的情境中形成和表现出稳定的素质。大单元是具有内在联系、反映共同思想，学生又能迁移内容的整合。与传统的课时教学相比，它显然更加能够为学生提供完整学习所需要的时间，这些时间能够帮助学生在观念、情境、问题、任务、活动之间的复杂关系中，形成高阶能力。

大单元教学的主题、核心、目标等需要提炼和发现，这是对学科核心素养的具体转换。对教材单元内容的知识逻辑、学习心理有深入的分析，对教材进行二次开发，大单元教学的内容、主题、结构、情境、任务等才能从模糊走向清晰、明确、具体。大单元作为学生的学习单元，是学生知识构建、思维提升、情感获得、能力形成的基本单位，对学情的系统监测、评估是大单元教学顺利进行的必备基础。因此，大单元教学并不是在教学过程中面面俱到，而是立足课标、教材、学情，形成整体性和一致性，去发现和实现关键的学习目标。

大单元教学注重学科实践，学科实践是学习方式的变革，是对传统的知识授受式学习和浅表化、虚假性探究学习的超越。学科实践的本质在特定的学习情景中的典型学习活动，这是学科实践的发展性层面；同时学科实践还要超越特定和典型，走向综合学习活动和真实情境，这是学科实践的文化性、历史性、社会性层面。只有以大观念、大任务、大情境驱动的项目学习、主题学习、任务学习等综合教学形式，才能避免浅表性、虚假性、形式化的各种“假探究”“假合作”。

打破传统单元教学的壁垒，以教材为媒介进行教师与学生的互动，把教材单元转变为学习单元，是大单元教学改革的目标。大单元教学对教材的二次开发，一方面是在原有教材单元的基础上，以核心素养内涵为指向，把比较分散的知识以及掩藏其中的能力、情感、思维等结构化和系统化，借助师生协同对话，把师生经验与知识联系起来，注重从教材单元向学习单元的过渡。另一方面是完全打破原有教材单元的结构，以核心素养内涵为指向，对教材内容进行筛选、增补、删减、重组等，以学习任务群形成学习大单元；甚至打破学科框架，创建新的跨科大单元，以学习者自身的经验来计划与组织。

3. 单元教学的实施

大单元教学实施的关键就在如何有效设计、组织、实施、评价相应的学科实践活动。大单元教学从实践的内容、形式和意义方面，形成内在结构化的体系。大单元的深层结构及其分解、建构，是大单元教学实施的关键。大观念(big idea，也称大概念)是大单元教学内容结构化、情境化、整合性的支点。大观念是体现学科本质特性的最关键的学科概念、观点、原理、态度、思维、思想等，它反映教学内容的主线及与其他领域、学科的相互关联。大观念有助于促进学生超越事实性的思考，并进行跨时间、跨情境的迁移，发现新旧知识之间的联系，并为终身学习提供大脑图式。

综上，可以看出项目化学习也可以依托单元教学的方式，围绕大概念确定教学的优先次序，对教学内容做出选择，并明确教学重点。

第三章　基于逆向设计展开学科项目化学习

一、学科项目化学习设计的逻辑思路——逆向设计

“逆向设计(backward design)模式”也被称为“逆向教学设计”，是由威金斯和迈克泰(Grant Wiggins&Jay McTighe)提出的运用逆向思维设计教学的方法模式。其最大的特点是将依据教学目标设计的评价置于教学活动设计之前，使评价贯穿于整个教学过程之中，保证教学目标的达成，实现课程标准、教学目标、教学评价、教学活动之间以及评价体系内部的一致性，最终促进学生的理解。

逆向设计是以终为始的新兴教学设计模式，培养学生用表现展示理解的能力的指导者，而不是将自己的理解告知学生的讲述者。教师就像是教学中的设计者，精致的设计课程和学习体验不同的教学活动，以满足特定的教学需求。同时，教师也需要引导学生参与教学活动，和学生以他们的家人共同检验教学工作的预期成效，是否符合预期目标。逆向教学设计这一方法打破了过去教学设计的“刻板印象”。它追求的是基于“理解”的教学，其关键和精髓是“建立知识间联系，并将知识迁移到新的环境和挑战中，而不仅仅是知识的回忆和再现”。

传统的教学设计是按照目标—教学—评价的正向思路进行思维，评价滞后，没有镶嵌在教学的过程当中，造成教师所设定的教学目标与学生实际所学的内容往往不相一致，也就是课堂教学并没有真正以学生学习为中心，教学的成效也就不明显。逆向教学设计按照目标—表现(评价)—教学的逆向思路进行思维，即在决定学生学什么怎么学之前，先根据目标设想学生的目标表现(目标表现也即评价课堂实际效果的标准)，再进行教学活动的安排，教学活动是为了帮助学生实现目标表现。这样的逆向教学设计将目标表现(评价)镶嵌在教学活动过程之中，能大大提高目标与教学的一致性，教的目标与学的内容的一致性，提高课堂教学的实效。逆向教学设计从逻辑上来讲是顺向的，只是设计时思考的顺序跟传统教学设计相比是颠倒的。

（一）逆向设计的概念

逆向设计，是教师有目的和意图反向设计教学过程，以逆向的思维去计划和执行。逆向教学设计与传统教学中的正向设计相对应，是当下教学实践中的一种新方法。逆向教学设计旨在避开传统教学设计中的两大误区——基于活动的教学和基于灌输的教学。“活动导向的教学设计”问题在“只动手不动脑”，缺乏对存在于学习者脑中的重要概念和恰当的学习证据的明确关注；而“灌输式教学”则使学生淹没在无休止的事实、观点和阅读中，很少或根本感受不到能促进学习的总结性观点。

（二）逆向设计的三个学习阶段

学习学科项目化学习的逻辑思路，将逆向设计分为三个阶段

阶段 1:确定预期结果

思考教学目标，查看已发布的内容标准（国家、州、地区）检验课程预期结果。通常要传授的内容比我们在有限时间里能够讲授的内容要多得多，所以我们必须做出选择，设计流程的第一阶段需要明确学习内容的优先次序。

阶段 2:确定合适的评估证据

逆向设计告诉我们要根据收集的评估证据（用于证实预期学习是否已完成）来思考单元或课程，而不是简单地根据要讲的内容或是一系列学习活动来思考单元或课程。这种方法鼓动教师和课程设计者在设计特定的单元和课程前，先要“像评估员一样思考”，思考如何确定学生是否已经达到了预期的理解。

阶段 3:设计学习体验和教学

在头脑中有了清晰明确的结果和关于理解的合适证据后，就该全面考虑最适合的教学活动了。在逆向设计的第三阶段，我们必须思考几个关键问题：如果学生要有效地开展学习并获得预期结果，他们需要哪些知识（事实、概念、原理）和技能（过程、步骤、策略）？哪些活动可以使学生获得所需知识和技能？根据表现性目标，我们需要教哪些内容，指导学生做什么，以及如何用最恰当的方式开展教学？要完成这些目标，哪些材料和资源是最合适的？

需要注意的是，只有在我们明确预期结果和评估证据，搞清楚它们意味着什么之后，才能真正做好教学计划的细节——包括教学方法、教学顺序，以及资源材料的选择。教学是达到目的的一种手段。一个清晰的目标能够帮助我

们在设计时有所聚焦，并能指导有目的的行为朝预期结果发展。

换句话说，我们可以认为逆向设计是有目的的任务分析：给定一个值得完成的任务，我们如何使每位学生都获得最佳装备？或者我们可以把它看作是使用地图去安排一个智慧之旅：给定一个目的地，最快且最有价值的路线是什么？

或者如之前所提到的，我们还可以把它想象成是指导计划：学习者儒掌握什么才能有效地执行任务？在教育领域中（而不仅仅在练习中），哪些可以被看作是实际证据，来证明学生已真正掌握了学习内容，并做好了运用理解、知识和技能来独立完成任务的准备？怎样设计学习才能使学习者通过应用和反馈来发展能力？

在教育领域中，当你尝试从习惯和传统教学的"道向"视角去理解时，你就会发现这是非常合乎逻辑的。与常规数学实践相比，这种视角的一个主要变化：

设计者在决定教什么和如何教之前必须思考如何开展评估，而不是在一个单元学习即将结束时才构建评估（或者依赖教材编写人员提供的测试，而这些测试可能不会充分或恰当地评估标准和教学目标的达成程度）。逆向设计要求我们在开始设计一个单元或课程时，就要通过评估证据将内容标准或学习目标具体化。

逆向设计的逻辑适用非学于任何学习目标。例如，课程设计者要以州立内容标准为起点，确定标准中明示或暗示的恰当评估证据。而培训开发者应该在规划各类工作坊活动之前就确定什么样的证据能证明人们学到了预期的知识或技能。

（三）逆向设计的优势

1. 以终为始——开启教学逆向思考

逆向设计可以优先思考学习目的，用最终证据证明学习达成目的，逆向思维的模式，关注预期学习成果，才能产生合适合理的教学行为。正常的教学设计会引导教师用擅长的教法、教材和活动导出，没法考虑教学行为的结果。

作为教师，只有清楚地知道希望学生对教学内容有哪些特定的情境，我们才可能做出最好的决定：让学生去学习或掌握哪些教学知识获感受哪些教育文化。只有明确知道预期结果，我们才能专注于最有可能实现这些结果的内容、方法和活动。

2. 逆向设计——聚焦教学顺序思考

教学模式的固定，往往限制了教师对于活动项目的经验主义，运用自己熟悉的教法、常见的活动、固定的教材开始思考项目活动，这就导致教师关注了自己的“教”而不是学生的“学”，忽视了学生的主体地位，把最重要的学生需求放在了后面。

3. 靶向教学——精准教学实践结果

传统的教学设计目的性和方向性不强，容易在具体实施的过程中受到不确定因素的影响而发生改变，教师或者教学实施者难以做出及时和准确的调整；而逆向教学设计则避免了这个问题，在一开始就有确定的目标和方向，形成了一个宏观的框架，然后在这里面进行具体操作，教育者就容易调控，逆向教学设计更具先进性和实用性，能帮助老师和学生准确的定位。

二、围绕学科核心概念确定学科项目化学习主题

围绕学科核心概念确实项目化主题是我们的前提条件。那么，有什么途径可以确定主题呢？本节将从以下三个途径出发，为大家提供参考。

（一）从现实生活问题出发挖掘主题

生活是我们学习取之不尽的源泉。大千世界，多彩人生，每个学生都在用自己的方式观察、考虑，他们的好奇心，探究的兴趣、疑心的精神和生俱来，老师假设能利用好学生对周围世界的好奇心，引导学生仔细观察、考虑生活中各种各样的问题，就能促使学生从生活的诱发中产生探究的主题。

例如，我校正在筹建新校区，让学生去做新校区绿地规划负责人，亲身参与到学校的建造中，做小小设计师来亲自进行新校区绿地设计和规划，既能帮助学生把学到的知识灵活运用于现实生活情景中，促进知识迁移，也能提升集体归属感和荣誉感。通过让学生做绿地规划负责人，负责新校区的绿地设计安排等各项工作，促进学生在学习活动中获得多方面知识，并能培养其核心素养。项目从以下三个部分设计：

（1）小小设计师，借助复习回顾多边形面积测算方法对学校绿地面积进行测 量并能自主设计新校区绿地；

(2) 小小测算师，借助含小数的四则运算能对绿地植被的选购进行初步筛选；

(3) 小小分析师，通过进一步数据的统计整理与分析，进一步确定植被选购的最优方案。

而通过该项目，学生将获得以下几方面的发展：① 通过设计绿地，展现几何之美，促使学生用数学的眼光观察世界；② 通过面积测算、植被筹划，培养学生用数学思维思考世界；③ 通过有效数据分析，阐明设计理念，学会用数学的语言表达世界。以“知道—理解—会做”为深度学习进阶层次，可将本项目的目标整理为：

(1) 学生将知道：探索并掌握多边形（规则、不规则）的面积计算；能进行简单的小数加减乘除运算及混合运算；会收集数据能用条形统计图直观有效地表示数据；

(2) 学生将理解：理解多边形面积计算公式之间的关系，并在设计绿地的过程中感受几何之美；结合具体情境理解小数的意义和四则运算方法；理解数据的描述和分析在生活中的作用；

(3) 学生将能做：会估算、计算生活中某些实地的大小；能对一些简单的设计布置发表看法或参与设计；能在生活中借助小数相关运算进行购物等活动；

(4) 利用数据进行描述、分析、判断和决策。

（二）通过引起学生的认知冲突筛选主题

认知冲突是个体已有观点与新的问题情境相互矛盾而产生的一种心理不平衡。当个体不能通过同化的方式处理面临的刺激情境或问题情境时，认知冲突就出现了。为了消除这种不平衡，个体必须改变或扩大原始的认知结构来适应新的情境，从而达到新的平衡。认知冲突可以表现为两个方面，即不确定的程度和反应潜伏期。不确定的程度是当认知冲突发生时，经常会伴有犹豫、前顾后盼、不安和紧张等表现为标志。学生起初对概念冲突的抵制，及最后导致的不成熟思维模式向更完善的思维模式的转变都会在认知冲突的反应潜伏期中显示出来。

认知冲突的过程包括：起始、冲突、解决三个阶段在认知冲突过程的起始阶段，学生意识到真实存在一种与前概念知识相抵触的反常情境，如果学生对自己的前知识没有信心或认为这种反常情境只是一种假象，那么认知冲突过程就不可能发生。认知冲突过程要发生必须具备：

（1）意识到反常情境；

（2）对要解决的认知冲突表现出兴趣或焦虑；

（3）积极进行认知再评价。

兴趣、焦虑、再认知都与认知冲突的不确定性有关。在经历了这个阶段后或与此同时，学习者会对认知冲突情境进行再评价来解决或消除冲突，从而达到高度关注所认知的对象，并对之进行缜密思考。

例如，深度阅读的过程其实是新旧认知的碰撞与融合，需要以小学生的原始认知为基础，而后根据实际情况将其固化的认知体系打破重塑，促使其对自身认知进行升华，引导其把控阅读中出现的变化进而为深度阅读奠定良好的基础。如教学课文《狼牙山五壮士》时，笔者带领学生就“五壮士”这一有效信息作为切入点，开展深度阅读。在预习时引导学生梳理课文内容，以“接受任务——诱敌上山——引入绝路——顶峰歼敌——跳下悬崖”为轴线，罗列出每个阶段能够展示五战士高大形象的词句，鼓励学生自主探寻阅读内容的亮点。

生1：文章中较为突出的部分是作者在描写时运用详略得当的写法。

生2：作者在文章中的叙述顺序是不可以进行调整的……

师：你们为什么能够有这样的发现呢？

生：因为这样的顺序符合事情发展的逻辑，每一段都有能够体现五壮士高大形象的语句，如“集中兵力，大举进犯”“班长马宝玉沉着地指挥战斗，让敌人走近了，才下命令狠狠地打……”“石头像雹子一样，带着……带着……”等，这样有层次感和逻辑性的语句可以逐步使得五壮士的形象越来越高大，但不会被神化，这也是语言的魅力所在。学生在阅读课文前已经对于抗战中的一些人物有了认知，在深度阅读《狼牙山五壮士》后，能够感受到这篇文章与以往描写抗战人物文章的不同，有效激发了小学生的认知冲突。小学生从这篇文章能深入了解展示人物形象循序渐进的过程，以及语言之间的紧密联系，这与其以往为了描写而描写的认知产生了强烈的冲突，学生在这样的认知冲突中会具体去辨析，探究语言所带来的独特魅力。

（三）通过思维拓展确定主题

童话故事有超越现实的夸张手法、离奇的故事架构、魔幻般的情境，也就是说，童话故事是超越常态的、超越束缚的、超越世俗的、超越现实的，能够放飞学生超越化的想象思维，让学生成为勇于冒险、勇于探索、勇于突破常规、勇于张扬个性的独特个体。

例如，在项目化学习实践探索中，教师通过对部编版小学语文二年级上册寓言单元进行重构，以项目化为载体，联系学生校园生活，引导学生理解并完成寓言故事创编。通过创设寻找郎朗的驱动性故事情境，激发学生对寓言故事的探究欲，提炼寓言故事的特征，形成思维导图。联系二年级学生校园生活中的矛盾，尝试创编寓言故事。最终帮助学生成功创编出与其生活紧密联系的新寓言故事。

驱动性问题：郎朗是谁？很久以前，有一位故事爷爷每周一都会背着故事口袋给小鸡们讲寓言故事（边说边播放 PPT），于是，每周一成为小鸡们最期待的日子，可是，故事爷爷越来越老，他悲观地想：如果我不在了，谁来给孩子们讲故事呢？就在这时，一股强大的气流从井里喷出来，伊索叔叔的声音从远处传来："你的继承者叫郎朗，你会发现，他睡在叶子上，你必须跟随箭头的指引去找他"在小鸡的帮助下，故事爷爷终于找到了郎朗，可是郎朗也越来越老了，他悲观地想：如果我也不在了，谁来给孩子们讲故事呢？突然，星空下传来故事爷爷的声音："你的继承者叫郎朗，你会发现，他藏在梅里古都，你必须跟随小梅花的指引去找他……"学生在驱动性问题情境中参与学习任务，激发其探索"寓言"的学习热情。学生回顾部编版小学语文二年级上册第五单元寓言故事，提炼寓言故事特征，形成思维导图。学生根据自己故事的思维导图，初步完成故事插图，并根据插图口头创编并修改本组寓言故事。通过完善故事，学生当场讲述，现场制作属于自己的故事音频，并配图插画，制成日历，使得学生意识到自己就是寓言故事继承者——"郎朗"。

三、指向学生素养发展设计表现性目标

（一）表现性目标概述

表现性目标（Expressive Objectives）是美国课程理论家艾斯纳（E. W. Eisner）提出的叙写课程目标的一种主张。是指学生在完成某项学习任务时，创造性地解决问题，取得新颖独特的学习结果。通常是在教学活动结束时，被教师发现并确认的学生所取得的创造性的学习成果。表现性目标关注的是学生在活动中表现出来的某种程度上首创性的反应的形式，而不是事先规定的结果。

艾斯纳认为，课程设计的叙写可有 3 种不同的形式：行为目标、解决问题的目标和表现性目标。解决问题的目标不是把重点放在特定的行为上，而是放在认知灵活性、理智探索和高级心理过程上。表现性目标是唤起性的，而非规定性的，“不是规定学生在完成学习活动后所习得的行为，而是描述教育中的‘际遇’：指明儿童将在其中作业的情境、儿童将要处理的问题、儿童将要从事的任务，但并不指定儿童将从这些‘际遇’中学到什么”。艾斯纳认为所有的学习活动都是具体的，所有的课程活动结果都应该是开放的，他就怎样叙写表现性目标给出了一些例证：“参观幼儿园并讨论那里发生的有趣的事情、使用铁丝和木块发展三维形式。”艾斯纳的表现性目标明显地反映出人文主义的追求，表现性目标重视的是人的个性，尤其是教师和学生的课程教学中的自主性、创造性。

（二）表现性目标的实践价值

表现性目标是难以预先确定的，通常，在教学活动开始时可以为学生提供活动的领域，至于学习结果则是开放的。典型的表现性目标如，“考察和评估《老人与海》的重要意义”“在一个星期里读完《红与黑》，讨论时列出你印象最深刻的五件事情”“参观动物园，讨论在那里看到的最有趣的几件事”。可见，这类目标不像行为目标那样是封闭性的，而是开放性的，重点放在“教学活动的结果”上，而且是开放性、多样化的结果。这就可以使教师和学生摆脱行为目标的束缚，以便学生有机会去探索、发现他们自己特别感兴趣的问题或课题。表现性目标是教师通过事先安排一定的教学活动，根据学生开展活动之后的具体表现，选取学生身上出现的新颖独特、有创造性的反应来确立的。例如，学生阅读一部文学作品，然后发表对这部作品的看法和心得。在一个班级中，学生发表的看法是各种各样的，学生在分析问题的角度、程度等方面有所不同。又如，学生在解决数学问题时，解题的思路、方法各有不同。表现性目标关注学生学习过程与结果的独特性和首创性，这一目标的确立与呈现，可以给学生的创造性表现以充分的肯定，从而鼓励学生重视发挥创造性，也可以将学生个人的创造性表现展示出来，让更多的学生能够领略和分享同伴的智慧及创造性的学习成果，对其他学生加以引导和启发，鼓励学生在学习知识和解决问题的过程中，力求“不拘一格”“另辟蹊径”地解决问题，有意识地培养和锻炼学生的创新思维。

（三）项目化学习目标中 KUD 目标的制定实例

KUD 目标即 know Understand Do。其中 Know 是指学生知道的双基（核心知识），Understand 是指学生将调用高阶思维，理解概念、关系、命题、判断，Do 即学生迁移以上知识和理解，应用相关工具，做（解决）的（事情，问题）。KUD 与传统教学目标相比更注重发展学生的核心素养。

例如单元主题：第二次世界大战

传统“三维目标”

1. 识别美国参与二战的原因，包括霸权膨胀与珍珠港事件。

2. 分析二战的重大事件，例如中途岛战役、诺曼底登陆、广岛原子弹等过程。

3. 解释第二次世界大战期间一些著名军事领导人发挥的关键作用，包括蒙哥马利、麦克阿瑟、巴顿、朱可夫、艾森豪威尔。

4. 辨析战争对一个国家可能带来的损害和好处，站在某个国家的立场，选定一个国际争端，以此为背景进行角色辩论。

“KUD”目标

Know：学生知道（know）的双基（核心知识）包括：

1. 美国参加二战的原因。

2. 描述二战的重大事件的原因、过程与结果。

3. 中途岛战役。

4. 诺曼底登陆。

5. 广岛原子弹。

Understand：学生调用高阶思维，理解（Understand）以下的概念、关系、命题、判断，包括：

1. 国家之间的争端会导致政治、军事、经济等方面权力平衡的转变，战胜国在国际议程中将拥有更大权力和影响力。

2. 中立国可能被迫去调停国际争端，以保护他们自己的政治或经济利益。

3. 战争期间政府会动员人力、军事和政治资源。

4. 战争期间的军事资源需求可以促进就业和刺激衰弱的经济。

Do：学生迁移以上知识和理解，应用相关工具，做（do，解决）的（事情，问题）包括：

1. 找到并使用资源，如计算机软件、数据库、媒体和新闻、传记、采访和文物等，获得信息。

2. 运用排序、比较、对比、总结、概括、预测，做出推理、得出结论，通过这些方式分析信息。

3. 识别书面、口头和视觉材料中的偏见。

在项目化教学设计的过程中也可以参考以下两个案例进行设计

案例1：科学学科项目化学习内容：自制小冰箱

聚焦概念：

1. 参照核心学科课程标准，寻找该概念指向的知识与技能学习目标：能的转化与能量守恒，能的形式、转移与转化，举例说明影响热传递的主要因素，列举它们在日常生产生活中的应用。

2. 参考教科书，寻找与该概念产生直接联系的课文、课时或单元：苏教版五年级上册第2单元《热传递》。

3. 渗透在项目中其他学科的具体知识、技能以及高阶技能培养。数学：通过数据的计算测试冰箱的“保冷”效果。美术：运用线条、形状等造型元素画出人造冰箱的设计图。

基于GRASPS工具的驱动性问题描述：

炎炎夏日，新冠病毒疫情防控期间，防疫人员依旧在烈日下奋力坚守，为了给防疫岗位上辛勤的工作者们带来夏天的清凉，我们准备采购雪糕送去降暑。但现在遇到以下问题：1. 由于采购的地方比较远，用塑料袋放置雪糕可能会导致其融化；2. 采购的量比较多，没有足够多的容器储存与分装。迫切希望你能够利用身边的材料设计并制作一个成本较低、方便携带、保冷效果好的迷你小冰箱。

通过本次“冰箱行动”，希望更多小朋友参与进来，不仅是为“疫”线送清凉贡献一份力量，更是让奋斗在疫情一线的防疫工作者们有更多的动力去坚守，为他们筑起爱的护盾！

KUD目标叙写

学生将知道：1. 泡沫、塑料、棉被等是热的不良导体。2. 通常热从温度高的物体传向温度低的物体。3. 锡纸可以通过镜面反射将热反射回去以减缓因热辐射导致的热量散失。

学生会理解：1. 不同材料的导热性不同。2. 材料的选择不同，呈现的产品效能不同。3. 当我们了解热传递的发生条件、热传递的方式及导热性能后，就能根据实际需求，选择是防止热传递的发生，还是利用热传递来方便生活。

学生能做到：运用热传递的知识设计并制作出人造冰箱。

教学活动设计

总课时：4

子任务数：6

"自制小冰箱"教学活动设计

WHERETO 环节		子任务名称	任务目标	任务过程描述	责任教师	课时
入项课	H W	问题与聚焦	入项前期研究准备	教师：简单任务情境；学生思考并完成任务单：小冰箱的材料、功能、步骤、所需的帮助		0.6
项目展开	E1	知识回顾	运用热传递知识设计小冰箱	师生回顾热传递的知识，思考怎么减缓热传递		0.4
	R&T	一、设计方案 二、制作改进 三、测试	运用热传递知识设计小冰箱方案并画出设计图根据设计图制作小冰箱用数据直观测试小冰箱的保冷效果	选择合适材料设计小冰箱并画出设计图；展示分享设计想法；修该完善设计图 展示分享成品；交流改进测试小冰箱；交流改进		0.5 0.5 1
	E2	成品发布与评价	从成本、功能、便携等方面进行评价并提出改进意见	展示成品； 自评；互评		0.5
出项课	O					0.5

案例 2：语文学科项目化学习内容：小锦囊，大智慧

聚焦概念：

1. 参照核心学科课程标准，寻找该概念指向的知识与技能学习目标；通过

思辨性阅读、比较、推断、质疑、讨论等方式，梳理观点、事实与材料及其关系；能负责任、有中心、有条理、重证据地表达，养成理性思维和理性精神。

2. 参考教科书，寻找与该概念产生直接联系的课文、课时或单元：——五下《田忌赛马》《跳水》

3. 渗透在项目中其他学科的具体知识、技能以及高阶技能培养。数学：培养学生运用数学方法对需要解决的问题统筹规划、做出决策的能力。

基于 GRASPS 工具的驱动性问题描述：

传说宋真宗在位时，皇宫发生火灾，宫室楼台变为废墟，急需修复。你作为晋国公丁谓接到皇帝的圣旨：在最短的时间内，用最少的经费修缮宫殿。你将面临三大问题：① 需要大量的土；② 需要大批建筑材料；③ 把大量废墟垃圾运出京城。如果安排不当，小则施工现场会杂乱无章，正常的交通和生活秩序会受到严重影响，大则性命不保。请你设计一份科学的施工方案并写成奏折上交皇帝。

KUD 目标叙写

学生将知道：《田忌赛马》和《跳水》两篇课文中主人公解决问题的办法以及他们在解决问题时的思维过程。

学生会理解：思维方法可以迁移到实际的问题解决中。

学生能做到：1. 在遇到实际问题时，能探索创新、积极思考，运用分析思维选择最优的办法去解决问题。2. 能有中心、有条理、重证据地表达自己的思维过程。

教学活动设计

总课时：3

子任务数：6

"小锦囊·大智慧"教学活动设计

<table>
<tr><th colspan="2">WHERETO 环节</th><th>子任务名称</th><th>任务目标</th><th>任务过程描述</th><th>责任教师</th><th>课时</th></tr>
<tr><td rowspan="2">入项课</td><td>H</td><td rowspan="2">明确问题初解锦囊</td><td rowspan="2">1. 引导学生进入情境，引发好奇心；
2. 学生明确需解决的问题</td><td rowspan="2">1. 图片或视频导入，生感受中国基建中蕴藏的智慧；
2. 讲故事导入情境，梳理问题</td><td rowspan="2"></td><td rowspan="2"></td></tr>
<tr><td>W</td></tr>
</table>

续 表

WHERETO 环节		子任务名称	任务目标	任务过程描述	责任教师	课时
项目展开	E1	解锦囊找办法	学生在锦囊(新课学习)中借鉴人物的思维方式,尝试解决	1. 初步讨论; 2. 开锦囊①(《田忌赛马》15 min 微课),完成课后连线题; 3. 开锦囊②(《跳水》15 min 微课); 4. 完成《跳水利弊表》		第1课时
	R&T	再解锦囊头脑风暴	将自己的思维过程表述清楚并反思如何将方案有条理地写清楚	1. 小组讨论,利用利弊表完善方案; 2. 适时开锦囊③(小古文《大禹治水》); 3. 口头汇报,评选最优方案		
	E2	撰写方案奏折	例文引路,完成小练笔; 图文并茂,完成奏折	1. 回顾《风向袋的制作》习作例文,用顺序词将方案有条理地写清楚(小练笔 30 min); 2. 在文本的基础上,画图辅助完善方案		
出项课	O	情景模拟上朝汇报	最优方案展示,情景模拟	1. 奏折展示(图文并茂,形式不限); 2. 情景模拟,汇报成果; 3. 其他小组根据评价表为汇报小组打分,最终评选出最优方案		

四、基于真实问题情境制定项目化学习任务

(一) 设计驱动性任务

驱动性任务是核心概念的承载体,是学习目标的落实地,也是学生获得知识、提升素养、建构知识体系的脚手架。驱动任务可以用“问题”“情境”“研究”“辨析”等多种方式呈现,聚焦课堂学习目标。

项目化学习以核心概念为导向进行课程设计,但是核心概念普遍比较抽

象，学生难以理解，所以驱动性任务是将比较抽象的、深奥的核心概念转化为特定年龄段的学生感兴趣、更有情境性的任务，不同认知起点的学生根据自己对当前问题的理解，运用共有的知识和自己特有的经验提出方案、解决问题。

驱动性任务作为一种课堂学习活动，它是学生学习实践活动的支点，是学生建构知识的过程，也是学习成果的形成过程，它能让每一个学生能够最大限度地选择个体感兴趣的学习内容、擅长的学习方式进行学习。通常，驱动性任务有以下几个特点，即情境性、开放性、连贯性和挑战性。

● 情境性

"情境性"包括生活情境、社会情境和学术情境。创造合适的情境能使学生自主经历发现问题、研究问题、解决问题过程，体现学习从关注知识走向聚焦素养的过程。情境性任务能让学生产生一种极强的代入感，激发学生比较好的学习状态。这是驱动性任务相当大的、能推动学习发生的优势。

● 开放性

开放性可以表现为：结果层面的开放、解决过程的开放、表达方式的开放，以及任务本身的开放。开放性任务能使不同层次的学生都顺利进入学习任务，呈现出多样化的问题解决方式，并在不同方式的比较、评价、反思、优化中形成批判性和创造性思维。驱动性任务以其本身的开放性，体现了学习过程的开放性，为不同的学生达成目标提供多样化的路径，利于因材施教。

● 连贯性

任务的设计要前后关联，层层深入，由核心概念出发，设置多个任务，这些任务构成一串任务链，使整个学习过程呈阶梯式层层推进，任务之间的逻辑关系清晰明确，使学生明确各任务要求。完成任务的过程就是有序理解核心概念的过程。

● 挑战性

任务还需具备一定的挑战性，能促使学生开展合作式的学习，并形成同伴间的交流、协作，进一步提升沟通与协商能力。使所有学生都能在各自的"最近发展区内"得到弹性的发展。同时，不同层级的任务完成方式的差异，使得学生能自由选取与任务本身，与自身能力相匹配的学习方式，或独立思考或小组合作，促进自主学习能力的形成。

以我校语文学科的项目化学习《昆虫代言人》为例，在日常生活中，我们发现学生对昆虫十分好奇，但对其了解不够具体全面。针对这一情况，我们小组结合三年级下学期第一单元的《昆虫备忘录》一课，设计了《昆虫代言人》这一主题。本次项目化学习从了解昆虫的定义开始，让学生通过为昆虫设计报名表，知道观察、描述时既要抓住主要特征，又要全面具体。通过辩论“蝴蝶是益虫还是害虫”，进一步了解昆虫，学会用不同视角去看待事物。通过演讲这一形式，让演讲者学会自信有条理地进行表达，使观众能在倾听中接受不同观点。

基于此背景，该案例负责老师围绕“清楚地表达自己的观察所得”这个核心概念，确定以下 KUD 目标：

学生将知道(K)：1. 具有……特征的是昆虫；2. 实小常见昆虫的外形和习性。

学生将理解(U)：1. 观察事物要抓住主要特征；2. 观察事物要具体全面；3. 不同视角下对事物的认识会不同。

学生将能做(D)：1. 有目的地多渠道搜集资料；2. 抓住主要特征，画出昆虫的外形；3. 条理清晰地表达观察所得，确立自己的视角，自信地发表自己的意见；4. 认真倾听他人意见，接受不同观点。

根据 KUD 目标，设计以下任务：

项目化学习“昆虫代言人”教学设计

驱动性情境：实小昆虫王国将举行选秀活动，你是某一昆虫的代言人，请你帮昆虫填写报名表，并向观众和评委介绍你的昆虫明星，为它打 call、拉票。根据演讲评出实小金牌昆虫代言人	
任务一	昆虫王国发来几张照片，是昆虫小时候和长大后的照片，你能把昆虫小时候和长大后的照片成功配对吗
任务二	选择你感兴趣的昆虫，为它填写选秀报名表
任务三	选秀委员会退回了一张报名表，请你帮忙分析该报名表存在什么问题。再看看自己的报名表，有这样的问题吗
任务四	昆虫选秀在即，为你代言的昆虫制作一幅海报，海报上要有昆虫画像以及能体现该昆虫特点的标语
任务五	作为昆虫代言人在观众面前介绍该昆虫的优缺点，让观众对该昆虫有新的认识，最后通过投票选举出金牌代言人

（二）确定评估方式

对于项目化学习而言，一套完整且科学的评价方法决定了项目化学习实施的效果。传统课堂都是按照具体科目划分，虽有利于知识的系统性与条理性，但也使得学科间彼此分离，割裂了各学科之间的联系，使得学生缺乏统整知识来解决实际问题的能力。项目化学习相较于传统课堂学习的特别之处在它更能够体现学科间的相互整合，且注重体验式与“做中学”。项目化学习不仅仅要求学生掌握基本的学科知识与技能，更重要的是培养学生创造性地解决实际问题的能力。实际的项目化学习过程中，一般采取小组合作共同完成的方式。小组中每个成员的行为表现共同构成整个团队的表现。因此，项目化学习课程对于学生的评估方式应当从评价主体、评价标准两个层面展开。

1. 根据评价主体的不同，分为自我评价、同伴互评和教师评价。

自我评价——主要是学习者对自身在项目化学习过程中的表现进行评价。自评是学生自我反思性的体现，有利于自身及时调整项目过程中的学习态度和行为。学生的自评与互评能够体现学生参与的广度和深度。

同伴互评——小组成员针对自己组内各成员的表现情况进行评价，从而了解

团队成员的沟通交流、任务布置、合作分工等方面的情况，这也是学生核心素养发展的重要一环，有利于学生明确自己在小组中的角色定位，成员间及时发现不足和可能存在的问题。

教师评价——教师针对小组成员在项目化学习过程中的各项表现、阶段性成果与最终成果等方面进行评价。

2. 根据评价作用的不同，分为过程性评价和结果性评价。

项目化学习不仅要评价学生行为表现的结果，更重要的是评价学生行为表现的过程；不仅是对学生某个学习领域、某方面能力的评价，更重要的是评价学生综合运用已有知识进行实作及其表现的能力。过程性评价主要考查学生的认知策略和实践，结果性评价主要考查学生最终的学习成果。

（三）研制评估量规

项目化学习中出现各种开放式问题和表现性任务是没有唯一答案或解决过程的，重点考查学生在真实情境中解决问题的行为表现、认知水平、情感态度等，以评估学生各学科素养的综合发展水平。因此对学生表现的评估需要依据指标来判断。合适的指标需要从项目化学习的目标中导出。

量规就是基于指标的评分标准，由固定的测量等级组成，并对每一级别的特征进行详细描述。每一个项目化学习案例的评价量规都是基于课程标准的目标细化，并在结合教师日常教学重难点和学生学习疑难点的基础之上研制而成的。量规主要分为整体性量规和分析性量规这两种形式。整体性评价量规将任务看作为整体进行评价，综合看待学生任务完成情况，将任务完成程度进行划分，为每一个水平附上分数，得分情况反映了学习质量。分析性量规对不同的水平等级，维度进行细致的描述，为学生学习和教师教学提供了详细的反馈信息，利于课堂学习和教学的调整优化。

我们采用“四步走”的流程研制评估量规：

（一）基于课程标准确定评价指标。

项目化学习一般是以“单元”为教学单位的，它依据一定的主题组成学科或跨学科综合性大单元来进行教学活动。任何学科的项目化学习的大主题下会包含几个小主题，小主题下的任务可能包含几个学科多方面的课程内容与标准。因此，在研制评价指标时首先可以细分主题大单元，确定单元小主题；其次，找到与几个小主题相对应的课程标准；然后，把课程标准具体化为本单元教学目标。教师在课程标准的基础上分离出项目化学习目标，利用学习目标的划分进行逆向设计，整合评价指标。

（二）基于任务内容确定评价量规。

评价量规的研制是与项目化学习任务群的设计紧密相关的。二者相互依赖，相辅相成，任务设计的标准与评价量规的设计进行匹配，在课堂教学进程中将评价量规与项目化学习的任务结合，将评价量规贯穿于任务完成的始终，项目化学习任务是教学评价的载体，教学评价是对任务完成情况的反馈。两者一体化是项目化的内在要求。

在确定评价量规时以终为始，采取逆向设计的思路先制定好项目化学习的整体性评价量规，明确测评项目的评价指向。再根据具体的学习任务设计表现性评价任务的评价指标，分层描述不同等级水平，尽可能地贴合学生在任务情境中的行为表现，便于教师在测评中使用评价量规，做出较为准确的等级判定，并加以评语描述。分析性量规的研制需要依靠项目化学习中具体的表现性任务，综合表现性任务的特点，表现性结果的特点。表现性评价量规强调学生的参与，强调评价即使对所学内容的评价又是学习的内容。评价量规的确立也可以进行师生探讨合作，激发学生参与评价的动机。评价量规的等级水平，也可根据实际情况有所修改，比如原有“优秀、良好、合格”三个等级的基础上，增设了“优秀★”等级及其等级描述，不断丰富完善了评价量规的等级。

（三）基于任务形式确定量规类型。

评价量规作为评价工具的使用贯穿项目化学习的全过程，记录、判断、评估学生各学科知识与技能的真实水平。所以根据不同的测评任务形式，开发不同种类且符合学科特点、符合学生年龄特点、具有趣味的评价量规也尤为重要。

情境性评价量规：将评价设计为项目化学习中真实情境的一部分，让学生在评价中获得一种沉浸式的体验。在测评过程中，教师根据学生的完成情况设计相应的情境性评价手段，完成形成性评价。测评结束后，教师组织学生回顾自己在测评中的表现，以自评和师评的方式进行总结性评价。情境式的评价量规，充分体现了以学生为主体的教学模式，帮助学生认识自我，也帮助教师更好地关注学生的个体差异。

雷达式评价量规：学生顺利通过后，可在各指标领域内涂色，不作等级水平区分，旨在鼓励低段儿童大胆尝试和体验，感受挑战学习的快乐。“雷达图”的使用让评价不再是冷冰冰的一个数或一个等级，它充分利用数形结合的指导思想，把评价对象的学业水平全方位、多角度形象生动地勾勒了出来，使评价机制更具科学性与合理性、更趋全面与多元、更易操作和权衡，把多元评价真正落到了实处。

表格式评价量规：表格式评价量规一般包含评价指标、评价标准和评价等级。每一项指标，都可以设定评分标准的“区分度”，比如设置“好、中、差”“一星、二星、三星、四星、五星”等。区分度一般在 3 至 5 级。每一项指标的每一项维度，都要清晰地去描述。区分度描述得越清楚，学生的学习就越清楚。

（四）基于学生表现确定评价规则。

评分量规的建立和完善依赖于对学生表现的分析。根据学生不同的学习能力水平，我们可以把评价量规继续细化为评价规则，也即确定评定表现的等级水平，为特定学习表现等级水平的确定提供证据。《基于理解的教学设计》一书中提出第一步要收集能够多说明学生不同等级表现的作品，建立学生作品样例库，使评价量规等级描述和作品样例双向匹配；第二步将学生的作品分类放置并注明分类原因；第三将分类原因归结到统一的特性或指标中；第四对每一个指标进行定义；第五挑选学生表现来举例说明每个评估指标的得分点；第五在使用过程中不断完善指标和量规，形成“研制—应用—检验—完善”的闭环。

但需要注意的是，在整个评价量规的研制过程中，教师都要强调学生的积极参与，并且在任务开始之前就要把评价标准提供给学生。因为评价量规作为最后的评价工具，它更强大的作用是学生持续的自我评价和朝着表现目标不断改善。学生如果看到这种评价标准，知道出色表现的例子，他们对一些学习任务将会有更深的理解，能更加主动、自觉地进行学习。

以我校数学学科项目化学习案例《校园绿地规划》为例，本案例涉及五年级多边形面积的测算、数据分析等核心概念，让学生做校园绿地规划负责人，负责新校区的绿地设计安排等各项工作，促进学生在学习活动中获得多方面知识，并能培养其核心素养。本项目主要分为三个任务：(1) 小小设计师，借助复习回顾多边形面积测算方法对学校绿地面积进行测量并能自主设计新校区绿地；(2) 小小测算师，借助含小数的四则运算能对绿地植被的选购进行初步筛选；(3) 小小分析师，通过进一步数据的统计整理与分析，进一步确定植被选购的最优方案。期望通过该项目能使学生获得以下几方面的发展：

学生将知道(K)1. 探索并掌握多边形(规则、不规则)的面积计算；2. 能进行简单的小数加减乘除运算及混合运算；3. 会收集数据能用条形统计图直观有效地表示数据。

学生将理解(U)1. 理解多边形面积计算公式之间的关系，并在设计绿地的过程中感受几何之美；2. 结合具体情境理解小数的意义和四则运算方法；3. 理解数据的描述和分析在生活中的作用。

学生将能做(D)1. 会估算、计算生活中某些实地的大小；2. 能对一些简单的设计布置发表看法或参与设计；3. 能在生活中借助小数相关运算进行购物等活动；4. 利用数据进行描述、分析、判断和决策。

基于此目标，结合三个情境任务的内容和形式，在每个分任务中研制了以下三张评价量规表。

"小小设计师"任务评价量规表

评价点	评价量规	评价等级
多边形面积的测算方法	能熟记多边形面积测算方法并能在校园绿地面积测量中灵活运用	★★★★★
	能比较熟练地运用多边形面积的测算方法解决校园绿地面积的测量	★★★★
	能在小组合作或指导下解决校园绿地面积测算相关问题	★★★

"小小测算师"任务评价量规表

评价点	评价标准	评价等级
植被数量的选取	能根据小组的绿地规划，明确不同植被的需求量	★★★★★
	能根据小组的绿地规划，比较明确地进行各种植被数量的规划	★★★★
	能大致知道所需植被的数量	★★★
花店的选取	能进行实地考察并收集所需植被的价格等信息，并借助小数运算清楚地了解不同花卉植被的价格，根据预算合理选择花店	★★★★★
	能从花店收集到植被的价格等信息，并借助小数运算比较清楚地了解不同花卉植被的价格，从而合理选择花店	★★★★
	能根据植被价格，借助小数运算基本了解不同花卉植被的价格，大致选择合适的花店	★★★

"小小分析师"任务评价量规表

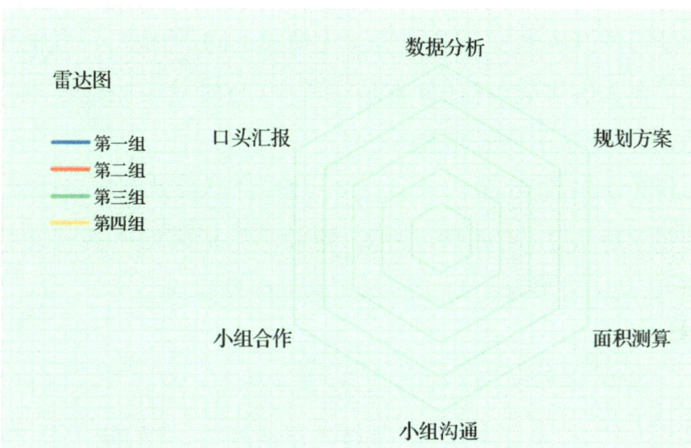

五、遵循学科概念进阶理解安排教学内容

(一) 项目化学习中的问题

学生对学科概念的理解具有过程性，教师在基于学生认识水平和知识经验基础上，聚焦学科概念，科学地安排学习内容与学习活动，形成有序递进的教学内容，才能促进学生对学科概念的进阶性理解，从而达成对学科概念的迁

移与运用。随着越来越多的项目化学习进入课堂,我们发现项目化学习在传统课堂中暴露出的问题也愈发突出。

1. 项目化学习对资源配置要求更高

项目化学习与传统课堂教学不同,其所需要的资源配置、课时安排、学习空间、信息技术等相比传统课堂要求更高,因此这会加深其与传统课堂教学间的矛盾。

2. 项目化学习有时“空有其表”

项目化学习确实掀起了一股“做项目”的热潮,但在一些拓展型或探究性课程的项目式学习中,学习质量并不高,呈现出一种课堂热闹闹,实际空洞洞的课堂现状,即只见“项目与作品”,不见“学习与思维过程”,由此出现学生在低质量粗糙的项目式学习活动中和所谓的项目探究中消磨了宝贵的学习时间。

3. 项目式学习实行起来较为复杂

项目化学习的开展与实施和传统课堂模式不同,作为一种新的学习方式,给教师带来了更大的挑战,在任务推进过程中,有时因为实施过难,会给教师与带来焦虑,甚至让学生丧失兴趣。

针对项目化学习质量不高,项目任务过难等问题,教师在设计项目化学习任务时应围绕学科概念,通过学习进阶,帮助学生形成良好的认知结构、提高解决问题能力,从而发展学生对学科概念的深度理解。

(二) 学习进阶理念及特点

从“知识本位”到“素养本位”的课程改革浪潮中,我们绕不开“学习进阶”这一理念。与“学习进阶”(learning progressions)相关的表述还有“学习轨迹”(learning trajectory)、“学习地图”(learning map)等,进入 21 世纪以后,伴随世界范围内“核心素养运动”的兴起,“学习进阶”这一概念引起人们广泛关注。世界发达国家和国际组织均基于“学习进阶”来设计素养本位下的课程与教学。我国颁布的《义务教育课程方案(2022 年版)》中,也明确提出“进阶性”要求,如“加强课程一体化设计……体现学习目标的连续性和进阶性”;“建立有序进阶、可测可评的学业质量标准”[①]等。同时各学习领域课程标准对核心素

① 中华人民共和国教育部.义务教育课程方案(2022 年版)[M]. 北京:北京师范大学出版社,2022.

养与课程目标、课程内容及学业要求、学业质量标准与课程评价均基于"学习进阶"理念和原则而设计。如:"六三制"学校,按照"2223"分段进行"学习进阶"而设计;"五四制"学校,则按照"2322"分段来设计。

目前,学术界对"学习进阶"这一概念,主要从以下几个方面来进行描述:

关于"学习进阶"主要观点

代表人物	观点	描述
史密斯(Smith)等	路径说	在"物质与原子—分子理论"的教学时,提出"学习进阶",并将其定义为"学生在学习某一核心概念的过程中,所遵循的一系列逐渐复杂的思维路径"
罗斯曼(Roseman)等	序列说	指出学习进阶是一条由小学延续到高中的、有逻辑的、符合学生发展规律的"概念序列"
马瑞特(Merrit)等	描述说	认为学习进阶是在"描述学生对某一领域由浅入深、逐渐复杂的概念理解过程"
萨琳娜(Salinas)	假设说	综合多个定义后,提出学习进阶是"以实证为基础的、可检验的假说,它阐释了在一段时间内经过适当的教学指导,学生对科学核心概念、科学解释以及科学实践的理解和运用是如何逐渐发展、深入的"

虽然学者们从不同视角对"学习进阶"这一概念进行了描述,但可以看出学习进阶的四个特点:一、以某个大概念为主题,包含核心概念、跨学科概念和工程实践技能;二、可以是学生的认知发展,也可以是概念的复杂进阶;三、用学生的显性行为进行表征,刻画了学生知识、能力的不同层级;四、以实证为基础,直到接近学生实际的脑海情况。

在"学习进阶"理念下,学习是一个不断累积、发展的过程,学生对概念的认知会经历许多不同的中间阶段,从而将对概念质朴的想法逐渐发展到科学家观念,并将其迁移运用,不断发展,走向成熟。

(三) 学科核心概念的进阶

概念教学在课程教学中占有重要的地位。任何课程的教学都是以概念教学为基础,并在此基础上深度化、系统化的过程,因此,围绕概念建构实现学习的进阶,体现了《义务教育课程方案(2022 年版)》中"进阶性"要求。

概念是思维的基本形式之一,其反映了客观事物一般的、本质的特征。基于不同视角,可以对概念进行层次性的分类。如从认识对象的层次和范围来划分,概念可以分为上位概念、下位概念和平行概念,从学科知识体系构成来分，概念有大概念、学科核心概念、基本概念等。

在概念框架中，学科核心概念处于中心位置，向下起到整合学科基本概念的“文件夹”作用，向上起到融合学科概念形成学科概念体系乃至跨学科的大概念的“聚合器”作用。[①] 学科核心概念进阶体系的建构路径可以分为：大概念、学科核心概念、学科基本概念、学科具体知识。教师可以从学科核心概念出发围绕学生对学科核心概念进阶学习，揭示“知识”“内容”背后的学科基本概念、学科核心概念，从而达成学生对学科核心概念的逐步建构和逐级深化。

聚焦学科核心概念的学习可以提升学习效率，有了“学习进阶”理论指导，有助于将概念学习路径科学化、层次化，从而促进学生的“学习进阶”。

可见在教学实践中，教师应依据学科核心概念，确定教学目标并循迹学科核心概念的进阶体系，其次围绕学科核心概念和学科基本概念，筛选、梳理出与具体课时相关的概念与事实，知识与能力等课时目标和探究内容，最后有意识地在教学资源开发、问题情境创设和课堂活动组织中渗透高阶大概念。

（四）循迹学科核心概念进阶，合理安排教学活动

1. 规划设计符合学习者学习进阶的学习路径

学科核心概念的进阶学习路径一般从学段和课时两个层级思考规划：一是从学段层面分析和规划某学科核心概念的推进路线；二是从课时层面厘清课堂建构，教师带领学生完成从学科具体知识，上升到学科核心概念或大概念的结构化进程。

（1）以学段为进阶周期，循迹学科核心概念的学习进阶

教材中将学习进阶理念融入课标，以学段为主题的进阶周期，一般遵循从感性直观到抽象概括，从现象到本质的进阶路径。

“复述”是积累语言、发展口语和思维能力的重要路径之一。因此“复述”这个概念在《义务教育语文课程标准（2022 年版）》第一至第三学段的“课程目标”中均有相关阐述：第一学段的“表达与交流”中提出“听故事、看影视作品，能复述大意和自己感兴趣的情节。能较完整地讲述小故事，能简要讲述自己感兴趣的见闻”；在第二学段的“阅读与鉴赏中”提出“能复述叙事性作品的大

① 王海英，黄海旺，张军霞.围绕概念建构实现科学学习进阶：人教/鄂教版小学《科学》的编写路径[J].课程.教材.教法，2021，41(09)：108－116.

意”,“表达与交流”中提出“听人说话能把握主要内容,并能简要转述”“讲述故事力求具体生动”;第三学段“阅读与鉴赏”中提出“阅读叙事性作品,了解事件梗概,能简单描述自己印象最深的场景、人物、细节,说出自己的喜爱、憎恶、崇敬、向往、同情”等感受,“表达与交流”中提出“听人说话认真、耐心,能抓住要点,并能简要转述”“表达有条理,语气、语调适当”。可见在不同学段,对“复述”这个学科核心概念理解要求不同,并呈现出螺旋上升的进阶性,教师应当循迹“复述”的学科核心概念轨迹,合理安排教学内容。

(2) 以课时为进阶周期,循迹学科核心概念的学习进阶

如果是以课时为进阶周期,循迹学科核心概念的学习进阶路径应当从相对微观的层面给出具体的学习路线与教学安排。将学生学习的某一教学内容的过程,划分为一些阶段或步骤,使学生更清晰地认识到建构具体概念规律和思维层次。

颜色词是小学语文教学中、低年级词语训练的重点,然而颜色词意义抽象,内容丰富的特点与中低年级学生以形象思维为主,对颜色词认知比较单一的现状产生了冲突。在我校项目化学习“小小色彩设计师”中,教师则围绕“小小色彩设计师”这一个主题,带领学生由浅入深,体验探究中,帮助学生完成对“颜色词”这一概念的建构,活动以“寻色——取色——命名——发布——运用”呈现出递进关系。在整个学习过程中,需有 5—6 课时,教师在学科概念引领下,不仅帮助学生学会了书本中零散的有关颜色的知识点,还带领学生探究出颜色词命名方式,即“事物＋颜色”,此外,学生依据“颜色词”这一概念的建构,成功创造出“芒果黄”,“极光绿”等富有创造力的颜色词,最终学生为自己命名的颜色词创造出推介语,形成色卡集。

2. 搭建促进学生对学科核心概念理解的进阶支架

在学习进阶过程中,学生在知识技能、情感态度、思维方式、学习方法等方面也许会遇到困难与障碍,教师应当适当为学生搭建进阶支架提供学习支持,促进学生从相对低阶的认知迈向高阶水平的发展。

(1) 创设真实情境或高仿真情境。做好驱动型问题或任务的设计,引发学生认知冲突,指向有关联的进阶。例如,在我校“寻找郎朗”项目化学习过程中。教师为帮助学生完成对“寓言故事”这一学科核心概念的建构与理解。教师链接了一套课外读物,其中有一本名为《我要找到郎朗》一书,与项目探究主

题寓言故事息息相关。在课外读物《我要找到郎朗》里面讲述了故事爷爷每周一都会给小鸡们去讲寓言故事，但是故事爷爷越来越老，他的祖先伊索叔叔指引他们找寻故事继承者，继承者名为郎朗，故事爷爷与小鸡们踏寻上寻找郎朗之路……我校坐落于梅里古都，学生都有一个好听的名字叫“小梅花”，于是教师将故事中的郎朗进行概念化即“故事继承者”，那么教师可以模拟真实学习情境设计真实任务：

真 实 任 务 ：

郎朗是谁？很久以前，有一位故事爷爷每周一都会背着故事口袋给小鸡们讲寓言故事，于是，每周一成为小鸡们最期待的日子，可是，故事爷爷越来越老，他悲观地想：如果我不在了，谁来给孩子们讲故事呢？就在这时，一股强大的气流从井里喷出来，伊索叔叔的声音从远处传来：“你的继承者叫郎朗，你会发现，他睡在叶子上，你必须跟随箭头的指引去找他”在小鸡的帮助下，故事爷爷终于找到了郎朗，可是郎朗也越来越老了，他悲观地想：如果我也不在了，谁来给孩子们讲故事呢？突然，星空下传来故事爷爷的声音：“你的继承者叫郎朗，你会发现，他藏在梅里古都，你必须跟随小梅花图标的指引去找他”……

项目化学习“寻找郎朗”真实任务图

教师将该内容录成音频，配上《我要找到郎朗》故事中的相关页和梅里古都等相关图片，学生会不知不觉进入故事情境中。驱动型问题其实就是活动进阶思维路线图，体现出引发学生认知冲突，解决冲突，从而达成认知平衡的过程。整个项目活动在情境创设下，呈现出：“郎朗是谁？”（故事继承者）——“怎样找到郎朗”（寻找会讲故事，会创造故事的人）——“我就是那个郎朗”（成功创造出寓言故事）的项目活动路线图。

（2）学习任务单的支持运用。学习任务单有时不仅能破除学生学习进阶障碍，还能促进学生自主探究的空间，在我校项目化学习“自制小冰箱”的进阶活动中，教师按照学生认知进阶设计了学习任务单，促进学生的主动进阶。在第一课时中，教师通过问题与聚焦，让学生明晰自制小冰箱的任务，引发学生讨论并思考制作小冰箱所需的材料、功能、步骤、注意事项等，并试图运用热传递的相关知识解决问题。于是设计出以下学习任务单：

<table><tr><td>
我的方案
我制作的小冰箱解决的问题是：
我制作的小冰箱所需的材料是：
我的小冰箱的功能是：

可能需要的帮助是：

我的制作流程：
</td></tr></table>

"自制小冰箱"之"我的方案"

在第二课时中，教师要求学生在前期研究的基础上，能够画出小冰箱的设计图，根据设计图以及材料制作小冰箱，将学习任务单设计如下：

<table><tr><td>
我的小冰箱设计图
我的小冰箱的实际尺寸是：
按照一定比例缩小后的尺寸是：
小冰箱有________部分组成，
各部分材料是：____。
各部分作用是：____
我的设计图如下：
</td></tr></table>

"我的小冰箱设计图"

在第三课时中，学生通过小组实验探究，利用数据直观测试出小冰箱的保冷效果，并从成本、功能、便携等多方面进行评价，提出改进意见。在第四课时中，学生通过展示改进后的小冰箱，知道小冰箱的结构决定其功能，于是有了以下学习任务单：

测试小冰箱的保冷效果并完成记录单

小冰箱测试			
小组成员			
材料			
时间/s			
冰块起始质量/g			
20 分钟后冰块质量/g			
冰块减少量/g			
得出结论：			

"自制小冰箱"评价表分析

评价维度	需要改进	一般	良好	优秀
计算数据能力				
实验操作能力				
多次实验				
团队协作能力				
解决问题能力				
记录能力				

展示实验记录单并汇报

评价维度	需要改进	一般	良好	优秀
记录单完整度				
分析和解读数据能力				
语言表达清晰具体				
逻辑性				

"自制小冰箱"评价与改进表

评价维度	需要改进	一般	良好	优秀
基于证据来论证自己的观点				
语言表达清晰具体				

续　表

评价维度	需要改进	一般	良好	优秀
逻辑性				
从多方面考虑小冰箱的功能				
反思能力				

可见，以学习任务单作为学习进阶支架，不仅能避免教师过多讲授的现象，还能帮助学生自主对照学习任务单，形成自己认知节奏和兴趣探究。当然，我们还可以以学习进阶理念实施教学评一致性，逆向反思概念建构过程，以进阶目标为参照，反思学习进阶过程，从而有效调整学习进阶的教学设计，建立以学科核心概念为引领的学习认知模型，促进教师教学设计水平的提高。

第四章　小学学科项目化学科案例呈现

一、小学语文项目化学习

语文项目化学习案例(一)　小小色彩设计师

一、基本信息

适用年级:小学二年级

对标单元:部编版小学语文二年级(上)《语文园地四》

建议课时:6 课时

课程概述:语言的学习离不开情境,本课程创设了高仿真情境:寻找丽莎心中那一抹粉,从而帮助她装修好新家,通过该情境学生产生持续探究的欲望,项目行进过程中生成了驱动性问题链。在一系列环环相扣的驱动性问题链下,学生展开深入思考,进而在认知冲突和现实问题碰撞过程中解决问题,在解决问题的过程中学会颜色词的建构和运用。

二、课程设计

课程设计背景:颜色词是中、低年级词语训练的重点,但关于颜色词的知识点零散地出现在课后习题或《语文园地》中,学生大体上获得对知识的浅表化理解。当面对真实的问题情境,学生则不知如何灵活、综合地迁移运用相关知识点。因项目化学习强调让学生全面、充分地理解概念本质,在不同的情境中丰富对概念的认识,尽可能多地创造运用概念的机会,并以概念为工具来解决问题。鉴于此,设计《小小色彩设计师》这一项目课程,提出核心概念:“颜色词的构造与运用”,凸显语文学科“语言的建构与运用”的本质特点。

课程目标:

1. 学生将知道:① 生活中色彩来源;② 多种取色方法;③ 基础的色彩美术知识

2. 学生将理解：① 颜色词的构词规律；② 色卡广告词特点

3. 学生将能做：设计出梦想小屋

项目驱动性问题：

创设一个人物——丽莎，丽莎向同学们做了自我介绍，同时抛出了自己的一个小难题，希望得到同伴帮助。（边说边播放 PPT）丽莎说："小伙伴，你知道吗？我们家换新房子啦，爸爸妈妈问我想要给我的小卧室刷什么颜色，我告诉爸爸妈妈，想要刷淡淡的，带一点点粉色的油漆，于是爸爸妈妈带我去装修公司找色卡，哦，色卡你们知道吗？就是不同颜色的卡片，但是我找啊找，看到了不同的粉色，就是没有找到我脑海中想要的那种粉色色卡，你们能帮帮我吗？从而顺利地装修好我的新家吗？"

教学过程设计：

教学任务(一)　入项

任务概述：学生在高仿真情境下，调动高阶思维认知策略来解决现实生活中的真问题。学生讨论，对问题进行一步步分解，形成思考路径和问题链，并在思维导图的帮助下清晰思考路径。此外，学生形成合作探究、探索发现、查阅资料等学习能力。

所需课时：2 课时

任务目标：根据自己的兴趣爱好成立寻色小队。走进校园，切实寻找色彩，绘制思维导图。

教学资源：多媒体设备、课件、思维导图框架、6 个文件袋

任务展开过程：进入高仿真情境——搭建生活中色彩来源知识体系——寻色实践

学习任务一：进入高仿真情境

播放驱动性问题动画，激发学生帮助丽莎解决问题的兴趣。（时间分配：10 分钟）

学习任务二：生活中色彩来源

在驱动性问题链下唤醒社会生活与儿童经验的联系：你在生活中见过哪些色彩？在老师带领下，学生回顾一年级上册《语文园地三》的思维导图，学会寻找事物的上位概念，并对色彩来源进行归类，搭建思维导图。（时间分配：30 分钟）

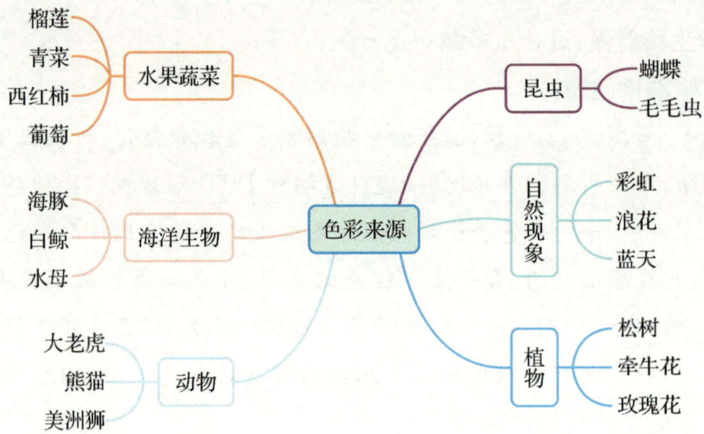

学习任务三:寻色实践

学生带着问题利用校园环境,切实寻找色彩。在寻找色彩的过程中,学生明确自己的兴趣点,成立寻色小队。小队组员寻找出 2—3 种事物的特别色彩,并将电子照打包发送给组长。组长绘制思维导图,整理筛查生成本组的思维导图。(时间分配:40 分钟)

评价要点:根据核心知识设计多维度评价标准,从自我评价、组长评价、教师评价三个角度展开,具体如下:

多维度评价标准

评价项目	评价标准	自评 √
寻色	积极动脑,举手了 3 次以上	
	在小组中不打扰其他小朋友	
	想到了很多色彩来源	
	归纳概括色彩种类时想对了至少一个	
	在校园寻色时发现了 3 种以上的特别颜色	
	学会了不同的寻色途径	
评价项目	评价标准	自评 √
寻色	能听从小组手势语	
	能一起填写好思维导图	
	能认真完成寻色图片	

续　表

评价项目	评价标准	他评 ☆☆☆
寻色	学生在思维导图的帮助下明确了思维路径	
	学生对词语种类的归纳概括在课堂上有所提高	
	学生在校园寻色过程中充满热情	
	学生的寻色图片完成出色	

教学任务(二)　项目展开

任务概述:学生联系现实生活,解决“如何取色”这一问题。

所需课时:1 课时

任务目标:学生能够从不同角度分享取色原因;学习多种取色方法并实践运用。

教学资源:多媒体设备、课件、手机软件、照片

任务展开过程:分享寻色成果——学习取色方法并实践

学习任务一:分享寻色成果

寻色小队的成员分享自己的寻色成果。(时间分配:24 分钟)

评价要点:能够从事物的颜色、形状、味道等不同角度分享自己选取该事物的原因。

学习任务二:学习取色方法并实践

(1) 学生学习多种取色方法:电脑中的绘图工具,PPT 中的取色器,手机中的取色软件。(时间分配:4 分钟)

(2) 学生尝试,通过实践运用手机软件取色。(时间分配:12 分钟)

评价要点:

取色	在小组中不打扰其他小朋友	自评 √
	会为本小组成员加油打气	
	能认真倾听其他小组的分享	
	我会与小伙伴分享我寻找到的颜色	
	我会用至少一种方法取色	

续 表

评价项目	评价标准	组评 √
取色	有小组意识,热爱自己的小组	
	小组成员分享取色图片时,能认真倾听	
	小组成员出现取色困难时,能互相帮助	
评价项目	评价标准	他评 ☆☆☆
取色	学生的团结凝聚力增强	
	学生取色种类丰富	
	学生介绍自己取色时:口语表达能力有所提升	
	学生能对他人的表现给予积极回应	

教学任务(三)　项目展开

任务概述:学生理解核心概念:颜色词的建构,从而形成思维。

所需课时:1 课时

任务目标:学生发现颜色词的构词规律,能够灵活运用事物+色彩来命名色卡。

教学资源:多媒体设备、课件、色卡集、学习纸。

任务展开过程:厘清基础色,撞出同色系——观看视频,寻找命名灵感——发现命名规律,验证总结——小组取名共 PK,互助学习

学习任务一:厘清基础色,撞出同色系

学生根据基本色的同色深浅卡,发现用深浅无法全部描绘色卡。(时间分配:8 分钟)

学习任务二:观看视频,寻找命名灵感

学生观看视频,根据问题答案命名三杯果汁的颜色。(时间分配:7 分钟)

学习任务三:发现命名规律,验证总结

学生总结命名规律:事物+色彩,并进行验证检验。(时间分配:10 分钟)

学习任务四:小组取名共 PK,互助学习

学生进行色卡取名大比拼,深入研学如何规范使用颜色词。通过音频资料"一个牛油果的自述",学生了解流行色和流行词的发展。(时间分配:15 分钟)

评价要点：

<table>
<tr><th>评价项目</th><th>评价标准</th><th>自评 √</th></tr>
<tr><td rowspan="4">命名</td><td>我知道为色卡取名的秘密了</td><td></td></tr>
<tr><td>我为自己色卡取名成功了</td><td></td></tr>
<tr><td>我能帮小组其他成员思考色卡名字</td><td></td></tr>
<tr><td>我对语文的词语学习更感兴趣了</td><td></td></tr>
<tr><th>评价项目</th><th>评价标准</th><th>组评 √</th></tr>
<tr><td rowspan="2">命名</td><td>小组在比赛前非常团结，能一起开动脑筋命名出更多的色卡</td><td></td></tr>
<tr><td>小组在比赛时能互相帮助，不错过加星的机会</td><td></td></tr>
<tr><th>评价项目</th><th>评价标准</th><th>他评 ☆☆☆</th></tr>
<tr><td rowspan="4">命名</td><td>学生的团结合作力增强</td><td></td></tr>
<tr><td>学生掌握了颜色词构词规律</td><td></td></tr>
<tr><td>学生对语言简练，不重复的特点有了一定感知</td><td></td></tr>
<tr><td>学生对流行语的发展有了初步了解</td><td></td></tr>
</table>

教学任务(四)　项目展开

任务概述：寻色小队呈现有颜色有名字的色卡，并将色卡介绍给他人。

所需课时：1 课时

任务目标：学生能将自己独特的色卡介绍给他人，成功吸引他人目光。

教学资源：多媒体设备、课件、色卡集、代表性广告语。

任务展开过程：回顾色卡，感知广告词特点——借助颜色词，完成广告词

学习任务一：回顾色卡，感知广告词特点

学生回顾上节课命名的色卡，思考推销介绍色卡。学生了解广告词，感知广告词简洁、围绕产品特点展开介绍的特点。（时间分配：10 分钟）

学习任务二：借助颜色词，完成广告词

（1）学生聚焦颜色，聚焦事物本身，说出富有音律美的词语。（时间分配：5 分钟）

（2）借助情境中丽莎对自己色卡的创作，学生发现广告词还需加入想象，在学习纸上进一步完成广告词。（时间分配：10 分钟）

(3) 学生完成创作,主动向他人推荐。(时间分配:15 分钟)

评价要点:

评价项目	评价标准	自评 √
介绍色卡	我的色卡介绍语语言简洁	
	我的色卡介绍语朗朗上口	
	我的色卡介绍语特点突出	
	我的色卡介绍语能突出感受或发挥想象	
评价项目	评价标准	组评 √
介绍色卡	我们小组成员在一起修改色卡介绍语时能互相帮助	
	我们小组合作学习比之前更好了	
评价项目	评价标准	他评 ☆☆☆
介绍色卡	学生的语言建构和运用能力有了一定提升	
	学生合作学习的意识有了加强	
	学生创造出的色卡推介语很有活力	
	学生对广告词有了一定感知力	

教学任务(五)　成果展示

任务概述:学生学会基础的色彩美术知识,调出喜爱的颜色。最终将调好的色彩刷在自己的小房子上,加上丰富的装饰,并以小房子组合的形式展示出来。

所需课时:2 课时

任务目标:学生通过多样化形式进行成果展示

教学资源:多媒体设备、课件、水粉纸、水粉颜料、水粉笔、水桶、调色板、小毛巾、空格小房子。

任务展开过程:做房子,刷房子——成果展示,我的房间我来讲

学习任务一:做房子,刷房子

(1) 学生将一张 8K 长方形的水粉纸折成六个格子,再用剪刀和双面胶,使其变成正方形的小房子。(时间分配:5 分钟)

(2) 学生学会基础的色彩美术知识,了解不同的颜色可以表达出不同的

情感。(时间分配:15 分钟)

(3) 学生根据设计的色卡颜色刷房子,并加上之前画的装饰物使房子展示效果丰富。(时间分配:20 分钟)

学习任务二:成果展示,我的房间我来讲

学生做好彩色房子,介绍小房子,用图像和录像的形式记录,也可以组合在一起做最终的展示。(时间分配:40 分钟)

三、教学反思

项目化学习源于杜威的“做中学”。随着实践和理论的不断发展,当前国际主流的项目化学习强调设计思维与核心知识的理解,在做事中理解概念,形成专家思维,引发跨情境的迁移。而学科项目化学习设计基于学科又超越学科,旨在运用项目化学习的方式达到强化学科知识学习和促进学生学会学习的目的,培养学生的创造性思维与批判性思维。富有生命力的课堂是彰显儿童意义的课堂,语文学科如何开展项目化学习设计?“我是小小色彩设计师”这一语文项目化活动,在尊重儿童丰富的感受和体验的前提下,实现了超额完成部编版二年级上册语文园地四中颜色词这一教学难点,并帮助儿童在高阶思维的引领下,进行知识的迁移与创造,让儿童与周遭世界建立了意义连接。教师力图通过呈现“小小色彩设计师”项目“路线图”,从中管窥可行的思路与方法并进行实践反思。

一、“化零为整”,聚焦核心概念

项目化学习强调让学生全面、充分地理解概念本质,在不同的情境中丰富对概念的认识,尽可能多地创造运用概念的机会,并以概念为工具来解决问题。“小小色彩设计师”项目化学习将语文教材中关于颜色词的零散知识点做整合,“化零为整”,自下而上地构建核心概念“颜色词的构造与运用”,凸显语文学科“语言的建构与运用”的本质特点。

如果让学生在 30 秒内说出关于色彩的词语,学生的答案几乎无差别,正确但缺少创新,有些学生说出来的词语,构词混乱,这是因为学习的经历仅来源于书本,通过对知识点的记忆完成的学习历程,在面对真实情景中的问题时,学生很难发生迁移。将学生的答案大致可以分为三类:第一类,表示颜色的红、黄、蓝等单纯词;第二类,在颜色前面加上深浅,从而构成深红、浅红这样比较简单的表示颜色的合成词;第三类,稍微复杂一点表示颜色的合成词,如:湖蓝、墨绿、翠绿、柠檬黄等。

其实，颜色词一直是中、低年级词语训练的重点。例如，一年级下册第 4 课要求识记“金黄、火红、碧绿”这一组词，第 19 课要求体会“碧绿碧绿的”“雪白雪白的”这类词语的表达效果；二年级上册《语文园地四》让学生在“白”字前加上不同的事物，如“雪”“米”“奶”，构成“雪白”“米白”“奶白”这样的词语，帮助学生区分不同的白色；三年级下册第 24 课要求朗读表示颜色的词语，如“红彤彤”“葡萄灰”“半紫半黄”，再说几个类似词语；四年级下册第 10 课提及“墨绿”“浅绿”“嫩绿”“翠绿”等表示不同程度绿色的词语……上述关于颜色词的知识点零散地出现在课后习题或《语文园地》中。教师一般任由学生通过读、说、写、记等方法去习得，如“照样子，写出如‘金黄’‘碧绿’这一类词”，大体上获得对知识的浅表理解。当面对真实的问题情境，如要求“描写一段关于天边夕阳的颜色变化”时，学生则难以提取颜色词，不知如何灵活、综合地迁移运用相关知识点。这些零散的知识点使学生难以建构起知识体系，更难以让学生形成全面的认知观、批判性思维、创新能力等。

鉴于此，我们首先将教材中关于颜色的知识点罗列出来，向上寻找这些知识点共同覆盖和指向的上位概念——颜色词，再把散落在各册、各单元关于颜色词的知识点聚合起来，并从中提出核心概念：“颜色词的构造与运用。”

二、“化虚为实”，设计驱动性问题

驱动性问题在项目化学习中起着至关重要的作用，它将直接影响项目化学习的活动进程和学习成果。教师需“化虚为实”，将抽象的核心概念转化为有趣、“接地气”的驱动性问题，以驱动性问题牢牢拴住学生的视线。

开展“小小色彩设计师”这一项目化学习，直接抛出“颜色词是如何构造运用的”这样的问题，显然不能激发小学生，尤其是低年级学生的学习兴趣。我们尝试搭建核心概念与学生生活经验的联系，创设一个人物——丽莎，丽莎向同学们做了自我介绍，同时抛出了自己的一个小难题：*小伙伴，你知道吗？我们家换新房子啦，爸爸妈妈问我想要给我的小卧室刷什么颜色，我告诉爸爸妈妈，想要刷淡淡的，带一点点粉色的油漆，于是爸爸妈妈带我去装修公司找色卡，哦，色卡你们知道吗？就是不同颜色的卡片，但是我找啊找，看到了不同的粉色，就是没有找到我脑海中想要的那种粉色，你们能帮帮我吗？从而顺利得装修好我的新家吗？*丽莎希望得到同伴的帮助。这样，学生在高仿真情境中寻找丽莎心中那一抹粉，从而帮助她装修好新家，产生了持续探究的欲望。此刻，教师可以补充该问题情境：*去年春天，我和爸爸妈妈一起去公园玩，看到一*

株大海棠树，树上的花开得可美了，一阵微风吹来，花瓣们在空中跳起了舞，一片花瓣飘飘悠悠地落到了我手心，那颜色可美了，我就想要那个海棠花瓣的颜色，你们能帮我吗？学生清楚丽莎的需求后会积极帮助她解决，拍照交给油漆公司是学生普遍想到的办法，教师在这里做一个补充：看来现在市场上的油漆还不能满足人们个性化需求，想要帮助丽莎顺利装修好新家，我们可以建立更加丰富的色卡。在真实情境下引发的一个个问题产生了引发学生积极思考的驱动性问题链。

良好的驱动性不仅能够激发学生的深层学习动机，还能助推学生多次诘问，形成问题链，引发学生对核心概念的深层探索。面对与自身生活紧密联系的问题，“浅红、大红、红”这样的颜色词显然无法满足学生想要将墙壁刷成个性化色彩的需求，我们在项目化学习中顺势引导学生，产生问题链——

一问：“有个性的色彩何处寻觅？”低年级学生习惯将目光转向身边熟悉的事物，如花朵的色彩。二问：“色彩仅仅存在我们看到的桃花、梨花、杏花等花朵中吗？”学生进而发现：我们生活在一个五彩斑斓的世界里，色彩随处可见，如不同的海洋生物展现出来的绚丽色彩。三问：“如何才能将心中所想、眼中所见的色彩，通过有效的方式提取出来呢？”四问：“提取出个性化色彩后，又如何合情合理地表达该色彩呢？”这一连串的问题紧紧围绕给墙壁刷上个性化色彩的需求而生发，学生逐步深入思考，最终上升到对“颜色词是如何构成的”这样“结构化”问题的追问上。学生挖掘出这类颜色词的构词规律：事物加上色彩就可以得出。

学生在这一系列环环相扣的驱动性问题链下，展开深入思考，进而在认知冲突和现实问题碰撞过程中解决问题。可见，好的驱动性问题往往能够带来“好的结构”。这样的“结构”使得学生必然会注重知识的系统性、整体性，引发学生关联思考、自主探究。

三、“以高带低”，深化学习历程

项目化学习强调用高阶学习带动低阶学习。项目化学习中强调六类高阶认知策略，分别是问题解决、创见、决策、实验、调研、系统分析。教师要尽量保证让学生以分析、评价、创造等高阶思维牵引对知识的记忆、理解、运用等低阶思维，帮助学生实现更全面、深刻的理解，深化学习历程。“小小色彩设计师”项目化学习活动涉及“问题解决”“创见”“调研”等多项高阶思维认知策略。学生为解决“为墙壁刷上什么色彩”这一真实问题，开启了一场“寻‘色’之旅”。知识与生活发生联系才能印象深刻，教师先带领学生走出课堂，利用校园环境中的一草一木，学生带着问题“寻找你认为最特别的色彩”。教师帮助他们拍照记录，也可以带领学生走进图书馆，翻阅报纸杂志，或者利用网络媒体寻找其他类别的色彩来源。教师鼓励他们结合自身的兴趣爱好，成立不同的“寻色”小组。有的喜欢瓜果蔬菜的色彩，成立了“水果蔬菜”小队；有的喜欢海洋生物，成立了“海洋生物”队，等等。在老师、家长的帮助下，他们用 PPT 中的取色器完成取色操作，同时收集、整理、分类色彩，形成色卡之后，运用高阶思维来分析、推理，表达如何合情合理地给这些色卡命名，这与“颜色词的构造与运用”这一核心概念巧妙勾连。在命名色卡的探究活动中，学生发现仅仅用已有的旧知，如红、黄、蓝等颜色词，难以描述手中一张张丰富多彩的色卡。教师引导学生分析原因，最终总结出想要描述出色卡的颜色可以用“事物＋色彩”的方式来表达，从而构成“橙黄”“星空蓝”“香樟绿”等这样的偏正类颜色词。

学生为解决驱动性问题，不断地运用高阶思维认知策略，最终创造出有意义、有价值的新词。他们不仅能够说出教材中要求学生识记的“金黄”“火红”“碧绿”这样的颜色词，还能说出当下与生活密切相连的流行色“牛油果绿”“樱花粉”等，更能“创见”当下没有出现、未来也许会出现的“多利蓝”“抹香鲸灰”等颜色词。

学生完成对色卡的命名后，教师继续拓展驱动性问题，提出：“给自己的墙壁刷上什么色彩呢?”据此，设计两个真实的问题情境。

【情境 1】小小设计师，你打算给自己卧室的背景墙刷上什么颜色呢?

学生的回答精彩纷呈，各有特点，超越了传统语文课堂中对颜色词“整齐划一”的低阶应用。有的学生说：“我是一名粉刷匠，粉刷本领强，我要将我的卧室刷成香樟绿，这样我就成了大自然的精灵啦!”还有的学生以儿歌的形式表达：“我是一名粉刷匠，粉刷本领强，我要把那新房子，刷得更漂亮。刷刷刷，刷刷刷，刷上星空蓝，刷上柠檬黄，飞入宇宙银河中，让那温暖包裹我。开心去遨游！每天都快乐!”

【情境 2】小小设计师，现在你要用色卡册给家中每一个成员的卧室背景墙刷上色彩，请先对他们的喜好、年龄、喜欢的原因等展开调研，然后选择最终配色，阐明配色原因。

学生要通过沟通去解决问题，在了解别人所思所想的基础上调研家庭成员对配色的需求。

整个项目化历程中，学生运用了高阶认知策略调研、问题解决、系统分析等，顺势达成了语言教学中对颜色词的低阶认知识记、应用的目标。

四、“评价随行”，追踪学习成效

传统的语文教学评价往往采用纸笔类测试，即对学生的一个阶段（如一个单元或一门课程）的课堂学习结果做评价。项目化学习设计应更多地考虑运用过程性和总结性评价，以及多元主体评价，追踪学习成效。项目化学习评价特点之一是关注高阶能力，实际上考查的是学生解决问题的能力，并试图把握学生在真实背景下动态获取、运用知识并解决问题的过程。另一方面，项目化学习评价关注学习结果与学习过程，不仅应该记录学生完成了什么项目，有怎样的项目成果，而且要记录学生是如何完成一项任务的，包括如何选定项目、制定计划、活动探究、作品制作、成果交流和活动评价等。

“小小色彩设计师”项目化学习推进过程中，评价如影随形。例如，学生各自命名手中的色卡，形成小组的色卡册时，会对小组成员的命名进行评价、分析。其间，有的学生会质疑“橙子黄”“蓝吊蓝”这样的词语，教师便会相机用规范化言语引导。由此，学生便会得出：对于“橙子黄”这样的词语，可以用更简洁的语言来表达，如“橙黄”；对于“蓝吊篮”这样构词重复的词语，则可以考虑其他学名，如“多利”，从而命名出“多利篮”这样更符合言语规范的词语。教师也会从言语审美等多个角度点拨学生，如让学生“说说小组成员中命名比较美的词语?”学生如数家珍，“月光白真是太美了”“极光绿真是太具神秘感了”……从学生形形色色对颜色词的点评中我们发现，学生对颜色词的理解不断深化。

此外，该项目化学习过程鼓励各科教师、专业人士、家长等多元主体参与。学生对学习成果做阶段性汇报，并在他人评价、建议的基础上再调整想法。此时，他们又会对颜色词的概念，或者项目化学习的背景知识、限制因素等进行综合分析、推理。这些评价主体是学生完成项目产生的合力，也是促使学习成果更具价值的“催化剂”。

（设计者：董晓晨　马晨洁）

语文项目化学习案例(二) 寻找郎朗

一、基本信息

适用年级:小学二年级

对标单元:部编版小学语文二年级(上)第五单元

建议课时:4 课时

课程概述:本课程通过对部编版小学语文二年级上册寓言单元进行重构,以项目化为载体,联系学生校园生活,理解并完成寓言故事创编。通过创设寻找郎朗的驱动性故事情境,激发学生对寓言故事的探究欲,提炼寓言故事特征,形成思维导图;联系二年级学生校园生活中的矛盾,尝试创编寓言故事。最终帮助学生成功创编出与其生活紧密联系的新寓言故事。

二、课程设计

课程设计背景:校园生活中,学生之间时常会有矛盾产生,往往不知如何正确解决。结合部编版小学语文二年级上册第五单元寓言教学,发现寓言故事对现实生活具有指导意义。因项目化学习是一种探究式的学习方式,聚焦超越知识点的核心概念,帮助学生探究真实情境下问题,以此设计了《寻找郎朗》这一项目课程。

课程目标:

1. 学生将知道:① 寓言故事的特征;② 语言表达的多样性(语气、标点、句式、短语、对比)

2. 学生将理解:寓言故事与人性的关系

3. 学生将能做:根据思维导图,能创编一个完整的寓言故事

项目驱动性问题:

郎朗是谁?很久以前,有一位"故事爷爷"每周一都会背着故事口袋给小鸡们讲寓言故事(边说边播放 PPT),于是,每周一成为小鸡们最期待的日子,可是,"故事爷爷"越来越老,他悲观地想:如果我不在了,谁来给孩子们讲故事呢?就在这时,一股强大的气流从井里喷出来,伊索叔叔的声音从远处传来:"你的继承者叫郎朗,你会发现,他睡在叶子上,你必须跟随箭头的指引去找他"在小鸡的帮助下,"故事爷爷"终于找到了郎朗,可是郎朗也越来越老了,他悲观地想:如果我也不在了,谁来给孩子们讲故事呢?突然,星空下传来故事爷爷的声音:"你的继承者叫郎朗,你会发现,他藏在梅里古都,你必须跟随小梅花的指引去找他"……

教学过程设计:

教学任务(一) 入项

任务概述:学生在驱动性问题情境中参与学习任务,激发其探索"寓言"的学习热情。学生回顾部编版小学语文二年级上册第五单元寓言故事,提炼寓言故事特征,形成思维导图。

所需课时:1课时

任务目标:能够提炼寓言故事特点,形成思维导图,建立"寓言"概念。

教学资源:多媒体设备、课件、部编版小学语文二年级上册第五单元寓言故事纸质学习资料、空白思维导图

任务展开过程:进入驱动性情境——回顾寓言单元——搭建寓言故事知识体系

学习任务一:进入驱动性情境

播放驱动性问题动画,激发学生寻找郎朗的兴趣(时间分配:7分钟)

学习任务二:我知道的寓言故事

引导学生通过默读已学的3篇寓言故事回顾已知道的寓言故事,并在老师的带领下,理解寓言"共同特征"的概念。(时间分配:8分钟)

学习任务三:搭建寓言故事知识体系

(1) 学生经过小组讨论,找到寓言故事在内容上和结构上的共同特征;由各汇报小组汇报讨论结果,教师相机利用希沃白板生成思维导图,完成寓言故事知识体系的搭建,形成思维导图。(时间分配:23分钟)

(2) 学生回忆校园生活,思考同学之间对待哪些事情时会有不同的看法或行动,甚至产生了争论。课上分享,课后继续思考。(时间分配:2分钟)

评价要点:能够在共同探讨中形成寓言故事知识体系思维导图

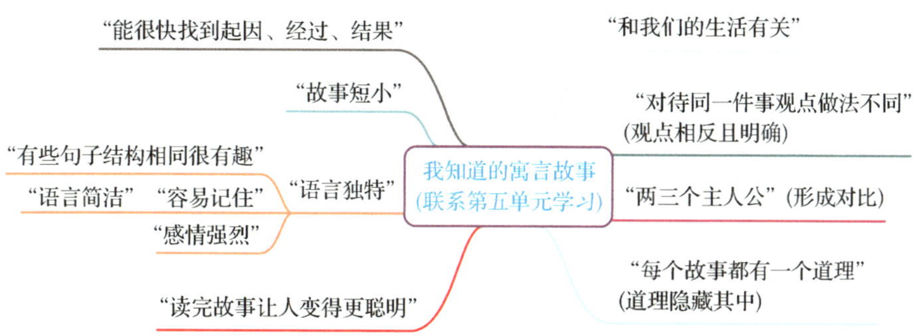

教学任务(二)　项目展开

任务概述:学生联系现实生活,形成即将创作的寓言故事思维导图。

所需课时:1课时

任务目标:学生能够形成即将创作的寓言故事思维导图;明白创作新的寓言故事对现实生活具有指导意义。

教学资源:多媒体设备、课件、《中外寓言故事》、前期矛盾点采访视频形成的热搜榜、空白思维导图纸质稿。

任务展开过程:联结寓言故事与现实生活——搭建即将创作的寓言故事的思维导图——修改完善思维导图

学习任务一:联结寓言故事与现实生活

(1) 教师在课前将学生挖掘校园生活矛盾点的过程形成采访视频,列出矛盾热搜榜。学生选择热搜榜中的矛盾情境进行表演。(时间分配:8分钟)

(2) 学生共读书籍《中外寓言故事》,用连线的方式匹配热搜榜中的矛盾点,发现现有寓言故事对学生校园生活中产生的矛盾缺少直接指导意义。(时间分配:3分钟)

评价要点:能够在共同探讨中形成寓言故事知识体系思维导图

学习任务二:搭建新寓言故事的思维导图

(1) 学生在教师的提问下,回顾寓言故事特征(即上节课形成的思维导图)。(时间分配:3分钟)

(2) 学生小组合作,借助寓言故事知识体系思维导图,写出新故事的思维导图。(时间分配:10分钟)

学习任务三:完善思维导图

(1) 学生小组选择代表上台解读思维导图,师生共评。(时间分配:10分钟)

(2) 小组合作根据师生评价对思维导图进行修改完善,并思考如何利用思维导图进行寓言故事创编。(时间分配:6分钟)

评价要点:能够形成自己寓言故事的思维导图

教学任务(三)　项目展开

任务概述:学生根据自己故事的思维导图,初步完成故事插图,并根据插图口头创编并修改本组寓言故事。

所需课时:1课时

任务目标:学生能够能根据自己故事的思维导图创编寓言故事并绘制插图

教学资源:多媒体设备、课件、《中外寓言故事》、前期矛盾点采访视频形成的热搜榜、空白思维导图纸质稿

任务展开过程:看思维导图框架,绘制故事插图——根据本组故事插图编寓言故事——利用评价表完善本组寓言故事和插图

学习任务一:看思维导图框架,绘制故事插图

学生小组共同回顾本组故事的思维导图,讨论确定插画内容布局,并绘制插图初稿。每组均有向老师求助机会。(时间分配:15 分钟)

学习任务二:根据本组故事插图编寓言故事

(1) 口头创编寓言故事:学生根据本组思维导图及插图,以小组合作的方式(角色分配:记录员、汇报员、智囊团)进行寓言故事口头创编。每组均有向教师求助机会。(时间分配:10 分钟)

寓言故事评价表		
评价维度	评价标准	评价结果
结构完整	具备起因、经过、结果	(　　)星
情节生动	矛盾点突出,冲突性强	(　　)星
语言丰富	语言独特、表达多样	(　　)星
道理巧妙	蕴藏道理,对现实生活有指导意义	(　　)星
注:评价结果为三星制		

(2) 故事汇报:学生小组选择代表上台讲述故事,师生评价或给予建议。(时间分配:5 分钟)

(3) 完善寓言故事创作:学生根据师生评价和建议进行寓言故事的修改,并根据教师出示的评价表进行自我评价,最后思考如何利用评价表完善本组寓言故事和插图,并进行角色分配讲述或演示。教师鼓励小组进行多样化汇报展示。(时间分配:10 分钟)

评价要点:

教学任务(四)　成果展示

任务概述:通过完善故事,学生当场讲述,现场制作属于自己的故事音频,并配图插画,制成日历,使学生意识到自己就是寓言故事继承者——“郎朗”。

所需课时:1 课时

任务目标:学生通过多样化形式进行成果展示

教学资源:多媒体设备、课件、上节课完善的寓言故事和插图、制作音频二维码软件、小型打印机、空白日历台、刮刮乐卡片

任务展开过程:完善创作寓言故事并讲述——成果展示——揭示“我是郎朗!”

学习任务一:完善创作寓言故事并讲述

(1) 学生小组合作,根据评价表的反馈完善本组寓言故事。(时间分配:5 分钟)

(2) 学生小组合作,进行分角色讲述或是表演本组寓言故事。同时,教师负责手机拍摄视频,制作故事二维码,打印二维码。(时间分配:25 分钟)

学习任务二:成果展示,揭示“我是郎朗!”

(1) 学生将打印出的二维码贴在故事插图上,可由小组代表向场内老师展示成果,邀请老师扫码听故事。最后,每组将最终制成的故事卡片放进空白日历台中,汇成本次项目化学习的最终成果集。(时间分配:5 分钟)

(2) 学生回忆“郎朗是什么样的?”,结合本次的学习和收获,猜猜“我们寻找的郎朗究竟是谁?”让学生意识到自己就是郎朗。(通过刮刮卡揭示“我是郎朗!”)(时间分配:5 分钟)

成果评价表		
评价维度	评价标准	评价结果
语言表达	清晰、响亮、自信	(　　)星
小组合作	默契、团结、热情	(　　)星
注:评价结果为三星制		

三、教学反思

项目化学习是一种新型的学习方式,聚焦超越知识点的核心概念,以核心概念系统学习内容的视角来设计项目主题,帮助学生探究真实情境下问题,关注学科知识与生活世界之间的联系,并为学生设计富有驱动力的任务探究,形成充满自主性、创造性学习成果,这样的学习方式为单元统整提供了方法与路径。将“项目化学习”运用于小学寓言单元教学中,能整合核心知识,实现“教

师本位”向“儿童本位”“知识本位”向“素养本位”的转变，让核心素养真正有效落实，使寓言育人发挥更大价值。

“语文要素是语文训练的基本要素，包括基本方法、基本能力、基本学习内容和学习习惯。”包含内容极其广泛，特级教师李竹平曾将部编教材各单元语文要素进行梳理，将小学语文要素分成识字写字要素、阅读要素、写话要素、口语交际要素、整本书阅读要素，在这五大类别之下又分出若干要素目标，细数每册语文教材要素目标包含20个左右，六册总计高达120个。这些要素目标主要出现在单元导读页，低年段分解在教材书后习题中，或掺杂在教辅资料里。以部编版二上第五单元为例：该单元为寓言单元，由三篇寓言故事构成，分别为《坐井观天》《寒号鸟》《我要的是葫芦》，该单元指向阅读的要素目标为“初步体会课文讲述的道理；感受和体会课文语言表达的多样性，学习表达”；指向口语交际的要素目标为“要用商量的语气，把自己的想法说清楚”。这两个要素目标与第七单元指向写话的要素目标“展开想象，续编故事”相互促进，彼此作用。各要素目标体系，单元要素目标间形成相辅相成、相互作用的关系，这需要教师“有单元整体意识，关联意识，保证学生在真实的境遇中经历真实的学习体验”。

基于此，我们在关照这些语文要素的前提下，确立一个研究主题，在模拟的真实情境中，促使学生在探究式任务下进行主题探究，形成超越学科知识的意义建构，展现有意义的自我表达。

一、从儿童视角，设计驱动性问题

项目化学习中儿童是围绕一个真实情境进行深入、系统和持续性学习的，且能运用所学知识创造性解决问题。这与核心素养的视角下，学习者在特定情境下整合性解决问题，从而提高学习能力是相通的。其中，两者都需要贴近儿童生活，创设一个真实情境。因此，项目化学习模拟真实情境时要注意从儿童生活出发。寻找郎朗这一项目的驱动性问题源于《不一样的卡梅拉》这套课外读物，该书深受二年级儿童的喜爱。《不一样的卡梅拉》系列中有一本名为《我要找到郎朗》的故事书，给笔者设计驱动性问题带来了极大的灵感。里面讲述了一位故事爷爷每周一会为小鸡们讲故事，由于故事爷爷越来越老，他急需找到一位故事继承者。在伊索叔叔的指引和小鸡们的帮助下，他们顺着箭头的指向踏上了寻找名为“郎朗”的故事继承者的道路……故事的最后，故事爷爷成功找到了故事继承者“郎朗”，并将故事全部传承给他，郎朗也开创了用笔记录故事的新方法，故事家族世世代代的故事得以流传。这让笔者联想到学习的主角，这些二年级的儿童可以在这个模拟情境中，继续去寻找郎朗——故事继承者的代名词，定会激发儿童勃勃兴致。结合我校坐落在梅村，儿童被亲切称呼为“小梅花”，笔者为寓言故事项目化学习设计了以下驱动性问题：

郎朗是谁？很久以前，有一位故事爷爷每周一都会背着故事口袋给小鸡们讲寓言故事，于是，每周一成为小鸡们最期待的日子。可是，故事爷爷越来越老，他悲观地想：如果我不在了，谁来给孩子们讲故事呢？就在这时，一股强大的气流从井里喷出来，伊索叔叔的声音从远处传来：“你的继承者叫郎朗，你会发现，他睡在叶子上，你必须跟随箭头的指引去找他。”在小鸡的帮助下，故事爷爷终于找到了郎朗，可是郎朗也越来越老了，他悲观地想：如果我也不在了，谁来给孩子们讲故事呢？突然，星空下传来故事爷爷的声音：“你的继承者叫郎朗，你会发现，他藏在梅里古都，你必须跟随小梅花的指引去找他……”

教师将该内容录成音频，配上《我要是的郎朗》故事中的相关页和梅里古都等相关图片，学生会不知不觉进入故事情境中，“郎朗是谁？”这个问题会盘亘在学生脑海中，所以我们不妨确定项目主题为“寻找郎朗”，激发学生在项目主题下进行任务探究。

二、聚焦核心知识，搭建知识结构

早在2009年就有学者在《儿童文学视野下小学语文教学研究》中提出寓言教学中存在教学过程僵化、教学模式单一的问题。[①] 这样的问题至今仍旧存在。如此教学模式下，儿童脑海中往往留存下的仅是一些碎片化的、事实性的知识，而对寓言故事并没有系统、整体的认知。另外，目前不少教师在设计教学时，往往目标不清晰，教学同一单元中的寓言故事时，没有整体意识，这样儿童在学习时也无法形成知识结构。而项目化学习可以更好地解决这一问题。项目化学习课程设计之初，教师参照核心学科课程标准，通过聚焦核心知识，叙写目标，帮助儿童在学习中搭建知识结构。

如笔者和团队老师设计“寻找郎朗”这一项目时，结合小学语文新课标，借助项目化学习的KUD目标，即：学生将知道（Know）、学生会理解（Understand）、学生能做到（Do）这三方面进行课程目标的叙写。“寻找郎朗”

① 孙建国.儿童文学视野下小学语文教学研究[M].北京：光明日报出版社，2010.

这一项目中笔者想要达到的 KUD 目标如下：

1. 学生将知道(K)：寓言故事的特征；寓言故事中语言表达具有多样性等；

2. 学生会理解(U)：寓言故事与人性的关系；

3. 学生能做到(D)：根据思维导图能创编一个完整的寓言故事。

教学目标的设计以儿童为本位，指向明确，具有整体性，教学也将更有导向性。

核心任务的实践中，教师可通过相机生成的思维导图帮助儿童梳理知识，搭建知识结构，对寓言故事产生更系统的认知。

在寻找寓言故事继承者郎朗的情境中，笔者这样设计提问："为了寻找寓言故事的继承者，让我们回想学过的三篇寓言故事(《坐井观天》《寒号鸟》《我要的是葫芦》)，你们发现它们有哪些共同特征？"孩子们带着问题再去回顾三则寓言，找出寓言的特征。教师则相机将孩子们的发现生成思维导图，搭建寓言故事知识体系。儿童在解决这一问题的过程中调用了提取知识、整合归纳的能力，彰显了儿童个体价值和核心素养中思维的提升和发展。

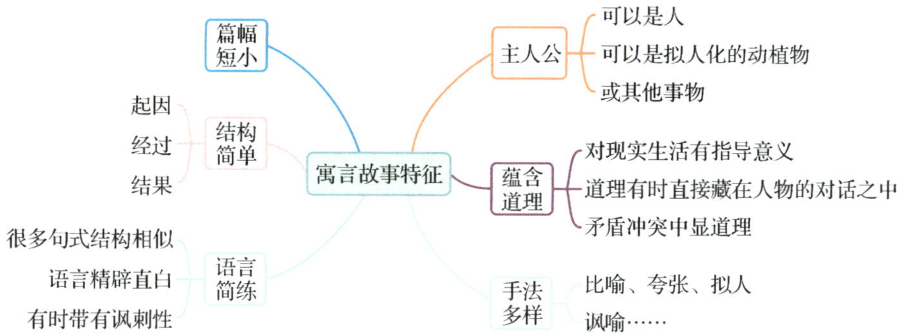

寓言故事特征思维导图

该思维导图系统呈现了寓言故事在内容和结构上的特征，有效达成了聚焦核心知识，搭建知识结构这一学习任务。

三、贴近儿童生活，进行任务探究

2022 版小学语文新课标指出义务教育语文课程应从学生语文生活实际出发，创设丰富多样的学习情境，设计富有挑战性的学习任务，激发学生的好奇心、想象力、求知欲，促使学生自主、合作、探究学习。因此，教师在寓言教学中需贴近儿童生活，创设丰富多样的学习情境，设计富有挑战性的学习任务，激发儿童对核心知识进行有意义的迁移与运用。

“寻找郎朗”这一项目实践中儿童能了解寓言故事的特征，理解寓言故事能通过矛盾冲突来帮助我们树立正确的人生观、价值观，起到育人作用。但还远远不够，儿童仍需持续深入探究，尝试调动这些知识、能力去创造性解决新的问题。笔者和团队老师通过联结寓言故事和儿童现实生活，设计了以下学习任务，进行任务探究：一是联系生活，发现身边的矛盾冲突。儿童利用课外时间通过采访挖掘校园生活矛盾点，并形成采访视频，列出矛盾热搜榜。儿童根据共同生活经历进行自由分组，因此，激发学生自主合作、探究学习。二是借助寓言故事特征思维导图，搭建新寓言故事思维导图。即儿童小组合作将生活经验与“寓言故事”这一文体相匹配，借助寓言故事特征思维导图，搭建出新故事的思维导图，并汇报交流，师生共评。组员根据师生评价对搭建的思维导图进行修改完善。三是绘制简易插图，口头编寓言故事。儿童根据搭建的思维导图绘制简易插图，并口头创编属于自己的寓言故事。通过小组汇报，师生共评进行修改完善，最终生成能指导或指引他人、自己生活的寓言故事。

笔者设计从贴近儿童的校园生活出发，逐步设计富有挑战性的学习任务，在此创编过程中，儿童积极运用所学知识和能力，以个性化的语言表达，生成具有自己的情感、态度和价值判断的新故事，实现核心素养的有效发生。创编寓言的过程是对知识和能力的有效运用，能有效将儿童所学内化、外输，真正提升儿童学习能力。

四、故事口袋：多样化成果展示

正如夏雪梅博士在书中提出“项目化学习最重要的不是儿童记住了什么，也不是儿童懂得了什么，而是儿童发现自己有能力在未知的世界里去做些什么”。[①] 寓言项目化学习以二年级上册寓言单元为抓手，从儿童生活出发，创设“寻找郎朗”真实情境，引发儿童共鸣，激发儿童兴趣。思维导图的同步生成，将知识整合，具有系统性。联结学科知识与儿童校园生活，设计富有挑战性的学习任务，引导儿童发现自己也有能力进行新寓言故事创编，能用自己的故事发人深省，语文核心素养有效落地。项目化学习下儿童感受到了寓言文化的

① 夏雪梅.项目化学习：连接儿童学习的当下与未来[J].人民教育，2017：23.

熏陶,语言表达得到了锻炼,思维得以培养,正确的价值观逐步形成,寓言育人的价值充分实现。

对知识进行有意义的运用,才能提升学习主体"真正的学力"。在"寻找郎朗"项目实践的最后,各小组成员通过共同探究形成学习成果,即"故事口袋",并进行多种形式的成果展。学生在"寻找郎朗"学习历程结束后发现,原来自己就是故事继承者——郎朗,整个学习过程中获得的成就感油然而生。课堂上,学生小组合作,进行分角色讲述或表演本组寓言故事,由老师负责手机拍摄,随即生成故事二维码,当堂用快捷打印机打印出来。学生将二维码贴在故事插图上,由小组代表向场内老师展示成果,邀请老师扫码听故事。最终,每组将最终制成的故事卡片放进空白日历台插页口袋中,汇成本次寓言故事项目化学习的最终成果集。学生在整个学习历程中形成了对寓言核心知识的深刻理解,能够学以致用。

通过学生成果我们发现学生的学习成果不仅展现出对"寓言故事"这个概念的深度理解,而且还关注了寓言故事中的语言特色,将结构相同的句式放入故事中,增强了故事的表达效果。超额完成了该单元语文要素"初步体会课文讲述的道理;感受和体会课文语言表达的多样性,学习表达"以及拓展延伸了第七单元语文要素"展开想象,续编故事",两个单元的人文主题"思维方法与想象"也得以融入与实现,形成具有生命力的个性表达。如果遇到特别适合的学习材料,教师不妨用"项目主题——任务探究——自我表达"的"登山型"方式对单元内容教学进行统整设计,带领学生对学科内容不断挖掘、深入理解,关联生活继而运用创造,这不仅能提升学生真实的学力,还能有效落实学科素养。

(设计者:肖沁雯 冯辰琛)

语文项目化学习案例(三) 小锦囊,大智慧

一、基本信息

适用年级:小学五年级

对标单元:部编版小学语文五年级(下)第六单元

建议课时:3 课时

课程概述:本课设置情境,学生明确需要解决问题并在小组内进行初步探讨。学生学习锦囊中的课文《田忌赛马》《跳水》后,了解课文中人物的思维过

程，感受人物分析问题、解决问题的能力。

二、课程设计

课程设计背景：在学习和生活的探索过程中，学生会遇到形形色色的问题，往往不知如何正确解决。结合部编版小学语文五年级下册第六单元教学，发现本单元以“思维的火花”通过《自相矛盾》《田忌赛马》《跳水》三篇课文展现了思辨与智慧，意在引导学生梳理结合实际思考问题的意识，对如何根据具体情况选择恰当的解决问题的办法具有指导意义。因项目化学习是一种探究式的学习方式，聚焦超越知识点的核心概念，帮助学生探究真实情境下问题，以此设计了《小锦囊，大智慧》这一项目课程。

课程目标：

1. 学生将知道：积极思考，运用分析思维选择最优的办法去解决问题。

2. 学生将理解：课文中主人公解决问题的办法以及他们在解决问题时的思维过程。

3. 学生将能做：通过思辨性阅读、比较、推断、质疑、讨论等方式，梳理观点、事实与材料及其关系。

项目驱动性问题：

传说宋真宗在位时，皇宫发生火灾，宫室楼台变为废墟，急需修复。你作为晋国公丁谓接到皇帝的圣旨：在最短的时间内，用最少的经费修缮宫殿。你将面临三大问题：① 需要大量的土；② 需要大批建筑材料；③ 把大量废墟垃圾运出京城。如果安排不当，小则施工现场杂乱无章，正常的交通和生活秩序会受到严重影响，大则性命不保。请你设计一份科学的施工方案并写成奏折上交皇帝。

教学过程设计：

教学任务(一)　入项

任务概述：学生在驱动性问题情境中参与学习任务，激发其探索“思维锦囊”的学习热情。学生回顾部编版小学语文五年级下册第六单元的课文，了解人物的思维过程，加深对课文内容的理解，引导学生进入本科学习任务情境。

所需课时：1 课时

任务目标：引导学生进入情境，引发好奇心；学生在锦囊(新课学习)中借鉴人物的思维方式，尝试解决问题。

教学资源：多媒体设备、课件、部编版小学语文五年级下册第六单元纸质学习资料、皇宫地图、锦囊①②

任务展开过程：进入驱动性情境——学习《田忌赛马》之发散思维——学习《跳水》之分析思维

学习任务一：进入驱动性情境（走进宋朝，勘查现场）

播放《大国基建》视频，引导学生进去《丁谓施工》故事情境，明确需要解决的问题。（时间分配：10 分钟）

学习任务二：学习锦囊①《田忌赛马》之发散思维

（1）学生小组内初步讨论，简单思考解决办法。（时间分配：3 分钟）

（2）打开锦囊①，学习《田忌赛马》一课。（时间分配：12 分钟）

① 学生总结田忌获胜的原因：仔细观察，善于分析，勇于打破常规。

② 通过小组讨论，学生体会并说清楚田忌的思维过程，完成课文后的连线题。

连一连，把齐威王和田忌赛马的对阵图标画出来。说一说：孙膑为什么要让田忌这样安排马的出场顺序？

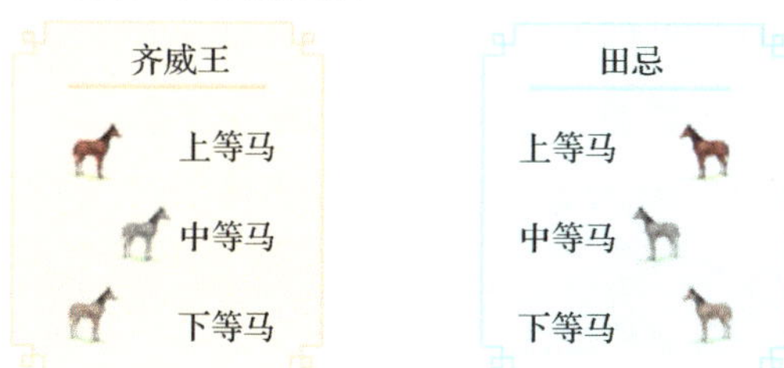

③ 学生体会打破常规思维能更巧妙地解决问题，并说说田忌给你的思维启发。

学习任务三：学习锦囊②《跳水》之分析思维

（1）打开锦囊②，学习《跳水》一课。（时间分配：15 分钟）

① 学生理清《跳水》一文的故事主要情节。

② 学生讨论，利用利弊表讨论船长的办法是否是最好的。

救孩子的办法	利	弊
船长的办法：用枪逼孩子跳水		
其他方法①：		
其他方法②：		
其他方法③：		

评价要点：

1. 学生能用自己话说说故事的主要内容。

2. 学生能在小组讨论中表达自己的看法。

教学任务(二)　项目展开

任务概述：再解锦囊，头脑风暴。

所需课时：1 课时

任务目标：学生能迁移思维方式，理性分析问题，解决实际问题；学生能利用利弊表选择出最优解决问题的方案。

教学资源：多媒体设备、课件、学习锦囊③、利弊表、空白方案纸质稿

任务展开过程：头脑风暴，商讨方案——学习锦囊③，完善方案——汇报方案，组外评价

学习任务一：头脑风暴，商讨方案

(1) 根据上节课习得的思维方式，小组头脑风暴，讨论解决问题的办法。(时间分配：10 分钟)

评价要点：能够在共同探讨中形成解决问题的基本方案。

学习任务二：学习锦囊③《大禹治水》，完善方案

(1) 打开锦囊③，自主学习小古文《大禹治水》并从中获得挖沟引水的灵感。(时间分配：10 分钟)

(2) 利用利弊表，分析组内方案的利弊并进一步优化方案。(时间分配：5 分钟)

利	弊

学习任务三：汇报方案，组外评价

(1) 小组代表口头汇报方案。(时间分配：10 分钟)

(2) 组外评价方案是否最优。(时间分配：5 分钟)

(3) 权衡利弊，评选最优。(时间分配：5 分钟)

① 各小组根据方案优选表，分析各组方案是否解决了问题并且做到了省时省力，通过排序评选出最优方案(见表例)。

	是否解决三个问题	时间消耗	财力消耗	排序
第一组方案	√	OOO	OOO	3
第二组方案	√	OO	OO	1
第三组方案	×	OOO	OOO	4
第四组方案	√	OOO	OO	2

评价要点:能够形成自己的最优方案。

教学任务(三)　成果展示

任务概述:通过回顾五年级上册学习的《风向袋的制作》例文,将思维过程可视化,引导学生用“顺序词”“关联词”等有条理将方案写清楚,用图文并茂的形式完成奏折。

所需课时:1 课时

任务目标:通过完善方案,学生将自己代入“丁谓”这一角色,通过上朝的方式讲述自己的方案,使学生身临其境地展现自己的思维过程,体会解决问题的乐趣。

教学资源:多媒体设备、课件、《风向袋的制作》、奏折

任务展开过程:回顾例文,完成奏折——情景模拟,上朝汇报

学习任务一:回顾例文,完成奏折

(1) 回顾例文,完成撰写(时间分配:30 分钟)

① 回顾五年级上册《风向袋的制作》例文,用顺序词、关联词将最优方案有条理地写下来。

(2) 锦上添花,完善奏折(时间分配:10 分钟)

① 在文本基础上,用图画的形式描绘清楚施工方案,完善奏折(奏折上附北宋东京城缩略图)。

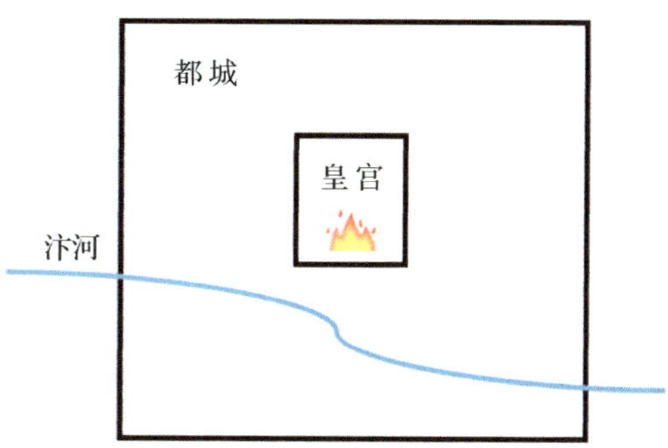

学习任务二:情景模拟,上朝汇报

(1) 设计上朝情景,小组呈现奏折并汇报。其他小组进行打分。(时间分配:15 分钟)

评价要点:成果评价表

方案条理清晰,表达流畅	☆☆☆☆☆
奏折图文并茂,美观整洁	☆☆☆☆☆
上朝汇报流畅,自信大方	☆☆☆☆☆

三、教学反思

传统的语文阅读重视感情色彩,轻视思维过程,学生以“仰视”之姿窥探课文中人物的理性光辉,收获的仅是皮毛。教师更侧重于对语言的赏析和对人物形象的感知,难以培养学生的理性思维、独立评价等能力。久而久之,学生只会跟着老师去思考,或把思维局限在既定的答案框架内,这不利于学生核心素养的提升。而思辨性阅读真正的目的是让学生以“平视”之态,在阅读中做到动脑筋而非动感情,有心思而非有感觉,继而成为拥有思维能力且能运用思维能力去解决生活中实际问题的人。《义务教育语文课程标准(2022 年版)》中指出要增强课程实施的情境性和实践性。学生在真实且富有挑战性的情境任务中,才能用平等的姿态去行使理性思考的权利。思辨性阅读与表达学习任务群应以学习单元进行结构化的整体建构,将单元教材设计成情境化的系列任务。

一、以“六味要素”素定情境

在实际的课堂教学中,情境的真实性会受到各种各样的限制,但并不是只有真正发生的才叫真实情境。《追求理解的教学设计》一书中归纳了六点真实任务的特征:情境与真实世界相联系、任务需要学生自主判断和创造性、学生探索主题而不是死记硬背、学生在情境中能够获得与真实社会中一样的“测试”、评估要考虑学生是否利用全部知识和技能完成任务、有机会得到反馈并改善。当一个情境具备这六大特征时,它就是真实的。基于这些特点,作者归纳出建构真实情境下学习任务群的六要素,即目标、角色、对象、情境、成果和标准。目标即核心任务的目的,需要解决哪些问题或者克服哪些困难。角色即在某个学习任务群中所扮演的角色。对象即任务服务的对象,它决定了作品呈现的方式和方法。情境即任务发生的场所、环境。成果即最终获得的学业成果。可以口头形式呈现，也可以书面形式呈现。标准即对表现任务的结果评价。在任务开始之前，学生就要明确该任务要求，包括评价主体和标准。在进行思辨性阅读和表达任务群的单元建构时，要综合考虑六要素，在任务群中实现单个任务与单个任务之间的联系和进阶。

五年级下册第六单元"小锦囊 大智慧"学习主题的关键词是"锦囊"和"智慧"，锦囊即本单元的三篇课文。这三篇课文中人物的思维品质不同，思维过程各异，学生不仅要学习三篇课文中所包含的思维方式和品质，更要像课文中充满智慧的人物一样去思考和解决问题。所以真实情景中的任务设计要做到学习内化在前，迁移运用在后；既要以教材为基础，又要设置挑战性拓展任务。本单元就根据目标、角色、对象、情境、成果和标准设置了一个类似项目化学习中的入项任务：

传说宋真宗在位时，皇宫发生火灾，宫室楼台变为废墟，急需修复。你作为晋国公丁谓（角色）接到皇帝（对象）的圣旨：在最短的时间内，用最少的经费修缮宫殿（目标）。你将面临三大问题：① 需要大量的土；② 需要大批建筑材料；③ 把大量废墟垃圾运出京城。如果安排不当，小则施工现场杂乱无章，正常的交通和生活秩序会受到严重影响，大则性命不保。（情境）请你在解开三份智慧锦囊后设计一份能体现自己思维过程的最优施工方案（标准）并写成奏折（成果）上交皇帝。

二、以"三线逻辑"定任务

情境任务不必追求难度和深度，应紧紧围绕单元的核心概念。薛法根提出在确定任务时遵循生活逻辑、学科逻辑和学习逻辑这三线逻辑，生活逻辑对应学生是否感兴趣，学科逻辑对应学生是否必须学、学习逻辑对应学生是否能学会。

部编版五年级下册第六单元以"了解人物的思维过程"为语文要素编排了《自相矛盾》《田忌赛马》《跳水》这三篇课文。将这三篇课文进行梳理后，可以确定本单元的核心概念是运用批判性思维、创造性思维等思维方式来思考问题，并且选择最优办法来解决问题。我基于这样的核心概念，参照新课标中思辨性阅读与表达学习任务群的教学提示，确定了"小锦囊 大智慧"的学习主题，创设了"作为晋国公丁谓解决工程难题"的趣味化任务。从生活逻辑看，未解决且有挑战性的问题最能引起学生的兴趣，学生愿意走进这个有代入感、可以产生真实体验的情境任务；从学科逻辑看，本单元的三篇课文是思辨性阅读且情境任务符合单元核心概念；从学习逻辑看，课文中主人公的思维方式和思维品质是可以迁移并运用到实际的问题解决中的。三线逻辑最终形成闭环，生活逻辑是起点，也是终点。情境任务从生活逻辑中来，最终为解决生活中真实存在或可能存在的问题而服务。

情境任务必须围绕同一个主题以螺旋式上升的任务群形态进行设计，形成结构化的系列语文实践任务。本单元从明确问题到解决问题，从阅读到表达，从学习课文中人物的思维方法到运用这些思维方法去解决问题，在每一课时的任务中都有升阶式的体现，且在听、说、读、写这四方面都有落脚点和训练点。

子任务名称	任务目标	任务过程描述
入境引趣 明确问题	1. 引导学生进入情境，引发好奇心 2. 学生明确需解决的问题	讲故事导入情境，梳理要解决的问题
解开锦囊 思维迁移	学生在锦囊中借鉴人物的思维方式，学习他们的思维品质	1. 解锦囊①(《自相矛盾》)，学习人物的批判性思维 2. 解锦囊②(《田忌赛马》)，完成课后连线题，学习田忌的创造性思维 3. 解锦囊③(《跳水》)；完成方法利弊表
头脑风暴 解决问题	1. 尝试解决情境问题，并选择最优方案 2. 将自己的思维过程表述清楚	1. 小组头脑风暴，运用利弊表完善方案 2. 口头汇报，评选最优方案
撰写方案	1. 例文引路，完成小练笔 2. 图文并茂，完成奏折	用顺序词将方案有条理地写清楚(呈现奏章)

三、以逆向设计定评价

传统的语文教学通常先定目标，后设活动，最后产生的评价局限于学生是否记住了或是知道了，对学生是否理解、是否能运用到实践生活的复杂情境中并无考虑。同时，传统语文课堂上师生一问一答对话式的口头评价具有随意性和主观性，要求的标准很模糊。但用逆向设计的教学理念来指导真实情境导向下的学习任务群就能突破传统语文教学中评价的瓶颈。

结合项目化学习的课程设计策略，本单元从将知道(KNOW)、将理解(UNDERSTAND)、能做到(DO)这三面架构了本单元的目标叙写，并形成KUD目标叙写表。从“知”到“做”，实现学生语文素养的提升。

K 学生将知道	本单元三篇课文中人物优秀的思维品质和思维方法
U 学生会理解	不同的思维方式会影响问题解决
D 学生能做到	● 在遇到实际问题时，能探索创新、积极思考，运用分析思维选择最优的办法去解决问题 ● 有理有据地表达自己的观点和思维过程

单元目标明确后开始设计评价要求，最后一步才是根据评价要求来设计情境任务活动。如此，任务活动指向评价标准，评价标准又指向单元学习目标，在过程上形成了一个逆向的闭环。基于此，本单元根据单元学习目标设定了以下具体的评价要求：(1) 学习《自相矛盾》中旁观者的批判性思维，在商讨情境任务的解决办法时对学习伙伴的观点进行理性思考和判断；(2) 能够说清楚田忌的思维过程以及他赢得比赛的原因；(3) 思考并讨论《跳水》一文中船长的办法是否是最好的，通过利弊表进行分析；(4) 小组内成员能够讨论出问题解决的方案，分析方案利弊并不断改进；(5) 能将解决问题的方案有条理地表达清楚。

在设计评价标准时同时考虑选择合适的评价工具。如在本单元中，多种形式的表格有利于帮助学生在具体的情境中厘清思维过程或是比较选择最优办法。在锦囊三《跳水》这一课中用利弊表帮助学生判断船长的办法是否是最好的。

救孩子的办法	利	弊
船长的办法： 用枪逼孩子跳水		
其他方法①：		
其他方法②：		
其他方法③：		

此表不仅是评价工具，还是一种教师为学生搭建的支架——可迁移运用的思维工具。学生在实际的问题解决过程中，可运用这张表格去思考各种方案的利弊，从而选择最优方案。此外，在设计评价的同时，要丰富评价主体，让学生参与进评价中来，减少教师的权威感，有助于学生的积极思辨，不畏怯权威且敢于质疑。

总而言之,"思辨性阅读与表达"任务群在情境六要素和三线逻辑的基础上包含若干个学习主题,每个学习主题整合学习情境、学习内容、学习方法、学习资源等要素,形成一张结构化的"做事"清单,将文本阅读和自主探究结合起来,为学生提供广阔的思考、表达和交流空间。根据学生思维发展的年龄特点,在不同学段设置不同的学习主题"思辨性阅读与表达"任务群。思辨性阅读与表达任务群作为新课标修订的创新点之一,对当下的阅读教学进行了修正。在当今网络盛行,碎片化阅读当道的"快餐阅读"时代,对某一事件或问题不人云亦云,被他人的看法裹挟前进,而能看透表象,对事情的本质进行独立思考和评价的能力显得难能可贵。语言就是思维的工具,在小学语文教学中培养学生的思辨性表达能力是一个长期的过程,不是一蹴而就的,教师要根据学生的年龄特征和教材特点,有计划、有步骤地鼓励学生进行积极、大胆、有依据的思辨,帮助学生养成终身受益的思维习惯,在不断创新的过程中提高问题解决的能力。

(设计者:陈铃,蔡意琳)

语文项目化学习案例(四) 谁是实小最佳昆虫代言人

一、基本信息

适用年级:小学三年级

对标单元:部编版小学语文三年级(下)第一单元

建议课时:4 课时

课程概述:本次项目化学习从了解昆虫的定义开始,让学生通过为昆虫设计报名表,知道观察、描述时既要抓住主要特征,又要全面具体。通过辩论"蝴蝶是益虫还是害虫",进一步了解昆虫,学会用不同视角去看待事物。通过演讲这一形式,让演讲者学会自信有条理地进行表达,使观众能在倾听中接受不同观点。

二、课程设计

课程设计背景:在日常生活中,我们发现学生对昆虫十分好奇,但对其了解不够具体全面。针对这一情况,我们小组结合三年级下学期第一单元的《昆虫备忘录》一课,设计了《谁是实小最佳昆虫代言人》这一主题。本次项目化学习注重培养学生的观察和表达能力,让学生通过仔细观察,学会抓住昆虫的主要特征,同时全面具体地进行描写,从而清楚地表达自己的观察所得。

课程目标:

1. 学生将知道:① 具有……特征的是昆虫;② 实小常见昆虫的外形和习性

2. 学生将理解：① 观察事物要抓住主要特征；② 观察事物要具体全面；③ 不同视角下对事物的认识会不同。

3. 学生将能做：① 有目的地多渠道搜集资料；② 抓住主要特征，画出昆虫的外形；③ 条理清晰地表达观察所得，确立自己的视角，自信地发表自己的意见；④ 认真倾听他人意见，接受不同观点。

项目驱动性问题：

实小昆虫王国将举行选秀活动，你是某一昆虫的代言人，请你帮昆虫写报名表，并向观众和评委介绍你的昆虫明星，为它打 call、拉票。根据演讲评出实小最佳昆虫代言人。

教学过程设计：

教学任务(一)　认识昆虫 & 确认报名表样式(入项)

任务概述：

1. 利用连连看的形式，通过比较成虫与幼虫的区别，了解昆虫的定义以及它们在大自然中的作用。

2.鼓励学生成为某一种昆虫的代言人，并为它制作报名表。

所需课时：1 课时

任务目标：

1. 了解昆虫的定义，知道不同昆虫在食物链中的地位与作用。

2. 确认组内分工。

教学资源：

工具资源	技术资源	获取渠道
电脑	网络检索	网络

任务展开过程：

1. **学习任务一：了解昆虫的定义**

(1) 活动 1：连连看

活动内容：出示昆虫幼时和长大后的图片，让学生连一连。

时间分配：5 分钟

(2) 活动 2：辨析哪些是昆虫

活动内容：根据连连看，学生判断其是否为昆虫，总结昆虫的共同点。老师补充下定义。

时间分配:5分钟

(3) 活动3:了解昆虫在大自然中的作用

活动内容:以小组为单位,选择一种昆虫,用上网查阅、文献查阅等方法,了解昆虫在大自然中的作用,并汇报。

时间分配:10分钟

2. 学习任务二:设计昆虫选秀101报名表

(1) 活动1:设置活动情境

活动内容:以小组为单位选择一种昆虫,作为其代言人参加昆虫选秀,确定报名表内容及形式

时间分配:5分钟

(2) 活动2:制作报名表

活动内容:小组分工,完成昆虫报名表。

时间分配:15分钟

评价要点:

评价指标	"指标—表现"转化	评价工具
知道什么是昆虫	能借助昆虫的主要特征来辨别其是否为昆虫	口头表达
知道报名表的内容、格式	设计报名表	纸质报名表

教学任务(二)　项目展开

任务概述:通过分析被退回的报名表,了解介绍昆虫要抓住主要特征;借助思维导图,学会全面具体地介绍昆虫。

所需课时:1课时

任务目标:① 在介绍昆虫时,既能抓住昆虫的主要特征,又要全面具体。修改、② 完善报名表

教学资源:

工具资源	技术资源	获取渠道
被退回的报名表	思维导图	网络

任务展开过程:自查报名表中的问题并修改完善——知道观察时要具体全面

学习任务一:自查报名表中的问题并修改完善

(1) 评委组退回了几份报名表,你们看出问题了吗?【1. 昆虫自画像不够形象;2. 昆虫自我介绍模糊、笼统;3. 昆虫自我介绍内容过于简单】小组讨论(时间分配:5 分钟)

(2) 总结退回报名表存在的问题【没有抓住昆虫的主要特征、介绍昆虫时不够全面具体】(时间分配:5 分钟)

(3) 看看你们的报名表存在这些问题吗? 或者,又发现了新的问题。完成问题表

问题列表	是	否
1. 我的昆虫自画像是否抓住主要特征?		
2. 我的昆虫自我介绍是否抓住主要特征?		
3. 我的昆虫报名表是否全面具体?		

(4) 仔细观察,找到本小组代言昆虫的主要特征,修改、完善自画像和自我介绍。(时间分配:10 分钟)

评价要点:能够找到报名表中的问题,并修改完善自画像和自我介绍。

学习任务二:知道观察时要具体全面

(1) 以蚊子为例,出示图片,进行观察。老师带领学生在黑板上完成介绍蚊子的思维导图。(时间分配:10 分钟)

(2) 全面观察,小组合作,完成观察思维导图概要,课后完善思维导图。

(3) 根据本小组昆虫的思维导图,修改完善报名表。(时间分配:课后)

评价要点:

评价指标	"指标—表现"转化	评价工具
抓住主要特征观察	昆虫自画像、自我介绍	绘画作品、自我介绍
学会全面具体地观察、描写	完成本小组昆虫的思维导图	思维导图

教学任务(三)　昆虫辩辩辩(项目展开)

任务概述:以蝴蝶为例,通过辩论蝴蝶究竟是有益还是有害,进一步了解

昆虫，学会用不同视角去看待事物。

所需课时：1课时

任务目标：学会从不同的视角去看待事物

教学资源：

工具资源	技术资源	获取渠道
电脑	辩论技巧	网络、教师讲授

任务展开过程：

1. **学习任务一：举办辩论赛**

(1) 活动1：了解并明确辩论赛规则及确定辩题

活动内容：了解辩论赛规则，讨论确定辩题为蝴蝶究竟是有益还是有害，分为正反两组。

时间分配：5分钟

(2) 活动2：收集资料

活动内容：根据辩论赛规则和所持方，小组合作收集蝴蝶信息，研讨了解蝴蝶的资料(特征、习性、结构等)。

时间分配：15分钟

(3) 活动3：举办辩论赛

活动内容：陈词，盘问，自由辩论，总结陈词

时间分配：25分钟

(4) 活动4：评选结果

活动内容：对两组的辩论过程和结果进行组内打分，专家打分，家长打分评选出“最佳辩手”“优胜团队”并颁奖。

时间分配：5分钟

2. **学习任务二：反思总结**

(1) 活动1：反思总结

活动内容：在教师的引导下，学生根据辩论结果和辩论记录进行反思，意识到从不同角度看待昆虫会得到不同的认识。

评价要点：

评价指标	"指标—表现"转化	评价工具
准确说出昆虫的优缺点	参加辩论	辩论
能从不同角度看待事物	参加辩论	辩论

教学任务(四) 演讲(成果展示)

任务概述：学生作为昆虫代言人在观众面前演讲，观众投票并进行颁奖

所需课时：1课时

任务目标：1. 演讲者：能自信有条理地进行演讲；2. 观众：在倾听的过程中，学会接受不同的观点

教学资源：

工具资源	技术资源	获取渠道
昆虫海报	演讲技巧	自制、教师讲授

任务展开过程：

1. **学习任务一：昆虫代言人演讲**

(1) 活动1：5分钟自我介绍

活动内容：代言人代表本小组的昆虫，进行自我介绍，介绍昆虫外形上的主要特征、生活习性和特点。

时间分配：20分钟

2. **学习任务二：观众认真倾听后，学会接受不同的观点，并进行投票。**

(1) 活动1：观众投票，选出最佳代言人

活动内容：观众根据各位代言人的表现，进行投票，选出最佳代言人。

时间分配：5分钟

(2) 活动2：举行颁奖仪式

活动内容：为最佳代言人及他的团队进行颁奖。

时间分配：5分钟

3. **学习任务三：总结、反思**

活动内容：学生根据演讲内容，完成口头或书面形式的《昆虫"新"认识》小结。

评价要点：

评价指标	“指标—表现”转化	评价工具
自信、有条理地表达小组观点	演讲	投票
学会合作 倾听中学会接受不同观点	昆虫“新”认识(小结)	评价表 小结

三、教学反思

项目化学习作为发展核心素养，提高育人质量的重要学习方式，在“双减”减负增效的大背景下，更有实际的研究价值。小学语文项目化学习的设计，应以语文学科为本，从学生的实际生活与兴趣出发，将培养学生的核心素养作为目标。

一、小学语文项目化学习的主要特征

(一) 具备项目化学习的特征

小学语文项目化学习是在学科内部与外部双线并行，成就语文学科素养和跨学科素养的融合，它首先具有项目化学习的特点：

1. 重视个性化学习。在项目化学习中，教师应包容学生个体学习特点的不同，学生接受能力和学习进度的不同以及学生学习方式的不同等。

2. 提倡团队式学习。项目化学习以团队的方式展开，团队中的成员常常表现出较强的异质性。因为各有所长，分工不同，每一个团队成员都必须学会倾听别人的意见，再做出综合的判断，制订切实可行的方案。

3. 崇尚联系性学习。联系性学习强调学科内部的联系、学科与学科间的联系以及学科与生活的联系。团队成员间的交流与分享，有助于促进成员建立知识间的勾连，更好地解决问题或形成成果。这样不仅使知识得以融会贯通，还使学生的素养得以提升。

4. 鼓励创造性学习。当前的分科学习提倡先学习再创造，但往往学生学习了之后受思维定式的影响难以创造。项目化学习强调在创造中传承，用创造的学习方式解决创造的问题，在做中学，在研中学，在行中学。

(二) 具备学科学习的特征

小学语文项目化学习着眼于语文学习方式的实质性改变，解决当前母语学习中存在的虚假学习、机械学习、竞争性学习等问题，更加关注语文学科内

部的跨界与融通。因此，小学语文项目化学习还具有这样几个特质：

1. 根植语用。语言运用能力是学生语文素养的重要组成部分。学生语文学习应遵循学生的认知特点，根据语言运用的知识布局和语文能力生长的基本规律，以“思”为核心，以“听、说、读、写”为基础，在阅读与表达中有效展开，从而全面提升学生的语文素养。小学语文项目化学习必须根植语用，并由认知、记忆、复述和平面化再现的“简用”“伪语用”提升到“表现性用”，才能实现学生的个性言说、独立评论、审美表达甚至创意表达。

2. 基于项目。小学语文项目化学习离不开项目，既可以是学生参与真实的活动项目展开学习，也可以是以语文学科的概念和原理为中心，运用项目化学习的思维展开学习，从而建构知识体系，发展素养。因此，小学语文项目化学习可基于统编小学语文教材人文主题与语文元素“双线组元”的特点，以及学生当前生活中正在进行的言语学习，对语文核心知识进行梳理，创建真实的驱动性问题和成果，用高阶学习包裹低阶学习及将素养转化为持续的学习实践。

二、开展小学语文项目化学习的现实意义

（一）源于生活，兴趣是学习的源动力

项目化学习是一种以项目为驱动的综合性学习方式。强调让学生围绕真实而有意义的驱动性问题展开一系列探究活动。“真实而有意义”的问题从何而来，它就来源于学生的实际生活，来源于学生的兴趣与困惑。在学生的日常学习生活中，我关注到他们对学校中出现的各种昆虫有着强烈的兴趣与好奇，地面上成群行走的蚂蚁、空中飞过的一只蝴蝶……都能使他们目不转睛，高声欢呼。儿童对昆虫的好奇，正是他们探索和学习的内驱动力。为此，我们结合部编版小学语文三年级下册第一单元的《昆虫备忘录》一课，设计了“谁是实小最佳昆虫代言人”这一项目化活动主题。

（二）强调实用，从生硬灌输到自主建构

提出一个好的问题往往比解决一个问题更加重要。为了激发学生学习的积极性，我们设计了围绕核心概念的驱动性问题：实小昆虫王国将举行选秀活动，你是某一昆虫的代言人，请你帮昆虫写报名表，并向观众和评委介绍你的昆虫明星，为它打 call、拉票。根据演讲评出实小昆虫人气王和王牌代言人。

以此问题为线索，学生自然会生发出很多有趣的子问题，如所有的虫子都能被称为昆虫吗？哪些小动物可以报名呢？报名表应该怎么写？需要介绍昆虫的哪些方面呢？我的昆虫明星有什么本领？怎样才能让别人也喜欢它呢……在驱动性问题的引领下，学生自然会将语文与科学、美术、信息技术等领域的知识相结合，主动思考，自主建构，发展学生的核心素养。

（三）减负增效，创新多元化课后服务教学内容

“双减”政策下，如何在实际教学中真正实现“减负增效”，让学生快乐学习，学有所得，是所有一线教师都需认真思考的问题。“减负”并不是单纯地减少教师的教学内容和学生的学习时间，而是减轻学生学业负担，减少机械无意义的重复作业和教学。“减负”而不“减效”，“减负”更要“增效”。这要求教师进行教学观念、教学模式、教学手段的转变革新。而项目化学习就是一种很好的课后服务教学内容，让学生在课后服务的时间段以小组为单位进行活动，学生们可以走近大自然，去发现校园中无处不在的昆虫，也能与同伴一起仔细观察，绘制昆虫的画像；更可以与小组成员一起讨论，去设计填写一份有趣的昆虫比赛报名表；进行一场辩论；做一场演讲……通过各种有趣的活动，让学生真正实现在做中学，在学中做，提高他们的核心素养。

三、小学语文项目化学习教学设计方法探究

（一）重组学科课程，开发学习内容

项目化学习的一大特点就是它打破了传统的以课文为核心的桎梏，将活动与生活实践、学科知识巧妙融合。在“谁是实小最佳昆虫代言人”这一项目化活动中，学生将通过仔细观察，学会抓住昆虫的主要特征，并能用书面和口头的形式清楚地表达自己的观察所得。由此整合小学语文三下第一单元的《昆虫备忘录》、四上第三单元的习作《写观察日记》、小学美术二下第14、15课《虫虫虫》以及小学科学四下第三单元《昆虫》等课文内容，将各学科中碎片化的知识通过有效整合变为情境结构的一部分，促进学生不断内化所学知识，并引导学生在实践当中积极探索，尝试利用所学去解决实际问题。

在本次项目化活动的系列活动中，第一课时学生将从《昆虫备忘录》一课延伸开去，是否所有我们见到的虫子都是昆虫呢？哪些小动物可以报名实小昆虫选秀比赛？从而明确对昆虫的定义：拥有六条腿和两对翅膀的节肢动物才能被称为昆虫。在本课中，学生还将以小组为单位，来到室外，去寻找隐藏在校园中的昆虫，通过亲身观察，去亲近大自然，感受不同昆虫的特点。将传统教学中刻板枯燥的知识传授与实践活动结合在一起，以活动为依托，重组不同学科的教学内容，拓宽学生的视野，鼓励学生利用不同的学科思维去思考创造。激发他们的学习热情。

(二) 创设真实情境,搭建学习支架

项目化学习提倡让学生置于真实情境中,应对具有挑战性的驱动性问题,由此激发学生的学习兴趣。在“谁是实小最佳昆虫代言人”这一项目化活动中,我们结合具体的教学内容,设计了有效的能引领学生进行自主探究、合作学习的驱动性问题,以“帮助昆虫明星赢得选秀比赛”这一核心问题为主线,让学生角色扮演,成为各种昆虫明星的代言人,通过长期的、仔细的观察,抓住昆虫的主要特征和生活习性。利用辩论、演讲等多种形式的语文实践活动,提高学生的语言运用和思维能力。

在本活动的第二课时中,学生将以小组为单位,亲自饲养各种昆虫,以此来观察昆虫的外形特征和生活习性,在绘制昆虫画像时,教师出示一系列特写昆虫特征的图画让学生总结方法,并适时提出问题:“怎样才能让人一眼认出你画的昆虫?”通过“问题支架”引导学生学会抓住昆虫的主要特征进行绘画。在填写报名表时,通过出示各种常见报名表样式,利用“资料支架”帮助学生了解报名表的主要内容,并提出新的要求:设计富有特色的报名表样式。借助“任务支架”,鼓励学生自主思考,发挥想象,勇敢创新。

(三) 发展核心素养,统整学习任务群

《义务教育语文课程标准》中指出:语文核心素养是学生在积极的语文实践活动中表现出的文化自信、语言运用、思维能力审美创造的综合体现。为了提高学生的语文核心素养,教师应在每一次的教学活动中精心设计教学环节,注重实践,我们通过学习任务群的形式,让学生在积极的活动中获得核心素养的提升。

“谁是实小最佳昆虫代言人”的第三课时我们设计的形式为辩论赛,学生在这一课中,将围绕“蝴蝶究竟是益虫还是害虫?”这一辩论主题,分成正方和反方两个阵营,通过赛前确认论点、搜集资料、赛中激烈辩论、赛后总结反思的形式,引导学生明确益虫与害虫的定义,并在认识世界的同时,学会从不同的视角去看待事物,主动表达自己的立场、观点,提升学生的思辨能力。

第四课时也就是本次项目化学习活动的出项课,学生将以演讲的形式,介绍自己小组的昆虫明星,展示他们的特点和风采,并通过有感染力的语言,为自己的昆虫明星拉票,最终通过台下“观众”的投票,评选出实小昆虫“人气王”和王牌代言人。

通过一系列学习任务的发布，学生将在不同的活动中，不断学习新知，将知识内化个体成长的养分，并迁移运用所学到的知识，促进语文核心素养的提升。

四、结语

在“双减”政策减负增效的大背景下，项目化教学对于小学语文教学具有非常重要的意义，项目化学习可在语文学科与学生语文素养之间铺设通路。小学语文项目化学习兼具项目化学习和学科学习的特征，在教学实施层面，侧重学习内容的主题化、学习活动的实践化、学习过程的协作化、学习方式的个性化。它与传统的语文学习有着显著的不同——就课程体系而言，由知识脉络走向能力脉络；就教学目标而言，由知识达成走向问题解决；就教学内容而言，由散点呈现走向主题聚焦；就教学方式而言，由教师规划走向讨论生成；就教学评价而言，由单一维度走向丰富多元。

所以教师需要利用项目化学习的形式，融合不同学科的课程内容，创设真实情境，搭建学习支架。从而减轻学生的学习负担，提高他们的学习兴趣，更好地培养学生的核心素养。

（设计者：周仪方、凌艳）

二、小学数学项目化学习

数学项目化学习案例（一） 小小身体尺，大大新古镇

一、基本信息

适用年级：小学二年级

对标单元：苏教版小学数学二年级（上）第五单元

建议课时：5 课时

课程概述：本课程通过对苏教版小学数学二年级上册《厘米和米》单元进行重构，以项目化为载体，联系学生生活实际，理解并完成古镇地图的绘制。通过创设古人测量并绘制地图的驱动性问题情境，激发学生对身体尺的探究欲，建立常用长度单位的概念，掌握现代的长度单位和身体尺之间的联系，明确身体尺测量的便携性、便捷性，个性化创作家庭或教室的局部平面图，最终尝试绘制用身体尺量得的适用于 8—10 岁小朋友的梅里古镇地图。

二、课程设计

课程设计背景：“长度单位”，从古至今经历了多次发展演变。早期的度量衡都是“以人体为则”，即依靠肢体确定尺度；而在现代社会，为了方便沟通交流，国际上统一采用厘米、米等长度单位来度量。身体尺的便携与刻度尺的精确在学生建立长度单位概念时往往被忽视，不利于学生量感的建立。数学项目化学习聚焦于超越知识点的概念，从整体视角来完整认识、理解概念，采用单元学习的方式，帮助学生建立抽象概念，积累量感经验，感悟数学思想方法，进而有效地应用概念解决问题，以此设计了《小小身体尺，大大新古镇》这一项目课程。

课程目标：

1. 学生将知道：① 认识线段和长度单位；② 会测量方法；③ 知道身体尺的含义。

2. 学生将理解：身体尺与长度单位的关系及不同身体尺的适用范围。

3. 学生将能做：选择不同长度单位测量并绘制自己家或教室的局部或整体平面图，尝试绘制古镇地图。

项目驱动性问题：

“前方200米，红绿灯路口左转，到达……”“嘀嘀嘀——”导航机器语音消失了。“嗖——”的一声，时光机启动，时光隧道飞速掠过，一个小少年的声音响起：“小朋友们，欢迎来到古代。我们这个时代，没有精确的测量工具，你知道我们是怎样测量、绘制地图的吗？”作为时代文化的传播者，你带着现代社会的测量工具厘米尺和米尺，想和他们深入探讨关于测量的故事，还想把你家门口的梅里古镇介绍给他们……

教学过程设计：

教学任务(一)　入项与项目展开

任务概述：学生在驱动性问题情境中参与学习任务，激发其探索长度单位和身体尺的学习热情。学生通过查阅资料了解长度单位，展开调查活动收集“1厘米和1米的世界”，具象认识1厘米和1米分别有多长，并学会精确测量的方法，绘制以图表为主的数学小报。

所需课时：1课时

任务目标：能够认识厘米和米，学会用尺子精确测量的方法，通过大量数据和图片的收集丰富长度单位表象，建立长度单位的概念。

教学资源:多媒体设备、课件、苏教版小学数学二年级上册第五单元厘米和米学习资料、空白小报

任务展开过程:进入驱动性情境——自主阅读了解长度单位——发现收集“1 厘米的世界”或“1 米的世界”——合作学习用尺子精确测量的方法——绘制小报

学习任务一:进入驱动性情境

播放驱动性问题动画,激发学生认识长度单位和身体尺的兴趣(时间分配:7 分钟)

学习任务二:认识厘米和米

(1) 学生通过自主预习书本,查阅各种资料,了解并认识了长度单位,其中主要认识厘米和米,也可以拓展认识到其他长度单位,初步建立长度单位的知识线。(时间分配:5 分钟)

(2) 学生调查发现、教师协助拍照或用画一画的方法收集“1 厘米的世界”或“1 米的世界”,建立厘米和米的表象。(时间分配:8 分钟)

学习任务三:学会精确测量的方法

(1) 学生通过动画演示,认识线段,学会画线段。(时间分配:2 分钟)

(2) 学生合作学习用厘米尺精确测量的方法,在教师引导下类推米尺精确测量的方法。(时间分配:5 分钟)

(3) 选取身边的物品,展开测量活动,并将数据补充记录在“1 厘米的世界”或“1 米的世界”小报中,分享测量所得的数据。(时间分配:13 分钟)

评价要点:能够在文本阅读、动画演示中建立厘米和米的概念。

阶段成果评价表		
评价维度	评价标准	评价结果(符合的打“√”)
文本阅读	能写出常用长度单位的名称	
动手操作	会用手较准确地比画出 1 厘米和 1 米	
	会精确测量	
活动交流	收集的实例正确且估量较准	
	能分享精确测量物体的长度	

教学任务(二) 项目展开

任务概述:学生联系现实生活和自己的身体构造,探究身体尺的种类、长

度，会用身体尺进行测量并记录，进一步完善上节课绘制的小报。

所需课时：1课时

任务目标：学生认识身体尺，用刻度尺测量自己的身体尺，建立身体尺的概念；会使用身体尺测量，能够完善数学小报。

教学资源：多媒体设备、课件、苏教版小学数学二年级上册第五单元厘米和米学习资料、上一课时绘制的小报

任务展开过程：寻找身体尺——测量身体尺——用身体尺测量——修改完善小报

学习任务一：认识身体尺

（1）教师展示上一课时交流中学生收集到的1厘米和1米中的特殊例子，学生寻找身体上的各种"尺"，能给找到的身体尺命名。（时间分配：2分钟）

（2）学生在教师的引导下产生对"身体尺分别有多长"的研究兴趣，小组讨论测量方法。（时间分配：3分钟）

（3）学生分成两人小组互相测量身体尺并记录，学生交流明确二年级小朋友的一拃、一步、一庹、一脚等身体尺的长度。（时间分配：5分钟）

评价要点：能够在共同探讨中形成身体尺的相关概念。

学习任务二：用身体尺测量

（1）学生分组探究不同身体尺和1米的联系，交流分享明确二年级小朋友的7拃长、2步长、5脚长都是大约1米。（时间分配：5分钟）

（2）学生选取身边的物体，讨论应选用哪种身体尺测量，分小组展开用测量活动并记录。（时间分配：8分钟）

学习任务三：完善数学小报

（1）学生整理用身体尺测量所得数据，用画图或拍照方式补充绘制在数学小报中。（时间分配：7分钟）

（2）小组分享数学小报，择优推选代表上台展示数学小报，师生共评。（时间分配：8分钟）

（3）小组合作根据师生评价对思维导图进行修改完善，并思考身体尺与刻度尺之间的联系。（时间分配：2分钟）

评价要点：能够完善包含刻度尺与身体尺的"尺"的数学小报。

成果评价表		
评价维度	评价标准	评价结果(符合的打"√")
动手操作	身体尺的长度较准确	
	用身体尺测量的方法正确	
	能合理选用合适的身体尺	
活动交流	能正确介绍不同的身体尺	
	能分享用身体尺测量物体的长度	
	分享时表达清晰	
	小报绘制美观,布局合理	

教学任务(三)　项目展开

任务概述:学生根据"尺"的数学小报,思考没有测量工具时应该怎样进行测量;小组合作测量某个空间(如房间、教室、自己家等)并记录,尝试绘制局部平面图并在图中标示数据。

所需课时:1 课时

任务目标:学生能够根据需要测量的物体和空间选取合适的方式进行测量并绘制局部平面图

教学资源:已完成的"尺"数学小报、空白 A4 纸

任务展开过程:分组讨论测量方法——小组合作探究——个性化探究——绘制平面图

学习任务一:分组讨论,制定方案

学生分组讨论:没有测量工具的情况下,我们该怎么量长的物体呢?小组实验汇总、分析相关信息数据,明确用身体尺测量的便携性。(时间分配:5 分钟)

学习任务二:测量记录,绘制交流

(1) 学生小组合作,选择某个空间(如房间、教室、某位同学的家等),根据空间内需要测量的物品分配任务,用身体尺测量空间内物体上的各种长度(或高度、厚度)并记录。(时间分配:10 分钟)

(2) 小组交流数据,发现组员测量所得数据偏差较多时可以互相用尺子精确测量来验证。(时间分配:5 分钟)

(3) 尝试绘制局部平面图并在图中标示数据。(时间分配:15 分钟)

(4)小组选代表分享展示平面图,教师鼓励有多样化汇报形式。(时间分配:5 分钟)

评价要点:能够用身体尺测量并绘制局部平面图。

评价标准	评价结果(符合的打"√")
合理选用工具	
测量结果相对客观准确	
清楚标示	
美观易懂	

教学任务(四) 项目展开

任务概述:学生借助局部平面图的测量与绘制经验,以小组为单位,选定研究的范围(古镇的局部或整体),深入梅里古镇实地测量、记录并绘制地图。

所需课时:1.5 课时

任务目标:学生能够根据需要测量的物体和空间选取合适的方式进行测量并绘制古镇地图

教学资源:已完成的"尺"数学小报、空白 A4 纸、大幅铅画纸

任务展开过程:选定测量范围和对象——分工测量记录——绘制地图

学习任务一:实地测量,记录数据

(1) 学生小组讨论,选定测量古镇某一局部或整体的范围,记录绘制地图所需呈现的建筑物或地标。(时间分配:2 分钟)

(2) 学生分组进入古镇,分工合作,实地测量并记录数据。教师相机指导,协助拍照。(时间分配:28 分钟)

学习任务二:分析数据,绘制地图

学生借助打印的照片或手绘草稿,确定地图中各地标建筑的方位和布局,绘制地图草稿;学生分析测量所得数据,结合实地走访经验,依据数据调整地图中地标建筑的位置,并将测量数据标示在地图上;最后进行个性化的美化与加工。(时间分配:30 分钟)

评价要点:能够分工合作绘制梅里古镇地图

评价标准	评价结果(符合的打"√")
分工合作明确、默契	
合理选用工具测量	
地图数据清楚标示	
地标绘制美观易懂	

教学任务(五)　成果展示

任务概述: 学生分享地图,在评价过程中修改地图,绘制成册,总结收获。

所需课时: 0.5 课时

任务目标: 学生通过多样化形式进行成果展示,修改地图,绘制成册

教学资源: 已完成的"尺"数学小报、局部平面图、古镇地图

任务展开过程: 分享绘制的古镇地图——评价与修改——揭示:身体尺与刻度尺都是测量工具,要合理选择

学习任务一:分享交流,成果展示

(1) 学生小组合作,展示并分享手绘的《梅里古镇地图导览》,讲述绘制过程中的困难与收获。同时教师拍摄照片或视频。(时间分配:10 分钟)

(2) 学生小组合作,根据评价表的反馈优化完善本组地图。教师帮助将作品汇编成集。(时间分配:5 分钟)

学习任务二:分享收获,总结提升

学生回忆古代小少年与"我"的对话,结合本次学习和收获,深入体会现代的长度单位和身体尺之间的联系,明确刻度尺测量的统一性、精确性以及身体尺测量的便携性、便捷性,让学生意识到日常生活中身体尺的作用。(时间分配:5 分钟)

评价要点:

成果评价表		
评价维度	评价标准	评价结果(符合的打"√")
语言表达	能用数学的眼光观察	
	能用数学的语言表达	
	能用数学的方式思考	
小组合作	分工明确	
	团结合作	

三、教学反思

数学项目化学习设计的反思——以《小小身体尺，大大新古镇》为例

数学项目化学习是以小学数学课程标准为核心，以小学数学学科教学为主阵地，通过梳理、统整本学科的内容，发掘真实的生活问题，设计有价值的学习任务，使学生能拥有数学的眼光去观察生活，能利用数学的核心知识去解释生活现象，能灵活运用习得的多项学习能力去解决生活问题，在多维观察、亲历实践、合作共探中进行深入的数学研究。通过对“身体尺”的项目化学习设计的研究与探索，笔者感悟最深刻的有以下三点：

一、主动发问，指向本质问题

项目学习中的驱动问题一般是结构缺失的问题，即没有标准的正确答案，研究时有不同的切入点、不同的侧重点。优质的驱动问题能为学生提供学习如何解决复杂问题的机会，并能激发学生对已学知识、生活体验与当前学习内容之间的意义联结。数学项目学习中的驱动问题既要激发学生探究的兴趣，又要指向数学学科中的核心概念，学生通过解决问题能促进其对数学概念的深度理解。

从教师角度，在确定了本单元的核心知识和相关延伸知识之后，我们开始思考如何将知识以问题的形式外化，激起学生的学习兴趣，以及自觉自发的研究。我们从古人探究世界的过程出发，将身体尺与地图建立联系，提出“如何借助身体尺来绘制地图?”这一本质问题。这一问题对于二年级的学生而言过于庞大，学生需要知道什么是身体尺、什么是地图、测量某一地点、绘制地图的方式又是什么等一系列子问题。更本质的，相比现在普遍使用的米尺、卷尺等精确测量的工具，我们希望学生将测量工具聚焦到“身体尺”上，从而了解测量工具和长度单位从古至今的发展演变。综合分析下，一个以项目为主导、学生兴趣为核心的驱动性问题应运而生：在遥远的古代，人们没有精确的测量工具，他们是如何测量、绘制地图的呢?

从学生角度，在教师有意识的铺垫和引导下，在“小小身体尺，大大新古镇”项目化学习之初，有学生已然能够自发产生一些疑问：在遥远的古代，人们没有精确的测量工具，他们是如何测量、绘制地图的呢？这一驱动性问题来自学生发现的真实问题，但是对于学生而言直接解决这一问题有一定难度，学生需要了解古今测量的各种知识，如长度单位有哪些、如何测量长度，除了测量工具外还有什么方法也能测量长度等，学生需要由现代反推古代，从而想象古

人测量的方法。这些问题的解决，体现了数学内容的本质特征及数学思维方式。

二、搭建框架，设计探究项目

低学段的项目化学习更依靠教师精心的设计。设计时我们从教材出发，而不仅仅局限于教材，立足学生生活实际、知识应用、数学文化等方面，逐步深入挖掘。围绕驱动性问题，教师为学生搭建认知框架，在校内外引导学生进行三部分项目探究：

1. 基于课本，丰富活动

对于1厘米和1米分别有多长，学生展开了丰富的活动，比如：文本阅读、收集和建立现实生活中的表象、合作学习测量等等，学生从个人学习到小组学习，逐步深入关于标准尺的认知。

2. 基于自身，拓展延伸

从生活经验和对自己身体的探索出发，研究我们身上的“尺”。在收集和记忆1厘米、1米的长度时，学生已经初步感知我们的身体上也藏着一些常用的长度，身体上也有各种“尺”。学生分小组探究“身体尺”有哪些、这些“身体尺”分别有多长，并用“身体尺”进行测量。在这个过程中，学生将“身体尺”与精确度量长度单位进行对照，初步尝试了用不同的“身体尺”估量物体的长度并用刻度尺进行验证，加深对“身体尺”的认识。

3. 基于生活，提升能力

在有了前面两个子项目的铺垫后，学生立足生活，综合探究“我”的家（梅里古镇）有多大。这里又分三个能力层次：

（1）探究工具和方法。在认识了各种“尺”之后，学生开始思考没有测量工具的情况下，我们该怎么量长的物体呢？学生分组讨论研究、实验汇总，分析相关信息数据。学生发现生活中不用精确地知道物体长度时，利用“身体尺”去测量物体比较方便。学生在上述学习实践中，亲身经历了目标的分解与调查、问题的设计与调整、在与同伴的合作中能基于数据进行辩论和决策，探索合适的测量工具及方法，在不断的自我调整与同伴互助中坚持不懈、战胜困难，每个学生都得到了锻炼和提升。

（2）个性化探究。学生把研究拓展到课外，在家进行个性化探究，记录家里各种物品的测量结果。有的学生在用“身体尺”测量之后再用尺子精确测量来验证，像个小小数学家一样进行探究。在个性化记录中，他们还发现不同的“身体尺”适用于不同的地方，初步获得合理选取测量工具的经验。

(3) 多角度生成成果。学生尝试绘制局部平面图，比如客厅、厨房、卧室等等。学生充满童趣的笔触把探究结果个性化地呈现。儿童视角的平面图、直观而有创意的尺寸标注，同时也提升了学生的审美意趣。

(4) 合作绘制出项成果。在充分商讨、计划之后，学生分小组实地测量并绘制梅里古镇的局部或全貌地图。

三、评价成果，反思探究经验

从知识到思维，需要反复经历认知与实践的转换，学生探究也不例外。在经历一年的项目化探究之后，大多数学生参与绘制了古镇地图，获得了层次不一的项目化成果。我们把学生的作品展示交流，初步探索出项和复盘，组织学生多角度多维度地对学习成果进行评价。学生在活动中经历了别样的学习体验，收获了成长。教师也从实践尝试中获得一些经验，并在后续教学中进行调整和优化。

1. 项目化实施需要重组知识情境

原先我们认为，在这三个子目标的帮助下，学生已经基本可以确定不同的长度单位适用于不同的测量环境，学生已经获得了初步的测量经验和记录方法，为解决驱动性问题做好了充分的准备。按照教材，二年级上册学生学习了“厘米和米”之后就应当认识“身体尺”，但当时由于古镇开街时间较短，校外测量活动也有相对的难度，大多数学生还没有能够将古镇地图成果绘制出来。在寒假期间学生尝试绘制，但成果不太理想，学生对平面图的理解比较抽象。有学生在小组评价中评价同伴的阶段性成果时表示提出异议，质疑地图的合理性。很明显，学生在活动中的能力发展水平不同，同时也提醒作为项目引导者的教师，关键知识与相关知识不充足会导致学生知识体系不健全。

因此在二年级下册我们引导学生用类似方法迁移学习了“分米和毫米”，并初步认识了方向和平面图之后，学生对“身体尺”有了更深的认识，也有了解决驱动性问题的相关知识和必要条件。尝试让学生再次小组合作绘制地图时，学生已不再是简单的模仿，测量工具也有了更丰富的选择。

实践证明，项目式探究与传统的学生探究活动有极大的不同。在为解决某些问题而存在的项目的主导下，学生不仅要抓住核心和关键，其所需的知识一定是呈体系化的，这样学生才能找准本质和联系，否则难以灵活应用知识，自觉形成思维意识。

在项目化学习中，教师重视了强化项目与真实世界联系，主张培养学生应对未知世界的能力，却往往忽视了项目的难度，忽视了项目与课程体系之间的关联，忽视了对学生系统知识体系的培养，这样一来，导致的结果是学生难以通过项目获得系统性知识，也难以运用知识解决真实的现实问题，这不是我们所期待的真正的学习。生活中常用的长度单位本就密切联系、相互关联，为使学生项目化能够更有整体性、及时性，教师应当为学生提供重组的知识情境，同时在其他有关度量单位的项目式探究中也应该关注。

2. 项目化实施需要重视评价反思

项目化学习的评价是与成果的产生、公开的成果汇报紧密相连的，同时项目化学习还要对学习实践的整个过程进行评价，以引发更深层次的学习和理解。在此次项目式探究过程中，我们的评价主要是针对学生阶段性成果和公开成果的评价，缺乏逆向设计，从这一点来看，此次探究与理想中的项目化学习还有一定偏差。项目化学习具有逆向设计的特点，其评价应该贯穿活动每个阶段。在实施项目化学习开始的时候，其实就应该启动入项活动的评价，而我们只是以教师为评价主体对学生入项的难度和可行性进行了粗略评估，缺乏评价量规。

评价量规是一个评分程序或指南，列出了学生表现特定标准，描述了在这些标准上的不同表现等级。在没有教师跟踪关注到学习的方方面面时，学生需要靠自己发现或纠正错误，以便理解所学内容，逐步实现项目目标，增强其完成项目的主观愿望。一个好的量规可以强调关键的评价维度，给学生充分的指导，引发学生的自我反思，引导学生更深层次地探索、创造与合作。

在项目后期，我们有意识地调整和重视评价反思。在此次探究活动最后，我们为学生创设了一些平台给予学生有仪式感的出项，我们引导学生将出色的古镇地图布置成展板，让学生自觉自发地在同学、老师面前展示与陈述，同时参观学习其他活动组的成果，和其他出项小组互动交流，以便后续对项目进行整体的复盘。在复盘中，学生从不同角度不同维度探讨整个活动过程的质量，有的学生发现有部分组员参与度较低，几乎没有出力，小组合作效率低下存在问题；有的学生发现，有父母的陪伴和及时指导的小组绘制出的地图很精美，但是小组组员对探究的全过程不能细细道来，活动有效性大打折扣；有的学生发现，即使对同一个区域进行测量，不同小组获得的数据也会有所不同，“身体尺”有一定的误差，等等。从出项复盘来看，通过此次探究活动，学生的思维得到了提升，语言表达能力和解决问题能力得到了很大的锻炼。

通过实践、反思和总结，我们发现这样的数学项目化学习锻炼了学生在面对复杂真实问题情境时的整体数学思维和决策能力。相信在数学项目化学习的设计下，在逐步完善项目落实细节和评价体系之后再次实践，学生会给我们更多的惊喜。我们也期待这样追溯古人探究世界的步伐、对比古今测量的过程，能给孩子们带来丰富的体验和充足的兴趣，激发他们以研究长度单位的精神，去探索更为广阔的数学知识王国。

（设计者：华凌燕、钱艳妮）

数学项目化学习案例（二）　七巧板创意书架

一、基本信息

适用年级：小学五年级

对标单元：苏教版小学数学五年级（上）第二单元

建议课时：4 课时

课程概述：本课程以传统文化中的七巧板为载体，让孩子设计属于自己的创意书架，在设计中培养学生动手操作和自主探究的能力，达到对基本数学知识的运用和巩固。在制作的过程中学会用说服力的创意和数据表达自己的设计理念，描绘书架的美观度和功能区，培养美的表达力和欣赏力，数据分析和空间协调力。

二、课程设计

课程设计背景：小学阶段，学生由于空间观念和几何直观能力的不足，再加上教学中学生缺少充分操作的机会，使得学生图形与几何方面的知识学起来很吃力。因项目化学习是一种探究式的学习方式，聚焦超越知识点的核心概念，帮助学生探究真实情境下问题，借助七巧板将平面图形的知识融入其中，有利于学生在知识形成中和形成后进行动手操作实践，使新知识在学生操作中产生，使旧知在学生操作中巩固，以此设计了《七巧板创意书架》这一项目课程。

课程目标：

1. 学生将知道：① 七巧板的由来；② 学会三角形、平行四边形和梯形的面积推导过程及面积计算。③ 学会组合图形的面积计算方法;④ 按比例放大。

2. 学生将理解:如何用数学表达现实世界。

3. 学生将能做:制作七巧板创意书架。

1. 项目驱动性问题:

功能和美观兼具的七巧板创意书架,你认为是怎样的?作为设计师,给班级的图书角设计一份创意感十足,功能性齐全的创意书架设计图。你的七巧板创意书架,"巧"在何处?用你的设计打动老师和同学,让他们认可你的创意并使用你的设计创意制作书架,相信班级里的书架就是你设计的!

教学过程设计:

教学任务(一) 入项

任务概述:学生在驱动性问题情境中参与学习任务,广泛收集资料,了解七巧板的由来,讨论书架的功能性和图书角情况,激发学生参与项目的积极性。

所需课时:1 课时

任务目标:初步感知七巧板益智玩具的拼法,明确七巧板书架的功能性,调查各班图书角情况,将采访体验写成日志。

教学资源:多媒体设备、课件、七巧板益智玩具、不同大小、厚度、类型的儿童类读物、生活中书架的图片。

任务展开过程:了解"七巧板"——调查、采访将采访体验写成日志——七巧板书架的功能性。

学习任务一:了解"七巧板"

播放"七巧板的由来"的视频,感受传统文化的魅力。初步感知七巧板益智玩具的拼法,生活中七巧板的应用。(时间分配:12 分钟)

学习任务二:调查、采访将采访体验写成日志。

调查学校各班的图书角情况,采访学生对图书角看书的体验,将采访体验写成日志。体验包括:

(1) 书目杂乱,摆放凌乱,图书角没有根据书的种类、大小、形状等编排的功能区。

(2) 有的班级图书角只是摆设,美观度不够,教室的软环境不够赏心悦目。(时间分配:15 分钟)

学习任务三:七巧板书架的功能性

通过引导学生收集儿童类读物的种类、印刷纸张的厚度、形状和大小等;观看生活中书架的图片,从前面看它是一个平面图形,书架的深度可以不考虑在书架设计图中。引导学生思考七巧板书架的功能性从哪几个方面考虑?课上分享,课后继续思考。(时间分配:13 分钟)

评价要点:能够熟悉七巧板,在共同探讨中了解七巧板书架的功能性。

教学任务(二)　项目展开

任务概述:利用七巧板探索平行四边形,三角形和梯形的面积推导过程,得到面积公式,并能灵活运用它们的面积计算组合图形的面积。根据白纸七巧板中一块板,让学生等比例放大,制作卡纸七巧板,从中获得经验。

所需课时:1 课时

任务目标:学生能够自主探索形成面积公式,能灵活运用并制作卡纸七巧板。

教学资源:多媒体设备、课件、七巧板、卡纸、剪刀。

1. **任务展开过程:**白纸制作七巧板——比例尺“巧”缩放。

学习任务一:白纸制作七巧板。

小组根据七巧板的形状特点,自主探索如何用白纸来制作一个七巧板的方法,在探究中加深对七巧板的认识。

(1) 思维导图“巧”总结。

利用思维导图框架整理三角形、平行四边形和梯形的相关知识,并能灵活地说出七巧板中各个板的形状特点。

(2) 图形组合“巧”推导。

利用白纸七巧板中的图形特点,动手画一画,拼一拼,剪一剪来探索平行四边形,三角形和梯形的面积推导过程,并组内交流,形成面积公式,并能灵活运用它们的面积计算组合图形的面积。(时间分配:30 分钟)

评价要点:能够利用七巧板自主探索形成面积公式并能灵活运用。

学习任务二:比例尺“巧”缩放。

根据白纸七巧板中的一块板,让学生等比例放大,制作卡纸七巧板,从中获得经验。(时间分配:10 分钟)

评价要点:能够制作卡纸七巧板。

教学任务(三)　项目展开

任务概述:学生初步形成拼搭经验,掌握拼搭技巧,制作卡纸七巧板书架图。

所需课时:1课时

任务目标:学生能够有层次的拼搭,通过拼、调整形成卡纸七巧板书架图,最后标上尺寸完成卡纸书架设计图。

教学资源:多媒体设备、课件、七巧板、白纸、卡纸、彩笔、装饰品、尺子等。

任务展开过程:玩中体验拼搭技巧——制作卡纸七巧板书架图——利用评价表完善制作书架。

学习任务一:玩中体验拼搭技巧。

(1) 以图成形。网络上的作品库中挑选,找到感兴趣的进行拼搭,并逐渐加深难度。

(2) 以物拼形。给定生活中一些实例图片(比如小动物、植物、工艺品等),以组为单位尝试拼搭。

(3) 自创图形。通过前两次的体验,学生利用拼搭的经验,自己设计图案,自主拼搭,为后续设计做准备。

(4) 选定满意的一种拼法用卡纸按比例放大,初步体验如何确定比例。(时间分配:10分钟)

评价要点:能够自己设计图案,尝试拼搭。

学习任务二:制作卡纸七巧板书架图。

(1) 在小组内利用工具测量教室图书角墙面的长和宽、面积,学生按任意适合的比例,等比例缩小到白纸上。

(2) 从自创图形中挑选自己满意的设计,用于做卡纸书架图。

(3) 学生通过动手剪的卡纸,在剪的过程中需要注意每块卡纸的比例是一样的。利用卡纸在白纸上拼书架设计图,最后通过调整形成卡纸七巧板书架图,最后标上尺寸完成卡纸书架设计图。(时间分配:20分钟)

评价要点:能够设计较美观的书架图。

学习任务三:利用评价表完善制作书架。

(1) 通过组内评议,班级内演讲,视频录制等方式评选设计方案。

(2) 确定全班认可的设计,将其设计变为现实。全班由老师组织制作书架。(时间分配:10分钟)

教学任务(四) 成果展示

任务概述:制作完整且美观的七巧板书架,并利用卡纸制作书架设计图小报展，并向他人介绍自己书架的亮点。

所需课时：1课时

任务目标：学生通过多样化形式进行成果展示。

1. **教学资源：**多媒体设备、课件、上节课完善的七巧板书架、卡纸设计图小报。

任务展开过程：完善设计成果——成果展示——成果展示，揭示“设计师大奖”。

学习任务一：完善设计成果

(1) 邀请一名当地的室内设计师做演讲，并回答学生在设计时的相关问题。

(2) 学生小组合作，进行意见分析，讨论并修改。

(3) 项目小组根据意见修改并完善自己的设计成果。(时间分配：25分钟)

学习任务二：成果展示，揭示“设计师大奖”

(1) 学生拿出本组设计的书架和书架设计图小报，由小组代表向场内老师和学生展示成果，利用说服力的创意和数据表达自己的设计理念，描绘书架的美观度和功能区。

(2) 最后，汇成本次项目化学习的最终成果。

(3) 从学生美的表达力和欣赏力，数据分析和空间协调力接受评审团提问，评估。

(4) 结合本次的学习和收获，谈谈好的设计应该具备什么特点，揭示“设计师大奖”。(时间分配：15分钟)

成果评价表		
评价维度	评价标准	评价结果
设计理念	美观、新颖、功能	(　　)星
小组合作	默契、团结、热情	(　　)星
注：评价结果为三星制		

三、教学反思

依托项目化学习，让思维在“指尖”跳跃

一、项目缘起

数学课本中几何方面的知识，学生学起来很吃力，相信老师们有同样的感

受。这学期我教授三角形、平行四边形和梯形这一单元时也是如此，学生对基础知识点的掌握不牢固，甚至很多基础相对差的学生连最基本的题目都不会做。这又让我想到五上平面图形的面积推导，面积公式运用的惨烈场景。

教育家陶行知说："人像树木一样，要使他们尽量长上去，不能勉强都长得一样高，应当是：立脚点上求平等，于出头处谋自由。"对此我就思考想个什么办法能让学生把基础知识点搞明白，熟练掌握呢，这个想法一直在我心里萦绕。

我在讲授练习时发现很多书本题目都是利用七巧板来巩固知识的，七巧板是何方神物？使我内心产生探索七巧板的强烈兴趣。经过查阅资料发现七巧板可以很好地将平面图形的知识融入其中，和陶行知思想中的"要为学生提供更多亲自动手、动脑的机会"契合。学生在知识形成中和形成后进行动手操作实践，使新知识在学生操作中产生，使旧知在学生操作中巩固。于是就萌发了利用七巧板巩固三角形，平行四边形和梯形的基础知识，推导面积公式的项目初衷。我把项目定位在学生熟悉的班级图书角。

学校班级里都有设置图书角，方便学生在课余时间品读课外书。每班图书角情况各不相同，很多班级图书角设置凌乱，书目混杂，学生在有限的时间内并不能有很好的阅读体验，班级的软环境也不够美观。

本项目以传统文化中的七巧板为载体，让孩子设计属于自己的创意书架，在设计中培养学生动手操作和自主探究的能力，达到对基本数学知识的运用和巩固。在制作的过程中学会用说服力的创意和数据表达自己的设计理念，描绘书架的美观度和功能区，培养美的表达力和欣赏力，数据分析和空间协调力。

二、有机整合聚焦核心概念

什么是七巧板？它的七块图形到底是什么图形？带着这样的疑问开启研究之旅。小组根据七巧板的形状特点，自主探索如何用白纸来制作一个七巧板的方法，在探究中加深对七巧板的认识。

（一）知识形成后的动手操作实践——思维导图"巧"总结

学习活动过程需经历两次飞跃，实践到抽象的第一次飞跃，抽象回到实践的第二次飞跃。而在平时的教学过程中我们往往更加注重从实践到抽象的过程，而忽略抽象到实践。扎实的基础知识是有序思考的前提。思维只能在知识的形成和应用中发展，教好、教活基础知识需要教师选择适当的教学方法进行教学。

七巧板实物

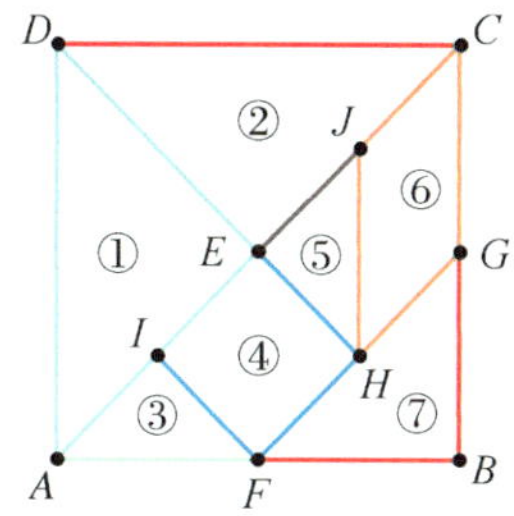

白纸七巧板

1. 借助七巧板实物抽象到基本图形

上课前让学生拿出七巧板实物(图 1),通过观察并思考怎样在白纸上画出七巧板模型,学生通过小组合作讨论,动手测量每条线的长度,画出图 2 白纸七巧板,并标好序号。

2. 构建图形知识框架

学生在七巧板的制作和拼搭的动手操作的中唤起对三角形、平行四边形和梯形相关知识的实践认知,达到对知识的深度理解。在深度理解后利用思维导图整理三角形、平行四边形和梯形的知识框架。

(二) 知识形成过程中的动手操作实践—图形组合“巧”推导

在拼搭中,利用白纸七巧板中的图形特点,动手画一画,拼一拼,剪一剪来探索平行四边形、三角形和梯形的面积推导过程,并组内交流,形成面积公式,并能灵活运用它们的面积计算组合图形的面积。

1. 平行四边形面积推导

利用图③④⑤组成平行四边形

因为长方形的面积=长×宽,所以平行四边形的面积=底×高。

2. 三角形的面积推导

两个完全相同的三角形③和⑤组成平行四边形

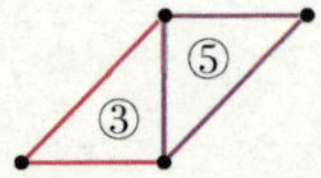

因为平行四边形的面积＝底×高，三角形的面积＝平行四边形面积的一半，所以三角形的面积＝底×高÷2。

3. 梯形的面积推导

两个完全相同的梯形③④和⑤⑥组成平行四边形

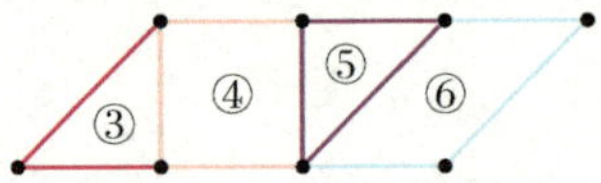

因为平行四边形的面积＝底×高，平行四边形的底＝梯形的上底＋下底，平行四边形的高＝梯形的高，所以梯形的面积＝(上底＋下底)×高÷2

在传统课堂中，对图形面积的推导大多是纸上谈兵，很少有动手操作，即使有动手操作，也不够充分。借助七巧板模型重视操作活动，让学生真正做到思维在操作中发生。

(三) 知识形成前的动手操作实践—倍数方法“巧”缩放

在四年级中，学生已经学过倍数方法，根据白纸七巧板中一块板，让学生等比例放大，制作卡纸七巧板，从中获得缩放经验。

心理学家皮亚杰认为：智慧从动作开始，学生的多种感官参与认知活动，产生学习的内驱力。小学阶段认识正处于由直观形象思维向抽象逻辑思维过渡的阶段，在很大程度上是依靠动作进行思维，靠直观感知获取知识。而动手操作时解决数学学科的抽象性与学生以具体形象思维为主的认识水平矛盾的重要手段。用操作活动启迪思维，使思维在操作中得到发展。操作要到位，不能流于形式，让操作与思维联系起来，让新知识在学生操作中产生，让创新意识在操作中萌发。

四、动手操作“巧”设计

(一) 玩中拼搭，培养创新意识

1. 以图成形

网络上有很多作品，开始先让学生收集作品并从作品库中挑选，找到感兴趣的进行拼搭，再小组交流作品，然后老师给出作品，让学生根据老师的作品进行拼搭，在加深难度的过程中玩转七巧板。

2. 见物拼形

给定生活中一些实例图片（比如小动物、植物、工艺品等），以组为单位尝试拼搭。对于这一环节学生感受到了挑战性，学生必然会在小组内展开讨论，让学生完整叙述思考过程和拼搭方法，在动手动脑中培养学生的有序思维。

3. 自创图形

通过前两次的体验，学生利用拼搭的经验，自己设计图案，自主拼搭，为后续设计做准备。选定满意的一种拼法用卡纸按比例放大，初步体验如何确定比例。

数学课不是思维课，思维能力的提高必须结合数学知识教学进行。在知识教学中要与思维提升有机结合，渗透无痕。陶行知说："鼓励学生依照自己兴趣、需求，开展实践、探索、创新活动。"学生在操作中做到了依兴趣而拼，依需求而做。

（二）制作卡纸七巧板书架图

1. 在小组内利用工具测量教室图书角墙面的长和宽、面积，学生按任意适合的比例，等比例缩小到白纸上。

2. 学生通过动手剪的卡纸，在剪的过程中需要注意每块卡纸的比例是一样的。利用卡纸在白纸上拼书架设计图，最后通过调整形成卡纸七巧板书架图，最后标上尺寸完成卡纸书架设计图。

五、反思迁移广运用

（1）运用同样的方法为家里的书房制作一个属于自己的七巧板书架，既能充分运用数学知识，又能增加动手操作能力。

（2）图书馆图书的索引是怎样区分书目的，你打算用什么方式制作独特的图书索引来区分书目。

（3）和"劳动"主题结合，运用所学的方法给班级里制作粉笔收纳盒，笔筒，垃圾箱等。

（4）语文习作。可以利用七巧板拼搭成各种图案，并用语言描述图案的意思，可以是成语故事，可以是小动物，植物，用日记或者作文的形式写出属于自己的七巧板创意故事。

（5）七巧板变形版。查阅资料，了解七巧板的历史，它的改良板有毕达哥拉斯板、日本改良板、越南的圆形七巧板、九巧板、心形九巧板和蛋形九巧板等等。从中体会中国古代文明的源远流长，影响之广。

陶行知说过“认识来源于实践，实践是认识的基础”。依托动手实践培养学生的思维能力是数学核心素养的重要部分。思维能力的培养是一个长期而漫长的过程，作为教师应该更新教育理念和教育手段，对思维能力的培养做出正确的引导，在他们还未形成的思想世界留下质疑和创新的种子，培养他们理性认识世界的思维。

（设计者：王培培）

数学项目化学习案例（三） 校园绿地规划

一、基本信息

适用年级：小学五年级

对标单元：苏教版小学数学五年级（上）第二单元

建议课时：4 课时

课程概述：通过让学生做绿地规划负责人，负责新校区的绿地设计安排等各项工作，促进学生在学习活动中获得多方面知识，并能培养其核心素养。本项目主要分为三个部分：(1) 小小设计师，借助复习回顾多边形面积测算方法对学校绿地面积进行测量并能自主设计新校区绿地；(2) 小小测算师，借助含小数的四则运算能对绿地植被的选购进行初步筛选；(3) 小小分析师，通过进一步数据的统计整理与分析，进一步确定植被选购的最优方案。期望通过该项目能使学生获得以下几方面的发展：(1) 通过设计绿地，展现几何之美，促使学生用数学的眼光观察世界；(2) 通过面积测算、植被筹划，培养学生用数学思维思考世界；(3) 通过有效数据分析，阐明设计理念，学会用数学的语言表达世界。

二、课程设计

课程设计背景：我校正在筹建新校区，让学生去做新校区绿地规划负责人，亲身参与到学校的建造中，做小小设计师来亲自进行新校区绿地设计和规划，既能帮助学生把学到的知识灵活运用于现实生活情景中，促进知识迁移，也能提升集体归属感和荣誉感。

课程目标：

1. **学生将知道：**(1) 探索并掌握多边形（规则、不规则）的面积计算；(2) 能进行简单的小数加减乘除运算及混合运算；(3) 会收集数据能用条形统计图直观有效地表示数据。

2. **学生将理解：**(1) 理解多边形面积计算公式之间的关系，并在设计绿地的过程中感受几何之美；(2) 结合具体情境理解小数的意义和四则运算方法；(3) 理解数据的描述和分析在生活中的作用。

3. **学生将能做：**(1) 会估算、计算生活中某些实地的大小；(2) 能对一些简单的设计布置发表看法或参与设计；(3)能在生活中借助小数相关运算进行购物等活动；(4) 利用数据进行描述、分析、判断和决策。

项目驱动性问题：

你是负责新校区校园规划的领导，你要为学校设计绿地的规划及在预算内为学校选择价格适中、方便种植又美观的绿植并做出规划方案。

教学过程设计：

教学任务(一)　入项(小小设计师)

任务概述：通过复习回顾多边形面积测算的方法，对我校的绿地面积进行测算，得到校园绿地总面积。

所需课时：1 课时

任务目标：多边形面积测算能力的迁移应用。

教学资源：学校的规建图纸(绿地面积)、新校区的规建图(仅建筑占地)、量尺、计算器

任务展开过程：进入驱动性情境——回顾多边形面积测算知识——搭建多边形面积测算知识体系

学习任务一：认识校园

(1) 欣赏校园之美：通过带领学生欣赏校园，让学生感受校园之美，并谈谈观后感。(时间分配：课前准备)

(2) 校园绿地面积计算：在多边形面积计算公式的复习过程中，进行校园地图中已有绿地面积的计算。(时间分配：15 分钟)

学习任务二：新校区绿地面积

(1) 设计绿地位置和形状：在给出的规划图中对新校区可用于绿地规划的面积进行初步设计，涉及长方形、正方形、平行四边形、三角形、梯形以及组合图形。(时间分配：8 分钟)

(2) 确认绿地总面积(不低于老校区)：运用相关知识对设计的绿地面积进行测算，使绿地面积达标。(时间分配：5 分钟)

学习任务三:确认绿地面积方案

(1) 小组汇报交流:各小组整理本组的绿地面积设计方案并交流、分享与互评。(时间分配:10 分钟)

(2) 形成绿地面积设计方案:各小组根据交流结果和意见,修改方案并形成终案。(时间分配:6 分钟)

评价要点:

评价点	评价标准	评价等级
多边形面积的测算方法	能熟记多边形面积测算方法并能在校园绿地面积测量中灵活运用	★★★★★
	能比较熟练地运用多边形面积的测算方法解决校园绿地面积的测量	★★★★
	能在小组合作或指导下解决校园绿地面积测算相关问题	★★
设计能力	能综合考虑各方面,设计出科学、合理又美观的绿地	★★★★★
	能比较合理地设计出绿地,有一定科学性和美观性	★★★★
	大致能做出合理的绿地设计	★★★

教学任务(二)　项目展开(小小测算师)

任务概述:通过实地考察,线上资料查询等方式,选择价格便宜,适宜种植的绿植,并大致算出花费,初步进行数据的筛选。

所需课时:2 课时

任务目标:有关小数的运算能力的习得。

教学资源:多媒体设备

任务展开过程:

学习任务一:选择哪些花草?

(1) 资料查询:学生课前通过资料查询,校园里可以种植哪些绿植花卉,整理出预选植被的相关信息进行交流汇报。(时间分配:10 分钟)

(2) 心仪植被我来选:根据整理的植被信息,确定选取不同绿地位置最合适的绿植。(时间分配:5 分钟)

(3) 植被需求我了解:根据《小小设计师》一课中规划的绿地面积,划分好不同位置的植被种植数量及面积。(时间分配:20 分钟)

学习任务二:植被选择我能行

(1) 花店调研:学生利用周末时间去花鸟市场,通过多家对比,明确植被的价格信息等。(时间分配:课前)

(2) 资料整理:通过调研数据进行相关计算,各小组整理得到本组植被选择的汇报方案资料。(时间分配:15 分钟)

学习任务三:方案制定我可以

(1) 展示交流:不同小组将本组植被选取的测算方案向大家展示、分享与互评。(时间分配:10 分钟)

(2) 形成方案:各小组根据意见最终形成自己的植被选取方案。(时间分配:5 分钟)

评价要点:

评价点	评价标准	评价等级
植被种类的选取	能通过网络查询、书籍查找等多种渠道全面考虑如何选取,从而综合筛选出不同区域的绿地适宜种植的植被	★★★★★
	能比较全面考虑到植被选取的各方面(习性、美观等),比较合理地选择植被	★★★★
	能通过一些简单途径选择植被,大致能做出植被选取	★★★
植被数量的选取	能根据小组的绿地规划,明确不同植被的需求量	★★★★★
	能根据小组的绿地规划,比较明确地进行各种植被数量的规划	★★★★
	能大致知道所需植被的数量	★★★
花店的选取	能进行实地考察并收集所需植被的价格等信息,并借助小数运算清楚地了解不同花卉植被的价格,根据预算合理选择花店	★★★★★
	能从花店收集到植被的价格等信息,并借助小数运算比较清楚地了解不同花卉植被的价格,从而合理选择花店	★★★★
	能根据植被价格,借助小数运算基本了解不同花卉植被的价格,大致选择合适的花店	★★★

教学任务(三)　项目展开(小小分析师)

任务概述:利用统计图对数据进行有效的数据分析,在交流与合作中最终确定合理的绿地规划方案。

所需课时:1 课时

任务目标:数据收集与分析能力的习得。

教学资源:多媒体设备

任务展开过程:

学习任务一:数据分析

(1) 统计图表我会做:根据《小小测算师》中的数据制作条形统计图和表格从植被的覆盖面积、植被的总价等方面清晰地描述数据。(时间分配:10 分钟)

(2) 数据分析结果交流:各小组用图表的形式展示本组的相关数据结果,阐述方案的闪光点。(时间分配:10 分钟)

学习任务二:方案互评

(1) 小组互评:不同小组之间对各小组的展示方案进行交流、互相评价。(时间分配:8 分钟)

(2) 完善方案:各小组根据交流意见,最终形成绿地植被规划方案。(时间分配:8 分钟)

评价要点:

评价点	评价标准	评价等级
数据分析能力	能有效地进行数据的整理筛选和分析,并制作出清晰、直观的条形统计图和表格表示数据	★★★★★
	能比较有效地进行数据的整理、分析,并制作出比较直观的条形统计图和表格表示数据	★★★★
	能大致进行数据分析,并制作出相应的条形统计图和表格表示数据	★★★
绿地规划方案	能做出完整的方案,方案内容合理,有一定的实施价值;汇报时,语言组织流畅、大方自信	★★★★★
	能做出较完整的方案,内容有一定实际意义,并且对于实际的绿地规划有参考价值;汇报时,语言表达比较清晰流畅	★★★★
	基本上能做出一份方案,且有一些实际参考意义;汇报时,能大致表达出想要呈现的结果	★★★

三、教学反思

项目化学习在小学数学“综合与实践”教学中的应用

——以《校园绿地规划》为例

一、项目研究背景

近年来,项目化学习成为中小学教育教学的研究热点。什么是项目化学习呢?它不仅关注学生基本知识的获得,更注重的是对学生能力的培养,关注真实问题和实际情境,注重与学生实际生活的联系,这也与我们新的课程标准理念相吻合。因此,基于项目化进行小学数学课堂教学的研究,不仅能满足基本的教学需求,还能兼顾学生在学习素养方面的培养。

小学数学中“综合与实践”板块是小学数学学习的重要领域。要求学生在具有真实问题情境的活动中,综合运用各方面知识,经历求解问题的过程并发展核心素养。因此,本文将以“综合与实践”板块中具体的课例《校园绿地规划》的教学为例展开研究。

二、项目特点

项目化学习不同于以往的传统学习方式,具有以下几个特点:

1. 关注真实问题情境的创设

项目化学习是一种基于真实问题情境创设的驱动型教学方式。是通过给学习者提供与其实际生活联系密切、实际发生的问题,从而引起学习者的探知欲,开展一系列学习活动的教学方式。项目化学习强调问题情境的真实性,认为真实情境比较能激发学习者学习的兴趣,学习兴趣的产生是进行教学活动的基础,学习者通过对各种资源的整合利用,自主地对感兴趣的实际问题进行探究思考,最终形成对自身或周围环境有一定价值的项目作品。

2. 强调学习资源的整合利用

项目化学习通常需要学习者能够整合各种学习资源,如基本学科知识、其他跨学科知识、社会资源等等。一个学习项目的完成必然不仅涉及单一的某个学科知识,这与生活实际也不吻合。通过对项目中学习任务的分析和解读,寻找并利用适当的学习资源,不仅能加深学习者的真实感受,培养用数学的眼光观察世界的能力,还能培养其发现和提出问题、分析和解决问题的能力。

3. 培养自主学习、同伴合作的能力

项目化学习一般以小组或团队为基本形式展开，强调自主探究、同伴合作。在项目实施过程中，团队内的每个人都要有明确分工，既能独立自主地完成自己分内的学习任务，同时又能在小组交流中迸发出属于自己的智慧火花，和小组成员分享学习成果。在自主探究和与同伴交流中培养用数学思维思考世界的能力和用数学的语言表达世界的能力。

4. 项目成果具有一定的社会效益

完整的项目化学习活动要有项目成果的产出。并且项目成果必须对实际生活或社会生活有一定的价值和意义。当然，项目化学习关注的并不只是学习成果，还关注在形成项目成果的过程中所掌握的知识和能力的发展，为了完成项目，学习者在过程中学到了哪些学科知识、生活知识，掌握了什么生活技能，发展了怎样的学习生活能力，对未来的学习和成长有什么增益。

三、项目研究过程

项目化学习是一种比较系统的学习方式，是一个持续的学习过程。在小学数学教学中，可将项目化学习的过程大致分为：确定研究主题及驱动性问题的提出；学习目标和核心概念的确定；项目活动各环节任务的确定；项目活动评价标准的制定和项目成果的产出与分享这五个部分，下面以《校园绿地规划》为例具体阐述：

1. 学习目标和核心概念的确定

项目化学习的设计不是从项目或活动开始的，而是从期待学生理解和掌握的核心知识出发。设计者借助教材、课程标准等材料寻找关键概念或能力，确认与之相关的基本知识技能，以此达到知识与素养的双层提升。项目化学习处理的主要是和“做”有关的程序性知识，聚焦概念性知识。概念性知识超越事实性知识，是对其抽象的迁移、整合。

在《校园绿地面积》一课的教材设计中，事实性知识（即知识点）是会计算多边形（规则、不规则）的面积，但这样的知识点掌握对学生来说似乎没有现实意义，所以可以将其抽象性转化为三个层次的目标，除此之外，该主题下的项目化学习还可以进行扩充，在该册教材中还包含两个大单元主题（小数的意义和计算、统计表和条形统计图）的内容可以进行整合教学，确定主题为《校园绿地规划》。所以最后确定学习目标如下：

学生将知道：(1) 探索并掌握多边形(规则、不规则)的面积计算；(2) 能进行简单的小数加减乘除运算及混合运算；(3) 会收集数据能用条形统计图直观有效地表示数据。

学生将理解：(1) 理解多边形面积计算公式之间的关系，并在设计绿地的过程中感受几何之美；(2) 结合具体情境理解小数的意义和四则运算方法；(3) 理解数据的描述和分析在生活中的作用。

学生将能做：(1) 会估算、计算生活中某些实地的大小；(2) 能对一些简单的设计布置发表看法或参与设计；(3) 能在生活中借助小数相关运算进行购物等活动；(4) 利用数据进行描述、分析、判断和决策。

本项目化学习的核心概念确定为：(1) 通过设计绿地，展现几何之美，促使学生用数学的眼光观察世界；(2) 通过面积测算、植被筹划，培养学生用数学思维思考世界；(3) 通过有效数据分析，阐明设计理念，学会用数学的语言表达世界。

2. 确定研究主题及驱动性问题的提出

问题驱动学习，项目化学习是通过问题引发学生对概念的思考和探索。鉴于小学生的知识接受能力水平，将本质问题转化为更容易接受的驱动性问题。驱动性问题更多是开放性问题，不指向固定的封闭性答案，一个好的问题能提供给学生更广阔的探索学习空间。驱动性问题应是与学生休戚相关的，从学生的周围去寻找。

在《校园绿地规划》一课设计中，我们的驱动性问题一开始是“我校绿地面积有多大?”该问题的提出指向性明确，学生只需要掌握多边形面积测算方法并进行机械计算即可解决。并不能有效激发学生学习的兴趣，对他们来说，这也不过就是个稍微麻烦些的计算题。所以经过研究后，我们根据我校实际情况把问题扩充改进，确定驱动性问题为：“假如你是负责新校区校园规划的领导，你要为学校设计绿地的规划及在预算内为学校选择价格适中、方便种植又美观的绿植，你会作出怎样的规划方案?”

3. 项目各环节任务的确定

项目化学习并不是简单地让学生完成活动做出成果，而是要让学生经历有意义的学习实践历程，而这种实践历程是一种包含知识、行动和态度的“学习实践”，让学生的知、行、思合一。项目化学习的实践需要做到三点：一是需要学生的亲身参与；二是在真实世界中解决问题；三是要具有情境依赖和身份代入的特征。本德等人提出了六个阶段的项目化学习，包括入项、知识与能力建构、探索与形成成果、评论与修订、公开成果和反思与迁移。

《校园绿地规划》一课的环节设计主要如下：

任务一：小小设计师

任务概述：通过复习回顾多边形面积测算的方法，对我校的绿地面积进行测算，得到校园绿地总面积。

所需课时：1 课时

任务目标：多边形面积测算能力的迁移应用。

任务二：小小测算师

任务概述：通过实地考察，线上资料查询等方式，选择价格便宜，适宜种植的绿植，并大致算出花费，初步进行数据的筛选。

所需课时：2 课时

任务目标：小数的运算能力的习得与在日常购买等情景中的应用。

任务三：小小分析师

任务概述：利用统计图对数据进行有效的数据分析，在交流与合作中最终确定合理的绿地规划方案。

所需课时：1 课时

任务目标：数据收集与分析能力的习得。

4. 项目评价标准的制定

项目化学习的评价是与成果的产生、公开的成果汇报紧密相连的。此外，项目化学习还要对学习实践和整个活动进行评价，以引发更深层次的学习和理解。项目化学习中的评价是多元且丰富的。项目化学习要求设计者同时运用过程性和总结性评价策略及多元主体参与的评价方法来促进学生真正投入学习；而对学习实践的评价可以挑选 1、2 个重点实践进行；对学习成果的评价设计一般包含对成果本身的评价和对学习成果的公开报告方式进行评价。

《校园绿地规划》项目的评价标准制定如下：

任务一：小小设计师

评价点	评价标准	评价等级
多边形面积的测算方法	能熟记多边形面积测算方法并能在校园绿地面积测量中灵活运用	★★★★★
	能比较熟练地运用多边形面积的测算方法解决校园绿地面积的测量	★★★★
	能在小组合作或指导下解决校园绿地面积测算相关问题	★★★
设计能力	能综合考虑各方面，设计出科学、合理又美观的绿地	★★★★★
	能比较合理地设计出绿地，有一定科学性和美观性	★★★★
	大致能做出合理的绿地设计	★★★

任务二：小小测算师

评价点	评价标准	评价等级
植被种类的选取	能通过网络查询、书籍查找等多种渠道全面考虑如何选取，从而综合筛选出不同区域的绿地适宜种植的植被	★★★★★
	能比较全面考虑到植被选取的各方面（习性、美观等），比较合理地选择植被	★★★★
植被种类的选取	能通过一些简单途径选择植被，大致能做出植被选取	★★★
植被数量的选取	能根据小组的绿地规划，明确不同植被的需求量	★★★★★
	能根据小组的绿地规划，比较明确地进行各种植被数量的规划	★★★★
	能大致知道所需植被的数量	★★★
花店的选取	能进行实地考察并收集所需植被的价格等信息，并借助小数运算清楚地了解不同花卉植被的价格，根据预算合理选择花店	★★★★★
	能从花店收集到植被的价格等信息，并借助小数运算比较清楚地了解不同花卉植被的价格，从而合理选择花店	★★★★
	能根据植被价格，借助小数运算基本了解不同花卉植被的价格，大致选择合适的花店	★★★

任务三：小小分析师

评价点	评价标准	评价等级
数据分析能力	能有效地进行数据的整理筛选和分析，并制作出清晰、直观的条形统计图和表格表示数据	★★★★★
	能比较有效地进行数据的整理、分析，并制作出比较直观的条形统计图和表格表示数据	★★★★
	能大致进行数据分析，并制作出相应的条形统计图和表格表示数据	★★★
绿地规划方案	能做出完整的方案，方案内容合理，有一定的实施价值；汇报时，语言组织流畅、大方自信	★★★★★
	能做出较完整的方案，内容有一定实际意义，并且对于实际的绿地规划有参考价值；汇报时，语言表达比较清晰流畅	★★★★
	基本上能做出一份方案，且有一些实际参考意义；汇报时，能大致表达出想要呈现的结果	★★★

5. 项目成果的产出与分享

项目化学习和其他类型的教学的区别在项目化学习最终是要形成公开的有质量的成果，在多样的群体中进行交流。在项目开始设计时就要非常清楚最终的成果是什么。关于成果有几个重要的特点：一是指向驱动型问题，具有思维的真实性；二是成果包含个人成果和团队成果；三是要指向对核心知识的深度理解；四是要包含做出来的和对怎么做出来的说明。考察项目化学习成果设计质量的必要指标如下表所示，在《校园绿地规划》项目中最终形成的绿地规划方案的形成和展示即可按下表标准评判。

必要指标	选择性指标
反映了对概念的深层理解	让不同类型的学生有选择性地获得成果
指向目标中的高阶认知策略	同时兼顾制作表现为和解释说明类的成果
回答了驱动性问题	在成果中考虑了不同的实践类型
包含个体和团体两方面成果的设计	包含了尽可能多样的人群来参加公开成果展
备注：1(低)——3(中等)——5(高)	

（设计者：许茜倩、周娜）

三、小学英语项目化学习案例

英语项目化学习案例(一)　To be a little guide

一、基本信息

适用年级: 小学六年级

对标单元: 译林版小学英语六年级

建议课时: 5 课时

课程概述: 外教 Eric 想要了解吴地文化,孩子们想要成为小导游带他参观泰伯庙,故求助英语老师,于是展开了围绕"To be a little guide"的教学活动,通过一系列教学和学生探索活动,最终孩子可以用英文介绍泰伯和泰伯庙,并以此为抓手发掘其背后的文化。

二、课程设计

课程设计背景: 学生在 6 年级这一阶段已经能运用英语进行一些简单的表达和介绍,有强烈的表达欲望,以梅村实验小学校庆为契机,向外国人介绍梅村的特色——泰伯文化,既能提升英语的表达和应用能力,又能让他们更深入地理解泰伯文化及中国传统文化中"谦让"的内涵,感受中西文化差异,同时培养孩子传播中国传统文化的意识,树立民族自信。

课程目标:

1. **学生将知道:** 三让团子(San Rang Tuanzi)(memorize, praise, emperor)(Crown, hand over, modest, temple)等一些关于泰伯和泰伯庙的英文单词及介绍泰伯的一些动词的过去式。

2. **学生将理解:** 以人物和事物为切入点,挖掘其背后所代表的文化。

3. **学生将能做:** (1) 通过阅读英语材料,提取所需信息,提炼导游词的句型。(2) 从人物的生平、典型事迹、后人对其评价等方面去描述人物。

项目驱动性问题:

学生当小导游,以表演,讲解和宣传手册的形式,以泰伯为切入点,向外教 Eric 介绍无锡的泰伯文化,内容包括表演再现泰伯三让王位的事迹,介绍三让团,讲解泰伯庙这一景点,并小组合作完成泰伯文化宣传手册。

教学过程设计:

教学任务(一)　Learn to be a guide

任务概述:学生思考怎样当导游来介绍泰伯文化,完成介绍大纲。通过阅读材料,提炼出导游用语,积累描述人物的英语词汇和表达。

所需课时:1课时

任务目标:学生会说导游用语,知道要选取泰伯这一代表人物去介绍泰伯文化。学生初步了解泰伯,知道三让团,泰伯庙等代表事物的英文表达,学会从文章中提炼关键信息并进行归纳整理。

教学资源:视频、阅读材料

任务展开过程:进入驱动性情境——归纳导游用语——形成文化介绍框架——深入了解泰伯文化

学习任务一:进入驱动性情境

外教Eric在梅村实小校庆之际将来无锡梅村,他想要了解梅村的文化,请挑选具有代表性的事物向他介绍。学生进行头脑风暴,想想如何才能成为一个导游,要介绍什么。(要学习导游用语,介绍泰伯文化。)(时间分配:3分钟)

学习任务二:归纳导游用语

学生观看导游的视频,结合视频的文本素材,在老师的帮助下,以表格的形式,提炼导游常用的句子,形成导游词的介绍模板,师生一起读一读。(时间分配:10分钟)

学习任务三:形成文化介绍框架

学生思考怎样介绍泰伯文化,知道要了解一个地方的文化要选取具有代表性的事物,即泰伯,并确定泰伯文化宣传册的大纲,包括泰伯的事迹,人们为了纪念他制作了哪种食物,建造了什么建筑这三个维度。(时间分配:3分钟)

学习任务四:深入了解泰伯文化

观看关于泰伯的英文视频,思考关于泰伯他们想知道哪些方面,已经知道哪些,阅读泰伯三让王位的故事,完成选择题:

(1) 文章讲述了泰伯的什么故事?

(2) 为了纪念他,人们制作了哪种食物?

(3) 为了纪念他,人们建造了什么建筑?

学生通过查找资料和老师的帮助,学习三让王位、三让团、泰伯庙等一些单词,理解其含义,会读且会灵活运用。通过多样化的方式进行跟读、朗读、分

角色读、小组合作读等，熟悉泰伯生平。(时间分配:15 分钟)

学生完善泰伯的个人简历，完成泰伯的画像并根据提示进行填空。学生能够根据泰伯的个人简历，对泰伯的生平进行初步复述。(时间分配:9 分钟)

学习任务五:选择感兴趣的方面完成任务

每个学生选取自己最感兴趣的部分，完成对应的任务。选择同一项任务的学生为一组。

(1) 事迹再现:学生根据教师给出的对话模板，创编舞台剧，表演泰伯三让王位的情景，可以使用道具、旁白、PPT 等进行辅助。

(2) 建筑寻访:学生根据“泰伯庙打卡任务包”，小组合作进行泰伯庙打卡，打卡任务包中需要完成的任务有完成泰伯庙路线图，找出各个建筑的对应位置，以及填写图上泰伯庙中相关建筑的英文表达，学生按照任务包中的具体要求，根据各个建筑内部最具特色的部分，查阅相关单词。

(3) 美食探究:学生搜寻资料，动手制作的方式，在手册上初步完成三让团的制作步骤和流程图，从三让团用到的食材，其形状、颜色、味道和纪念意义入手来完成三让团的介绍词。

评价要点:

<table>
<tr><th colspan="4">Evaluation Form
A: Perfect(完美)　B: Excellent(非常好)　C: Good(很好)</th></tr>
<tr><td rowspan="3">I can read the tour guide speech fluently.</td><td>A</td><td rowspan="3">I can introduce Tai Bo fluently.</td><td>A</td></tr>
<tr><td>B</td><td>B</td></tr>
<tr><td>C</td><td>C</td></tr>
</table>

教学任务(二)　Try to be a guide

任务概述:学生在完成课前任务的基础上进行展示，深入学习泰伯文化，了解泰伯庙的建筑、三让团及其相关英文表达，在路线图、流程图的辅助下进行简单介绍。

所需课时:2 课时

任务目标:知道泰伯庙、三让团相关的英文，能进行简述

教学资源:泰伯庙景区，三让团

任务展开过程:深入体会并表演三让王位——学习介绍建筑例文，分析框架并模仿框架介绍——学习介绍食物例文，分析框架并模仿框架介绍。

学习任务一：深入体会并表演三让王位

事迹再现组的同学进行分角色舞台剧表演，创造性地重现泰伯三让王位的故事，其余同学根据教师给出的评价单进行打分，给出建议。(时间分配：15分钟)

评价要点：

Evaluation Form(stage play group)	
A：Perfect(完美)　B：Excellent(非常好)　C：Good(很好)	
Accuracy(语言准确性)	
Fluency(语言流畅性)	
Vividness(表演生动性)	
Creativity(表演创新性)	
Advice：	

学习任务二：学习介绍建筑例文，分析框架并模仿框架介绍

学生观看天坛介绍视频，直观了解可以从哪些方面介绍一个建筑。并阅读视频的文字材料，完成任务型阅读，学习介绍建筑的句型。(时间分配：10分钟)

在老师的帮助下，学生根据图片和所给单词完成短文填空，并读一读。在思维导图的帮助下，每人挑选一个建筑，选取至少三个方面，根据句型框架，模仿上一篇短文，进行泰伯庙中建筑的介绍。(时间分配：18分钟)

小组根据泰伯庙打卡任务包中所拍图片和地图进行展示，根据评价单进行互评。(时间分配：12分钟)

评价要点：

Evaluation Form(Architecture group)	
A：Perfect(完美)　B：Excellent(非常好)　C：Good(很好)	
Accuracy(语言准确性)	
Fluency(语言流畅性)	
Ordering(条理性)	
Body language(肢体语言)	
Advice：	

学习任务三：学习介绍食物例文，分析框架并模仿框架介绍

学生阅读青团的介绍文本，分析其介绍框架（形状，颜色，用到的食材，制作步骤，体现的地方饮食文化等）。（时间分配：15 分钟）

学生阅根据介绍框架，试着介绍三让团，并把自己做的三让团分享给大家。（时间分配：10 分钟）

评价要点：

Evaluation Form(Food group)	
A: Perfect(完美)　B: Excellent(非常好)　C: Good(很好)	
Accuracy(语言准确性)	
Fluency(语言流畅性)	
Ordering(条理性)	
Body language(肢体语言)	
Advice:	

教学任务(三)　Be a guide

任务概述：学生整理归纳泰伯文化的介绍框架，形成手册，并运用之前习得的导游词，将手册内容串联起来。

所需课时：1 课时

任务目标：学生整理归纳前 3 课时内容，形成思维导图

教学资源：视频，空白手册

任务展开过程：了解手册要求——完成手册大纲——制作手册

学习任务一：了解手册要求

每个小组简单分享找到的宣传手册，说一说手册内容应包含什么，如何制作和美化。（时间分配：5 分钟）

学习任务二：完成手册大纲

学生在老师的带领下回顾前 3 个课时的内容，进行整理和归纳，根据大纲完成各个部分思维导图。小组分工，参考搜寻到的宣传手册、大纲和思维导图，每组完成对应部分的手册制作。（时间分配：20 分钟）

学习任务三:制作手册

小组进行手册的展示,进行互评。(时间分配:15 分钟)

评价要点:

Evaluation Form	
A: Perfect(完美)　B: Excellent(非常好)　C: Good(很好)	
Accuracy(语言准确性)	
Informativeness(内容丰富性)	
Arrangement(条理清晰性)	
Decoration(制作精美程度)	
Advice:	

教学任务(四)　Let's be a guide

任务概述:学生在课前进一步完善的基础上进行最终的演讲展示。

所需课时:1 课时

任务目标:学生进行手册和演讲的展示,了解中西方文化差异,认识到传播中国传统文化的重要性。

教学资源:麦克风,泰伯庙视频

任务展开过程:成果展示——文化交流——了解文化差异

学习任务一:成果展示

带领 Eric 参观泰伯庙,小导游进行泰伯文化的介绍并进行舞台剧表演。(时间分配:25 分钟)

学习任务二:文化交流

学生和 Eric 交流中西国家有关王位的故事,提问 Eric,西方是否有让位的故事?(时间分配:10 分钟)

学习任务三:了解文化差异

通过故事,学生交流,认识到中西方文化的差异,即西方是个人主义为中心,是攻击的对抗的,中方是集体主义,崇尚儒文化,赞扬谦让的品质,以和为贵。(时间分配:5 分钟)

评价要点：

Evaluation Form	
A：Perfect(完美) B：Excellent(非常好) C：Good(很好)	
Accuracy(语言准确性)	
Informativeness(内容丰富性)	
Arrangement(条理清晰性)	
Body language(肢体语言)	
Advice：	

三、教学反思

项目化学习(Project-based Learning,PBL)是一种主动式探究学习的教学方法,其核心是学生在教师的指导下自主解决实际问题,需要综合运用语言、知识、技能等多重能力。PBL 教学法注重学生主动性、合作性和创造性,是培养学生跨学科能力和实践能力的有效方法。

在“To be a little guide”这一案例,我们将项目化学习应用于课程设计中,设计了巩固英语口语能力、提高听说读写技能的教学活动,通过参观泰伯庙,帮助学生了解泰伯的历史背景和文化内涵,从而提高学生的英语表达能力,激发学生对语言文化的热情。本文将围绕以下 5 个方面开展教学案例反思：

一、根据教科书内容确定学习目标的思维习惯有了转变

传统的英语教学设计往往是从教材出发,根据教师对教材的理解设计教案。教学活动也更强调预设,完成既定的教学内容。但教材并非目标和标准,对教材的理解也是“有一千个读者,就有一千个哈姆雷特”。如果教学设计完全依赖教师对教材的解读,就会导致教学的主观随意性,教学效果难以保证。

而项目化学习则是依据学科核心素养和学科课程标准确定学习目标。这里,学科核心素养起的是引领作用,教材内容起的是因材施教作用。从这个意义上来说,强调学科核心素养的引领,才有可能促进学生自身价值观、人生观的发展和综合人文素质的提高。

本案例基于英语核心素养，确定内容主旨，再根据项目化学习教学设计的要求确定预期学习结果：即确定学习目标、设定适当的评价证据、设计教学活动。在本案例中，教师基于核心素养，确定了学生可迁移的学习目标，即以人物和事物为切入点，挖掘其背后所代表的文化，并创设外教来无锡游玩这一贴近学生生活的真实情境，设计驱动性问题，让学生明确要在本节课完成怎样的任务，教师也针对不同的任务制定了相应的评价表，帮助学生明确如何更好地完成任务。

这种“目标导向”“结果导向”“标准导向”的设计使教学活动指向更加明确，让教师有据可依。教师可以判断学生的知识结构和学习目标的差距，明确学生的最近发展区，借助学校和社会资源创设有意义的真实的情境，基于材料设计有思维度的问题链，让学生带着问题去思考探究，让英语学习成为解决真实问题的探究过程，使课堂以学生为中心，提高学生的核心素养。

二、学习目标中的“知识、技能、情感”的传统三维教学目标有了转变

英语传统三维目标为“知识与技能”“过程与方法”和“情感态度与价值观”。三维目标从教材出发，强调学生在本堂课的所学所得。而项目化学习为四维度的“知识、技能、理解意义、迁移”紧密结合的学习目标。这四个维度与布卢姆的教育目标分类有异曲同工之妙：布卢姆的认知过程有六个维度：记忆、回忆、理解、应用、分析、评价和创造。虽然我们一直强调知识的应用，但是如果教学设计中没有新情境的知识和技能的迁移环节，高阶思维的分析、评价和创造是无从着手的。

在本案例中，课程目标为：1. 学生将知道一些关于泰伯和泰伯庙的英文单词及介绍泰伯的一些动词的过去式；2. 学生将理解以人物和事物为切入点，挖掘其背后所代表的文化；3. 学生将能通过阅读英语材料，提取所需信息，提炼导游词的句型；从人物的生平、典型事迹、后人对其评价等方面去描述人物。在这样的课程目标的引领下，学生通过学习本堂课，不仅会习得英语词汇、语法方面的知识，更重要的是理解的可迁移的大概念，掌握了从文本提取所需信息和抓住关键点描述人物的能力，而这样的能力是可以迁移到学生以后的学习生活中的，真正做到了学以致用。

2022 年的《新课标》强调落实学科素养，立德树人，这就要求我们“为理解而教”，让学生在真实的情境中学习英语，应用英语。英语老师应该首先认真思考这样几个问题：我们真正想让学生习得的可迁移的知识是什么？我们能做什么帮助学生建构这些大概念？教师如何在学生的表现找到理解的证据？只有在很好地思考了这些问题之后，才能真正把握项目化学习的教学设计方向，才能真正做到将提高学生的核心素养落到实处。

三、确定学习目标后就设计教学活动的习惯有了转变

传统教学设计是以教学目标为导向，据此进行教学活动的设计。例如某一节英语课的教学目标之一为“学生理解并且会运用 There be 句型”，那么教师就以此为出发点设计教学活动来帮助学生理解 There be 句型，从而达成这一目标。而项目化学习将学习目标转变为预期的学习结果。在项目化学习中，学生处于真实的情境，教师给出驱动性问题，学生有了明确的任务，知道自己要完成一个怎样的任务，这样就使学习目标成为可操作、看得见、摸得着的学习成果。学生也能从先前的抽象学习目标，转而知道自己将要学到什么具体的知识和技能，理解的内容是什么，在一个什么样的新情境中运用这些知识和技能，以有效地检验自己是否真正地掌握了某种本领。

在本案例中，教师根据所给的驱动性问题，设计“事迹再现”“美食寻访”和“建筑探究”三个分组任务和设计宣传手册的总任务。这样学生从一开始就明确了本堂课要求他们完成什么任务。

基于核心素养的项目化学习强调以核心素养为依据，从预期结果开始思考教学。根据评估证据来思考课程，而不是根据内容和活动来思考课程。因此，评价设计至关重要。评价不再是传统教学后的简单的检测，而应该在教学活动前就设计好。

本案例中教师在课程设计这一环节就已经制定了分级评价表，并在学生做任务前就出示给学生，让学生知道评价的维度和依据是什么，怎样的表现能达到 A，这样就明确了如何才能更好地完成任务。

这样以评价为导向的逆向教学设计，就可以形成“评价依据—教学—评价—教学改进”的良性循环。如此，以核心素养为依据设计教学目标和评价标准，再设计教学活动，就为核心素养的落实提供了根本保障。

四、教学活动的安排过多地考虑教师教学过程的习惯有了转变

在传统的教学设计中，教师通常考感的是“我”要教给学生什么，重点放在教师教了什么，教师的主体意识在“我”，把自己的作用定位为教育活动的“主宰”，而不是“主导”。因此进行教学设计时，重在设计“应该怎样教”的教学活动，而忽视了教学活动的功能目标，即教学活动能在学生身上产生什么结果的预期。这就导致了我们通常看到的一种情况：教师只注重开展了什么教学活动，而不问活动的结果如何，也不考察教学活动后学生有什么变化。

项目化学习教学设计的不同之处在于，教师要先依据教学目标和学情，思考在教学活动中学生能学到什么，能做到什么，将学生定位为教学活动的“主体”，将学习结果作为教学设计的起点。

在本案例中，一开始就明确最终的任务是要制作一份旅游宣传手册，以结果为导向构造学习活动，形成任务链，从了解手册应该介绍什么内容，如何用英语表达相应的内容，如何进行排版和美化，一步步地帮助学生完成最终目标。在这样的学习活动中，学生是课堂的主人，教师起到的是辅助和助推的作用。

项目化学习为注重学习活动与学生的兴趣爱好结合、认知与体验结合、学生自我评价与互评结合等多因素的综合学习活动。这种基于学生学情的因人施教，考虑更多的是学生的基本情况、基本素质，能够真正打破传统的以教师为主导的课堂，做到“以学为中心”，从而真正发挥学生学习主体的作用。

小学阶段的孩子有强烈的表现和表达欲望，对表演尤其感兴趣，因此，教师布置完任务后，在课堂中就像主持人一样，舞台是留给学生的。学生在课堂上明确自己要完成怎样的任务，学习了相关的知识，课后在小组活动中应用所学知识完成任务。如“事迹再现”这一小任务是学生利用课上所学模版创编对话，小组课后进行练习，课堂上进行舞台剧表演。在完成任务后，学生不但习得了相关的英语知识，更锻炼了口语表达和小组合作能力。

这种以学习者为中心的教学意识，遵循了以目标达成作为基础的现代教育原则。因此，项目化教学设计反映的是教师的教育主体意识的转变。这种转变，对于学校教育的变革及学生社会主义核心价值观的培育和践行，有着重要的现实意义。

随着全球范围内对学生核心素养、关键能力等的重视，项目化学习已成为各地推进课堂教学改革的重要抓手。“To be a little guide”这一案例是无锡市梅村实验小学在项目化学习方面的一次勇敢尝试，学生们普遍对这一新颖的课堂产生了浓厚的兴趣，虽然达到了既定目标，但同样也存在着一些不足之处，如文本选材对于小学生难度略高，学生在完成课前课后任务时遇到了一些阻碍而无法及时向老师寻求到帮助，导致项目进程变慢等等。因此，在未来，如何帮助教师纠正在实施项目化学习中的实践误区，如何推动学校层面、校际层面、片区层面的项目化学习实践经验和案例的交流与共享等都值得进一步研究和探索。

（设计者：陈婷）

英语项目化学习案例（二） To be an introducer of our school

一、基本信息

适用年级：小学五年级

对标单元：译林版小学英语 5A U2 A new student 和 5B U3 Asking the way

建议课时：4 课时

课程概述：正值梅村实验小学 110 周年校庆，学生作为梅村实小的代言人需要向外宾介绍自己的学校，于是展开了围绕“To be an introducer of our school”的教学活动。学生需通过多种渠道获取有关学校的信息，然后从中选取典型事物、提炼有价值的信息，最后通过制作英语绘本和视频生动形象地宣传自己的母校。

二、课程设计

课程设计背景：学校，是学生学习生活的地方，学校里的一砖一瓦，一花一木都承载着我们的欢笑与回忆。高大的教学楼，宽阔的跑道，窗明几净的教室，无不让人心旷神怡。正值我校喜迎 110 周年校庆之际，作为梅村实小的学生一定会为自己的学校感到骄傲，也想向来宾和朋友们介绍自己的学校。联系译林版小学英语 5A U2 A new student 和 5B U3 Asking the way 相关内容，我们希望以“争做梅村实小代言人”为主题，引导学生用纸笔绘制校园英语绘本，用文字输出语言，让来宾更直观地了解我们的校园，让孩子们更加热爱自己的学校。

课程目标：

1. 学生将知道：① There be 句型和序数词的使用；② 怀天亭（Huaitian Pavilion），gym，canteen，baseball court，sculpture 等代表性地标；③ 动词的过去式。

2. 学生将理解：① 介绍学校需要选取代表性事物；② 要从多角度、运用多元化的方式来介绍学校。

3. 学生将能做:① 用合适的方式介绍身边的事物;② 抓住事物的典型特征进行描述;③ 选用创造性的方式呈现英语表达。

项目驱动性问题:

正值梅村实验小学110周年校庆,作为梅村实小的代言人,你要向外宾介绍自己的学校。你需通过多种渠道获取有关学校的信息,然后从中选取典型事物、提炼有价值的信息,最后通过制作英语绘本生动形象地宣传自己的母校。

教学过程设计:

教学任务(一) 入项

任务概述:通过学习课本知识和观看视频,学生能够用There be句型和序数词介绍学校地标,积累有关地标的英语词汇和句式表达。

所需课时:1课时

任务目标:知道学校地标的英文表达;学会从文章中提炼关键信息并进行归纳整理,用There be句型和序数词介绍学校地标。

教学资源:视频,英语书,PPT

任务展开过程:引出话题,明确项目化学习呈现结果——选取绘本呈现内容并学习有关地标的新词汇——学习核心知识点——灵活运用核心知识点

学习任务一:引出校庆话题,明确项目化学习呈现结果

(1) 明确学生对学校的了解情况

询问学生对学校的了解情况,如建校历程等。教师提问:你知道我们学校创建多久了吗?(时间分配:3分钟)

(2) 学生分组探讨:应该如何向外宾介绍并宣传学校?

教师进一步提问学生:会有哪些人员参加校庆呢?我们应该如何向他们介绍并宣传我们的学校呢?学生分组探讨,得出项目化学习的主题以及介绍学校的创造性方式——制作英语绘本。(时间分配:5分钟)

学习任务二:选取绘本呈现内容并学习有关地标的新词汇

(1) 引导学生明确学校地标

英语绘本中应该呈现哪些内容?教师引导学生先从学校地标入手展开介绍。(时间分配:2分钟)

(2) 学习有关地标的新词汇

教师提问学生:你知道学校有哪些地标吗?学生进行头脑风暴,随后教师在PPT上呈现并教授与地标有关的新词汇。(时间分配:5分钟)

学习任务三：学习核心知识点：There be 句型和序数词

(1) 观看动画初步感知核心知识点

学生观看五上 U2 A new student story time 的动画，初步感知核心知识点，让学生自己发现用哪些句型和词汇介绍地标。(时间分配：2 分钟)

(2) 自学并归纳核心知识点

学生自学书本并归纳出 There be 句型的结构和序数词的用法，教师时刻关注学生在这一过程中存在的问题并给予指导和帮助。(时间分配：3 分钟)

学习任务四：灵活运用核心知识点

(1) 完成关于 There be 句型和序数词的练习

完成书本 P18 练习，并根据练习内容用完整的句式阐述。(时间分配：10 分钟)

(2) 灵活运用 There be 句型和序数词完成介绍学校地标的小作文

教师提供梅村实小的地图及楼层分布，学生灵活运用 There be 句型和序数词完成关于介绍学校地标的小作文。(时间分配：5 分钟)

(3) 小组汇报分享小作文

各小组汇报分享小作文，进一步讨论：为什么要介绍这些地标？(时间分配：5 分钟)

评价要点：1. 学生能会读、会写有关地标的词汇。2. 学生能正确归纳出 There be 句型的结构和序数词的用法。3. 学生能灵活运用已学知识完成一篇高质量的小作文。

教学任务(二)　项目展开

任务概述：学生在第一课时的基础上，深入探索学校地标，了解地标的特色之处和背后所蕴含的历史文化，进一步丰富绘本呈现内容。

所需课时：1 课时

任务目标：学生能够明白介绍学校需要选取代表性事物，要从多角度介绍学校。

教学资源：视频，英语书，PPT

任务展开过程：用第一课时核心知识介绍典型地标——丰富学校介绍的内容

学习任务一：用第一课时核心知识介绍典型地标

(1) 学生展示选取的典型地标

学生以小组为单位，针对学校典型地标进行组内交流，每组选取一位代表

分享组内成果。(时间分配:10 分钟)

(2) 探索地标的特色之处和背后所蕴含的历史文化

进一步探讨:为什么这些地标典型?引导学生从与这些地标有关的特色活动及历史文化方面介绍学校。(时间分配:1min)

(3) 学生探讨:学校有哪些特色活动和历史文化?

基于上述活动,启发学生探讨:有哪些特色活动和历史文化?(时间分配:2 分钟)

学习任务二:丰富学校介绍的内容

(1) 学习如何介绍特色活动和历史文化

学生观看二胡介绍视频,了解可以从哪些方面介绍活动,并阅读一段有关历史文化的文字材料,完成任务型阅读,学习介绍历史文化的句型。(时间分配:10 分钟)

(2) 自学并归纳一般过去时

学生阅读一段历史人物和活动介绍的文字材料,自学一般过去时态,并完成短文填空。(时间分配:7 分钟)

(3) 灵活运用一般过去时完成介绍学校特色活动和历史文化的小作文

学生根据前期搜集到的资料,灵活运用一般过去时完成关于介绍学校特色活动和历史文化的小作文。(时间分配:5 分钟)

(4) 小组汇报分享小作文

各小组汇报分享小作文,课后进一步讨论:如何制作绘本?(时间分配:5 分钟)

教学任务(三) 项目展开

任务概述:学生整理归纳学校地标、特色活动及历史文化的相关内容,综合运用前两课时所学知识,完成英语绘本制作。

所需课时:1 课时

任务目标:综合运用前两课时所学知识,完成英语绘本制作。

教学资源:绘图工具、纸张、图片、胶水、订书机

任务展开过程:学习绘本制作——制作英语绘本——展示英语绘本

学习任务一:学习绘本制作

(1) 分享绘本资源

每个小组简单分享找到的绘本,说一说绘本内容应包含什么,如何制作和美化。(时间分配:3 分钟)

(2) 确定绘本内容

学生在老师的带领下回顾前 2 个课时的内容，进行整理和归纳，根据大纲完成各个部分思维导图。（时间分配：5 分钟）

学习任务二：制作英语绘本

以小组为单位分工，综合运用前两课时知识点完成绘本的制作（绘本应至少包括封面，图画，文字描述）。（时间分配：27 分钟）

学习任务三：展示英语绘本

小组进行绘本的展示，进行互评。课后进一步讨论：如何更加生动地呈现绘本？

教学任务(四)　成果展示

任务概述：基于上节课遗留的问题“如何生动地呈现绘本？”引出本课核心问题：运用多元化的方式来介绍身边事物，每组进行展示并相互评价。

所需课时：1 课时

任务目标：学生运用多元化的方式呈现绘本。

教学资源：绘本、视频、评价单

任务展开过程：成果展示，生动形象地介绍学校。

学习任务一：成果展示，生动形象地介绍学校

(1) 分小组以多样化形式展示绘本并互评

基于本项目的驱动性问题，学生分小组以多样化的方式展示绘本，其他小组进行评价。（时间分配：40 分钟）

评价要点：

成果评价表		
评价维度	评价标准	评价结果
语言表达	语音语调准确；声音响亮、自信	（　　）星
绘本内容	包含学校地标、历史文化、特色活动	（　　）星
绘本呈现	语法正确，语句通顺，句式多样；字迹工整，书写优美；图文并茂，色彩协调；聚焦典型事例；呈现方式应多样化	（　　）星
注：评价结果为三星制		

（设计者：朱薇华）

四、小学科学项目化学习案例

科学项目化学习案例(一) 我为植物挂名牌

一、基本信息

适用年级:小学四年级

对标单元:苏教版小学科学四年级(下)第四单元《繁殖》

苏教版小学科学三年级(下)第一单元《植物的一生》

苏教版小学科学三年级(下)第二单元《植物与环境》

苏教版小学科学一年级(下)第四单元《动物与植物》

建议课时:4 课时

课程概述:本课程通过对苏教版小学科学一年级、三年级、四年级下册植物单元进行重构,以项目化为载体,联系学生校园生活,理解并完成对校园植物量身定制一个身份证——植物名牌。通过校园植物的引入,提出要为校园制作定制一个身份证的主题任务,激发学生对植物名牌的探索欲,从问题与聚焦、调查与研究、设计与制作、测试与评价、拓展与应用,融合了科学探究与工程实践的教学程序。

同时,"我为植物挂名牌"体现了"我"的主人翁意识,挂名牌也体现了环保意识,将科技与生活融合很巧妙。

二、课程设计

课程设计背景:学校作为培养人、教育人的地方,学生的学习不仅仅在教室、在课堂,校园周围环境所营造的天然氛围无时无刻不在发挥着潜移默化的作用。我们的学校是一所百年老校,占地面积较大,校园园林化,植物种类繁多、品种齐全,但还有不少同学对其视而不见,甚至叫不出名字。为了让更多师生关注并了解这些校园植物,增强对校园的归属感,我们结合苏教版小学科学一年级、三年级、四年级下册植物单元的教学,最终鼓励学生为校园植物量身定制一个"身份证"——植物名牌。因项目化学习是一种探究式的学习方式,聚焦超越知识点的核心概念,帮助学生探究真实情境下问题,以此设计了《我为植物挂名牌》这一项目课程。

课程目标:

1. 学生将知道:① 在寻找线索的过程中掌握植物的形态特征;② 知道查阅有关资料(如工具书、报纸杂志、网络等),了解更多的植物知识;③ 知道什么是分类和分类的意义。

2. 学生将理解:① 观察法、分类法、调查法等都是研究植物的方法;② 信息技术手段带来的便利,掌握二维码的制作方法。

3. 学生将能做:能设计并制作一个植物名牌。

项目驱动性问题:

同学们,校园,是我们学习的重要场地。我们一天中的美好时光大多在校园度过,可以说校园就是我们的第二个家。在学校中,同学们通过平时的观察和科学学习已经认识了一些校园植物,但依然存在这样的现象:还有不少同学对学校里的各种植物视而不见,甚至叫不出名字。为了让更多师生关注并了解这些校园植物,你能为校园植物量身定制一个“身份证”——植物名牌吗?

教学过程设计:

教学任务(一)　入项

任务概述:学生在驱动性问题情境中参与学习任务,激发其探索“植物名牌”的学习热情。学生通过三个活动进行调查与探究,活动 1 中根据任务卡寻找校园植物,并做好观察记录,让学生学会运用观察法研究植物。活动 2 是对科学知识地再应用,让学生自主地对植物分分类,初步体会学习了分类法。并延伸拓展了生物学家的“双名法”,再次提升对分类法的应用能力。活动 3 将植物和我们的生活联系起来,以小组为单位调查我们食用的植物,进一步加深对根茎叶花果实植物的组成部分的理解。

所需课时:1 课时

任务目标:能够聚焦校园植物,通过观察法、分类法、调查法研究植物,掌握植物的形态特征。

教学资源:多媒体设备、课件、任务卡、记录单

任务展开过程:进入驱动性情境——寻踪校园植物——我给植物分分类——植物和我们

学习任务一:进入驱动性情境

播放驱动性问题动画,激发学生对校园植物的兴趣(时间分配:3 分钟)

学习任务二:调查与研究

(1) 活动1:寻踪校园植物——校园植物知多少

学生根据任务卡上的线索去找到校园对应的植物,仔细观察,尽可能多地写出它的特点。(时间分配:12分钟)

植物名称	地理位置	植物特征

(2) 活动2:我给植物分分类

学生按照一定的标准对植物进行分类,并学习二分法的分类方法。(时间分配:15分钟)

分类标准	植物名称

(3) 活动3:植物和我们

引导学生以小组为单位调查在我们所吃的植物中,有哪些部分被我们食用了,在汇报交流中,认识到植物和我们的生活有着密切联系。(时间分配:10分钟)

食用部分	植物名称
根	
茎	
叶	
花	
果实	
……	

评价要点:能掌握植物的形态特征。

教学任务(二) 项目展开

任务概述:学生前期通过寻踪校园植物、给植物分类,全面掌握了植物的特征,学习了植物的分类方法,也知道了植物和我们存在着密切的关系。通过呈现制作好的二维码,引导他们利用信息手段在有限的名牌版面中呈现出更多植物信息,并设计与制作植物名牌。

所需课时:1 课时

任务目标:学生初步体验植物名牌中二维码的制作流程,并制作二维码。

教学资源:多媒体设备、课件、任务单

任务展开过程:扫一扫有惊喜——学习制作方法——制作二维码

学习任务一:扫一扫有惊喜

(1) 教师呈现制作好的二维码,用手机扫一扫,学生发现里面呈现的植物是鸡爪槭,呈现出了鸡爪槭的植物价值、养护方法、形态特征、栽培技术、生长习性等方面的信息。(时间分配:3 分钟)

学习任务二:学习制作方法

(1) 学生在教师的提问下,讨论为了制作二维码,需要做的事情,并列出问题清单。(时间分配:15 分钟)

可能需要做的事情:

1. 准备哪些材料?
2. 二维码生成器如何使用?
3. 要怎么制作二维码?
4. ……

(2) 学生进行科学阅读,了解二维码的发展历史。(时间分配:2 分钟)

学习任务三:制作二维码

(1) 学生进行分工,选取自己擅长的领域完成角色任务。(编剧:负责二

维码所放内容的创作；编辑师：负责在美篇中编辑汇总植物信息；质检师：负责检验二维码的有效性）（时间分配：5 分钟）

（2）学生利用草料二维码生成器、美篇等工具制作二维码。（时间分配：15 分钟）

评价要点：掌握二维码的制作方法，并制作二维码。

教学任务（三）　项目展开

任务概述：学生根据前期研究完成植物名牌的设计方案，借助铅画纸和彩色卡纸依据设计方案完成制作，并进行展示交流。

所需课时：1 课时

任务目标：学生能够能根据设计方案完成制作，并进行展示。

教学资源：多媒体设备、课件、铅画纸、彩色卡纸、剪刀、直尺、双面胶

任务展开过程：设计方案——做植物名牌——展示与交流

学习任务一：完善设计方案

学生讨论确定名牌的尺寸、二维码的尺寸，以及呈现在植物名牌和二维码内的信息，完成设计方案。（时间分配：15 分钟）

我的方案

我设计的植物名牌尺寸：

我设计的二维码尺寸：

我想要呈现在植物名牌上的植物信息：

我选择呈现在二维码内的植物信息：

可能需要的帮助：

我的制作流程：

学习任务二：做植物名牌

(1) 根据设计方案完成名牌的制作。(时间分配：15 分钟)

(2) 全班展示交流，分享经验。(时间分配：5 分钟)

(3) 完成自我评价表。(5 分钟)

评价内容		自我评价
学习过程评价	我了解了植物的更多知识	☆☆☆☆☆
	我了解了什么是二维码	☆☆☆☆☆
	我了解了二维码的制作过程	☆☆☆☆☆
	我知道了植物的分类方法	☆☆☆☆☆
	我和小组成员配合协调	☆☆☆☆☆
	我能积极表达自己的想法	☆☆☆☆☆
	我积极参与了各项设计、制作和探究过程	☆☆☆☆☆
学习结果评价	我能利用尺子等工具自主地设计名牌尺寸	☆☆☆☆☆
	我能制作一个植物名牌	☆☆☆☆☆
	在学习中，我成功的经验	
	在学习中，我失败的经验	

评价要点：根据设计方案完成植物名牌的制作，在展示交流中完成评价。

教学任务(四)　成果展示

任务概述：通过校园挂牌仪式、科普宣传等展示活动，增强学生对校园的归属感，吸引更多的学生参与进来。

所需课时：1 课时

任务目标：学生通过多样化形式进行成果展示。

教学资源：多媒体设备、课件

任务展开过程：我为植物挂名牌——科普宣传

学习任务一：我为植物挂名牌

(1) 学生在校园进行挂牌。(时间分配：15 分钟)

(2) 学生对自己的植物名牌进行介绍。(时间分配：10 分钟)

学习任务二:科普宣传

(1) 学生在班队课、社团课讲述自己制作植物名牌的历程,招募更多的学生参与进来。(时间分配:15 分钟)

评价要点:能进行多样化的成果展示。

三、教学反思

随着教育改革的推进,项目化学习成为培养学生综合素养的重要途径。同时,它以跨学科性、真实问题的驱动、持久性的探究等有别于传统课堂的特点受到一线教师的喜爱。我校从学校的实际情况出发,立足儿童个性发展的理念,充分挖掘校园环境资源,开展孩子们喜闻乐见的项目活动,让学生个性在深度上充分发展、广度上多元发展、整体上和谐发展,同时有效推动教师的专业发展和学校课程文化发展。本课程以学生所在的校园环境及日常生活为内容开展学习,从浸润式的体验、广拓展多实践的方式、轮动推进的模式等方面,阐述项目化学习的校本化实施策略。

一、基于真实问题,以浸润式的体验奠定项目基础

真实性是项目化学习的核心要素,真实的问题驱动使整个项目活动保持持续性和统一性,学生从被动学习走向主动学习。现实生活中我们总会遇到这样或那样的问题,但有时它所需要的资源支持远远超出了绝大多数师生和学校的能力范围,难以创建形成一个项目。在这种情况下,教师要善于结合其中的细微要素对学校常规的春秋季社会实践活动、队日活动、科技节、艺术节等活动进行转化,给予学生应对真实问题的机会。

学校作为培养人、教育人的地方,学生的学习不仅仅是在教室、在课堂,校园周围环境所营造的天然氛围无时无刻不在发挥着潜移默化的作用。我们的学校是一所百年老校,占地面积较大,校园园林化,植物种类繁多、品种齐全,但还有不少同学对其视而不见,甚至叫不出名字。为了让更多师生关注并了解这些校园植物,增强校园的归属感,最终我们鼓励学生为校园植物量身定制一个"身份证"——植物名牌。

在发现问题并试图去解决它的时候,我们并没有草率地开展并实施项目,因为持续时间较久是项目化学习的典型特点。如何让学生在较长的时间内抱有兴趣地持续性学习成为我们当时不得不考虑的问题。我们的方法是在不改变语文、科学、信息技术、美术等国家课程学习的基础上,依托我校提出的"四节六平台"(体育节、艺术节、科技节、读书节;梅韵大舞台、梅韵体育馆、梅韵读

书廊、梅韵环境设计院、梅韵外交大使馆、梅韵科技馆)，把其中相关的植物元素融入科技节，尝试拉长时间跨度，在3—5月开展“我与植物有个约会”的种植活动，5—6月开展“我为植物挂名牌”的项目研究，让学生获得沉浸式的体验，在体验中大胆创新并获得成长。

二、依托团队构建，以“广拓展多实践”的方式促进项目实施

学生的关键能力和核心素养是项目化学习关注的焦点。学生在国家课程的学习以及科技节的沉浸式体验中，已储备较多植物方面的知识，具备对植物分类的能力；在老师的带领下对校园内、田野外的植物进行了近距离观察，对植物产生浓烈的兴趣爱好；种植活动的开展，以“我的发现”为主题的文学写作增进了与植物的友谊；自然笔记、科普绘画、电子板报的创作让植物脉络细节跃然眼前。

同时，我们看到不同的学生在植物方面所储备的知识、动手操作能力、与人沟通能力等都有所不同，但他们都有一个共同的特点：对种植植物、观察植物有着浓烈的兴趣爱好，都想参与“我为植物挂名牌”的活动中来。

与学生一样，老师也是项目化学习的直接践行者，负责从理想到现实的最后一道转换，因此，教师实施项目的能力是学校项目的顺利落实、学校项目质量得以提升的重要保障。为了保障项目的顺利实施，除了学生的主动参与，还需要老师的专业化指导，“我为植物挂名牌”项目聘请的指导老师有科学老师、信息技术老师、美术老师等，他们在各自的学科领域都具有较强的专业性且课程意识较强，能够满足项目化学习实施的要求。

在项目实施的过程中，我们在拓展学生知识面的同时，尽可能多地给予学生实践磨炼的机会和创新的平台，让他们在自主探索中发挥个性潜能。

(一) 单一与全面

在科学课堂学习、科技节实践的基础上，学生试着根据任务卡上的线索在校园内寻找植物的踪迹，有针对性地培养了他们的观察能力、实地考察能力。平时学生较多地关注植物的花朵，对其比较敏感，他们能通过花朵的颜色、形态等特征来辨别植物。然而自然界中存在着一些譬如玉兰、紫荆这样的先开花后长叶的植物，它们在开花时学生很容易辨认，当花瓣凋谢开始吐露枝芽长出绿叶时，学生则不能很好辨认。我们的做法是除了提供教材中学到的一些典型特征外，还增加了该植物的叶片、高度、气味等特征信息，让他们在寻找、试误中更加全面了解这一植物。

你对校园内的植物了解多少呢？先试着根据任务卡上的线索去找到那棵植物吧！

寻踪校园植物

（二）个性与融合

如何让学生设计的植物名牌在拥有自己风格的同时又不失校园文化韵味，我们的做法是由美术老师带领学生进行版面设计，在版面设计过程中提醒学生综合考虑名牌的放置位置，确定版面大小、形状、构图。学生设计的造型有契合植物叶片、花朵等某一局部特征的，还有映射植物整体面貌的，也有选取自己喜爱形状的……即使是同一植物，它们的造型也各异，在具有独特风格的同时又饱含童真，富有童趣。学生在追求个性的同时，还添加了我校的标志性

学生作品

Logo,把自我个性融合到校园文化中,这也体现了平时我校校园文化对学生的浸润。

(三) 科学与创意

植物名牌版面内容的设计考察了学生综合统筹事物的能力。学生经过前期一系列实践学习获取了大量的植物知识,如何选取内容并把其清晰、直观地呈现在有限的版面上,我们结合信息技术学科,由信息技术老师带领学生在电脑上完成数字化内容的创作。运用现代化的技术和软件,将一部分要呈现的内容转化为网页链接,制作并生成相应的二维码。内容表现形式从单一到新颖的同时,怎样来平衡内容的选择与取舍,学生想到的方案是植物名称、科属、简介等基本信息书写,二维码选取的内容则不限,可以是搜集到植物其他方面的发现,也可以是制作名牌的过程与体会,还可以是围绕该植物创作的文学诗歌、开展的活动故事等。

针对作品内容的科学性与语言表达的完整性,由科学老师和语文老师对学生进行指导与把关,最终学生通过亲手书写与二维码数字化相结合的形式,在版面有限的植物名牌上科学又不失灵动地呈现了植物信息,简洁美观,整体效果好。

三、注重活动分享,以轮动推进的模式延续项目发展

与传统教学相比,项目化学习还注重培养学生的分享、表达能力,使得他们在一段时间内对项目的深入持续探索中,形成对核心知识和学习历程的深刻理解,能够在新情境中进行迁移、运用。

我们通过多种渠道和形式为学生创建交流机会,在项目活动的开展和实施期间,项目组的学生利用“班委会”“中队会”“社会实践活动”等机会与其他同学进行互动、科普、宣传,让更多的同学关注校园植物,增加对校园植物的全面了解,增强校园文化的认同感和归属感。在植物名牌的维护阶段,校园师生通过名牌信箱投递当前遇到的一些问题与建议,项目组的学生通过小组交流、班级互动的方式探求解决方案。

学生经过长时间的实践锻炼,已经具备较强的沟通能力和自主规划能力,他们有能力胜任“老师”的角色。当注入第二批新鲜血液时,我们的第一批学生通过结对子的方式引导下一批新成员更好地投入名牌制作中,老师的身份转变为引导者,实现“教是为了不教”。此时,我们的项目活动更像是一个纽带,自动连接一批又一批学生,让每一个学生成为持续学习者。

四、构建评价体系,促进项目思维可视化

项目化学习是一种深度的探究活动,旨在促进儿童大脑执行功能的发展,促进儿童全身心的、合作性的问题解决及创造性与批判性思维的发展，使其成为心智自由的终身学习者，要想实现项目化学习的价值，还要有一套良好的评价体系来促进整个课程的顺利推进。

项目化学习的评价方式灵活多样，贯穿整个教学过程。评价过程强调学生本人、同伴、教师对学生在学习过程中表现出来的态度、兴趣、参与程度、任务完成情况的综合评估。在课程实施前，让学生明晰如下评价体系，能够让他们在课堂中逐渐学会学习、学会反思自己的学习效果，即学习者自我监控能力的表现，也即元认知。元认知水平越高，学习能力越强，学习效果越好。

自我评价(样表)

评价内容		自我评价
学习过程评价	我了解了植物的更多知识	☆☆☆☆☆
	我了解了什么是二维码	☆☆☆☆☆
	我掌握了二维码的制作过程	☆☆☆☆☆
	我知道了植物的分类方法	☆☆☆☆☆
	我和小组成员配合协调	☆☆☆☆☆
	我能积极表达自己的想法	☆☆☆☆☆
	我积极参与了各项设计、制作和探究过程	☆☆☆☆☆
学习结果评价	我能利用尺子等工具自主的设计名牌尺寸	☆☆☆☆☆
	我能制作一个植物名牌	☆☆☆☆☆
	在《我为植物挂名牌》课程学习中，我成功的经验	
	在《我为植物挂名牌》课程学习中，我失败的经验	

小组评价(样表)

	优	良	中	差
成员参与性	所有成员都积极参与小组活动	至少3/4的成员积极参与小组活动	至少1/2的成参与小组活动	只有极少的成员参与小组活动
成员角色分配	所有成员都被分配明确的角色，很好地扮演自己的角色	所有成员都被分配有角色，但角色定义不明确或成员没有扮演好自己的角色	小组成员大多分配有角色，但是他们没能扮演好自己的角色	小组成员没有进行角色分配

续　表

组内任务分工	任务平均分配给每一个成员	任务被分配给大多数成员	任务被分配给1/2的成员	任务被分配给极少数成员
组内交互协作	小组成员显示出很好的交互协作能力，能有效地讨论和分享同伴的观点	小组成员显示出熟练的交互协作能力，能够进行生动的交流	小组成员显示出一定的交互协作能力，能耐心倾听同伴的观点，显示出一定的耐心	小组成员很少进行交互协作，很少进行讨论交流

项目化学习让学校对学生更有吸引力，在活动中他们有机会把课内所学的知识与现实社会相联结，他们在学习中也变得更投入了。围绕学生所在的校园环境及日常生活为内容开展“我为植物挂名牌”的学习，是项目化学习的一种校本化实践，在项目过程中，我们看到学生积极主动参与到学习中，在不断解决问题中丰富学习经历，成为校园的主人翁。

（设计者：李亭亭）

科学项目化学习案例（二）　自制保温盒

一、基本信息

适用年级：小学五年级

对标单元：苏教版小学科学五年级（上）第二单元

建议课时：4 课时

课程概述：“工程设计与物化”是 2022 年版科学课程标准中的第 13 个学科核心概念，包括“工程需要定义和界定”“工程的关键是设计”“工程师设计方案物化的结果”3 项学习内容。《像工程师那样》以做个保温盒为载体，本项目涉及的知识源自苏教版五年级上册第 2 单元《热传递》，生发于第 4 课《物体的传热本领》。学生能够举例说明影响热传递的主要因素，列举它们在日常生活和生产中的应用；利用文字与图案，绘图或实物表达自己的创意与构想。

二、课程设计

课程设计背景：在生活中学生对于热传递知识有一定的了解，知道热传递的三种形式：热传导、热对流、热辐射，但对于运用热传递的相关知识设计并制作一些实用的产品，实现知识的迁移还有待提升。因项目化学习是一种探究式的学习方式，聚焦超越知识点的核心概念，帮助学生探究真实情境下问题，以此设计了《自制保温盒》这一项目课程。

课程目标：

1. 学生将知道：① 泡沫、塑料、棉被等是热的不良导体；② 通常热从温度高的物体传向温度低的物体；③ 锡纸可以通过镜面反射将热反射回去以减缓因热辐射导致的热量散失。

2. 学生将理解：① 不同材料的导热性不同；② 材料的选择不同，呈现的产品效能不同；③ 当我们了解热传递的发生条件、热传递的方式及导热性能后，就能根据实际需求，选择是防止热传递的发生，还是利用热传递来方便生活。

3. 学生将能做：运用热传递的知识设计并制作出保温盒。

项目驱动性问题：

摄于：2022年11月30日上午10时

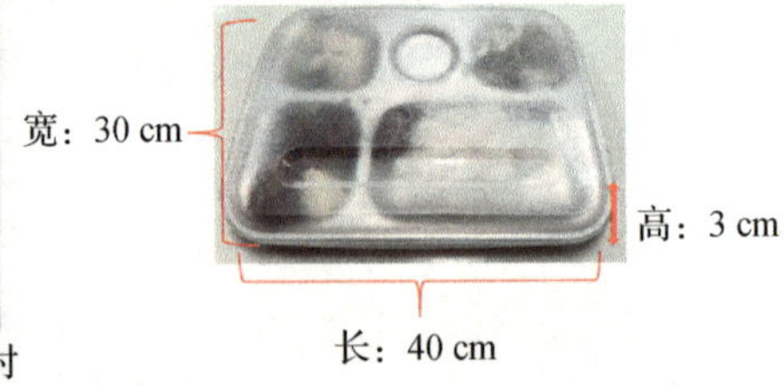

天气转凉，有同学反映吃到的午饭有些温了。于是，他们在中午12点对班级的饭进行了测温，发现饭的温度为31℃，而人吃到可口饭菜的温度是40℃左右。

教学过程设计：

教学任务(一)　入项

任务概述：通过问题与聚焦，学生明晰自制保温盒的任务，讨论并思考制作保温盒所需的材料、功能、步骤、注意事项等，试图运用热传递的相关知识解决问题。

所需课时：1课时

任务目标：能够热传递的相关知识以及实际需求，选择制作保温盒即防止热传递发生的方案。

教学资源：多媒体设备、课件、记录单、温度计、锥形瓶、锡纸、棉花等

任务展开过程：进入驱动性情境——前期研究——厘清方案清单

学习任务一：进入驱动性情境

播放驱动性问题图片，激发学生探索的兴趣。(时间分配：5分钟)

学习任务二:前期研究

(1) 引导学生回顾自制保温盒会用到热传递的相关知识,聚焦外卖箱的材料,了解其保温功能与材料存在密切联系,并在老师引导下研究保温盒应该达到什么样的要求以及需要了解的内容。(时间分配:15 分钟)

任务	
设计并制作一个保温盒	
要求	
	整理:
前期研究	
设计并制作一个保温盒	
我需要了解	

(2) 学生测试材料的保温性能。(时间分配:10 分钟)

材料	温　　度		
	初始	5 分钟后	温差
海绵			
棉花			
锡纸			
无			

我的发现:______________________________

学习任务三:厘清方案清单

学生经过小组讨论能够根据泡沫箱、锡纸等材料写出自制保温盒相关的方案清单。(时间分配:10 分钟)

任务	
设计并制作一个保温盒	
工程笔记	
问题清单：	交流清单：

教学任务(二)　项目展开

任务概述:学生在前期研究的基础上,能够画出保温盒的设计图,根据设计图以及材料制作保温盒。

所需课时:1课时

任务目标:学生能够设计并制作保温盒。

教学资源:多媒体设备、课件、设计图纸、泡沫箱、锡纸、棉花等

任务展开过程:画出设计图——展示设计图——制作保温盒

学习任务一:画出设计图

学生画出保温盒的设计图,包括保温盒的尺寸、各部分用到的材料以及材料的多少。(时间分配:10分钟)

任务
设计并制作一个保温盒
设计方案
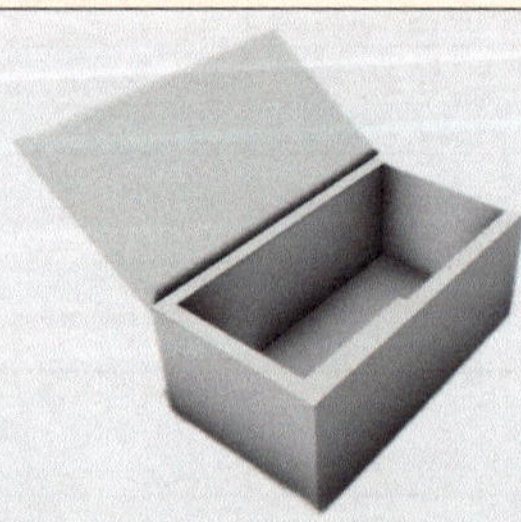

学习任务二:展示设计图

各小组展示自己的设计图,并清晰表达设计想法,具有逻辑性。在分享展示的过程中其他成员能够认真聆听,并对自己小组的设计图进行初步修正。

（时间分配：10 分钟）

学习任务三：制作保温盒

各小组分工合作按照设计图制作保温盒，在交流制作过程中存在的问题，尝试解决制作过程中的问题，并完善制作。（时间分配：20 分钟）

评价要点：能够根据设计图制作保温盒

教学任务（三）　项目展开

任务概述：学生通过小组实验探究，利用数据直观测试保温盒的保温效果，并从成本、功能、便携等多方面进行评价，提出改进意见。

所需课时：1 课时

任务目标：学生能够测试并改进保温盒的保温效果

教学资源：多媒体设备、课件、秒表、石子、温度计

任务展开过程：测试保温盒——展示与分享——评价与改进

学习任务一：测试保温盒

学生小组合作测试保温盒的保温效果并完成记录单。（时间分配：20 分钟）

测试记录单 1　　单位：摄氏度

上层	1 初始温度： 5 分钟后温度：	2 初始温度： 5 分钟后温度：	3 初始温度： 5 分钟后温度：
	4 初始温度： 5 分钟后温度：	5 初始温度： 5 分钟后温度：	6 初始温度： 5 分钟后温度：
	7 初始温度： 5 分钟后温度：	8 初始温度： 5 分钟后温度：	9 初始温度： 5 分钟后温度：
中层	1 初始温度： 5 分钟后温度：	2 初始温度： 5 分钟后温度：	3 初始温度： 5 分钟后温度：
	4 初始温度： 5 分钟后温度：	5 初始温度： 5 分钟后温度：	6 初始温度： 5 分钟后温度：
	7 初始温度： 5 分钟后温度：	8 初始温度： 5 分钟后温度：	9 初始温度： 5 分钟后温度：

续 表

下层	1 初始温度： 5分钟后温度：	2 初始温度： 5分钟后温度：	3 初始温度： 5分钟后温度：
	4 初始温度： 5分钟后温度：	5 初始温度： 5分钟后温度：	6 初始温度： 5分钟后温度：
	7 初始温度： 5分钟后温度：	8 初始温度： 5分钟后温度：	9 初始温度： 5分钟后温度：

测试记录单 2

① 测试组(温度差)			
上层	1	2	3
	4	5	6
	7	8	9
中层	1	2	3
	4	5	6
	7	8	9
下层	1	2	3
	4	5	6
	7	8	9
② 空白对照组(温度差)			
上层	1	2	3
	4	5	6
	7	8	9
中层	1	2	3
	4	5	6
	7	8	9
下层	1	2	3
	4	5	6
	7	8	9

我们发现：保温盒 □是 □否 具有保温效果。

学习任务二：展示与分享

学生汇报测试结果。（时间分配：10 分钟）

学习任务三：评价与改进

小组互相评价，并从多方面反思自己的设计进行改进。（时间分配：10 分钟）

任务
设计并制作一个保温盒
改进后的设计方案
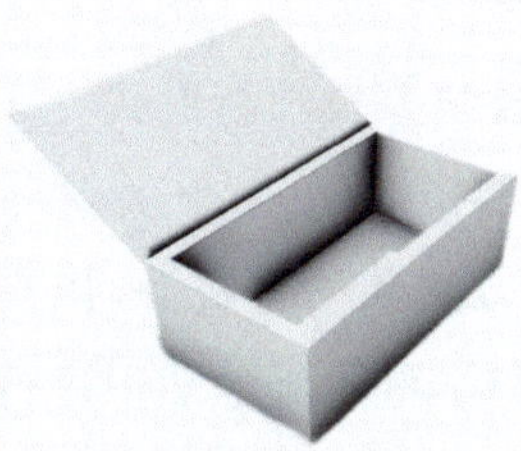

评价要点：能够根据数据直观分析保温盒的保温效果并改进设计

教学任务（四）　成果展示

任务概述：通过展示改进后的保温盒，知道保温盒的结构决定其功能。

所需课时：1 课时

任务目标：通过展示让学生在表达中思考，在思考中改进，在改进中提升，知道保温盒的结构决定其功能。

教学资源：多媒体设备、课件、制作的保温盒

任务展开过程：成果展示——评价

学习任务一：成果展示

学生小组展示自己的保温盒成果。（时间分配：20 分钟）

学习任务二：评价

学生将根据评价表分析进行评价，教师评价。（时间分配：20 分钟）

评价维度	需要改进	一般	良好	优秀
基于证据来论证自己的观点				

续 表

评价维度	需要改进	一般	良好	优秀
科学表达与交流				
逻辑性				
多方面考虑保温盒的结构与功能				
反思能力				

评价要点:能够从多方面进行自评和互评

三、教学反思

一、统整教材内容、课程标准

围绕学习任务群,出现了项目式学习、大单元整体教学等教学新形式。无论是学习任务群,还是项目式学习、单元整体教学,都离不开一个关键策略——整合。教师通过整合学习情境、学习内容、学习方法和学习资源,以自主、合作、探究的方式,围绕任务或主题,将学生积累的和学习的科学知识进行结构性整合,引导学生在具有针对性的学习过程中提升科学核心素养。通过统编教材来学习单元教学内容整合的策略,积极探索教学内容的整合,确保学生有效学习。

本项目是苏教版小学科学五年级上册第二单元《热传递》,与学生的生活实际息息相关,学生在了解热传递的发生条件、热传递的方式,以及材料的导热性能后,就能根据实际需求,选择是防止热传递的发生,还是利用热传递来方便生活。为了让学生知道热传递的三种方式及其特点,帮助学生分析影响热传递的主要因素,概括热传递的基本规律,理解热传递的实质是热从高温物体向低温物体转移的过程,进而能够解释生活中的热传递现象,最后能利用热传递原理设计并制作相关作品。为了让学生综合运用所学的热传递知识,本设计采用工程教育类课程设计模式,其中包括概念阶段、深化阶段、评价阶段三部分,分为明确问题、前期研究、设计方案、制作模型、测试改进和展示交流六个步骤。在这样的工程方法和流程引导下,学生一方面在设计制作中需要综合考虑材料等因素选择合适的设计方案,另一方面可以帮助学生更好地理解热传递的科学原理,使科学、技术、工程成为一个密切相关的整体。

此项目整合单元内容并重新设计,根据教材从课程标准中找出相关概念指向的目标,并将目标重新整理成教学目标,并分成 4 个课时,包括入项、项目展开、成果展示这四个部分。每个部分之间相互联系，层层递进，更好地兼顾课程整体目标和单元结构，符合学生学情，是对学生整体学习的考验。

二、围绕核心问题，构建问题链

问题链教学是教师围绕某一知识点和教学目标，根据学生的已有知识和经验，针对学生学习过程中将要产生或可能产生的困惑提出一组问题，这些问题串联起来成为锻炼学生的思考能力的重要媒介。问题链在项目中的应用，一方面可以增加课堂的趣味性，另一方面可以激发学生学习兴趣。教师设计问题链可以为学生营造学习氛围，让学生感受学习的快乐。

问题链的构建要围绕核心问题来组织。本项目问题由项目核心问题以及围绕核心问题展开的一系列子问题组成，创建真实的问题情境驱动学生的学习，帮助他们去综合解决生活中的实际问题。为了让学生综合运用热传递的知识，教师设计了《做个保温盒》作为该工程项目的主题，项目的核心问题是"保温盒如何保温"。为了解决这一问题，首先需要知道制作保温盒的材料，于是生成了该项目的第一个子问题"用什么材料做保温盒"。学生在学习热传递单元的相关知识后，都知道做保温盒要选择阻止热传递发生的材料，那这些材料的保温性能如何呢？生成该项目的第二个子问题"如何测试材料的保温性能"。了解材料的保温性能后，接下来就开始设计方案，那保温盒做多大尺寸，每一部分又选择什么材料，工程师往往会考虑材料成本等因素，于是产生了第三个子问题"保温盒各部分的尺寸及材料"。学生在设计方案完成后开始进行制作，工程师往往会根据实际需要，制作在外观、结构、功能方面完全一致且等比例缩小的模型，以保证完成工程任务的科学性和合理性，此时生成第四个子问题"如何制作等比例模型"。在做完模型后，学生要对作品进行保温测试，于是生成第五个子问题"如何测试保温盒的保温效果"。本项目核心问题与子问题的关系如右图。根据项目的五个子问题，教师分别设计以问题解决为目标的项目任务及活动如下页表。

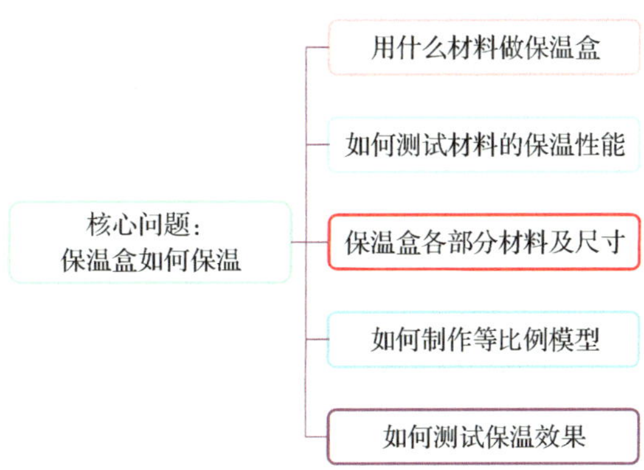

本项目核心问题和子问题的关系

《做个保温盒》项目学习子问题和对应的任务及活动

子问题	项目任务	项目活动
1. 用什么材料做保温盒	1. 调查身边保温盒的材料 2. 选择适合的材料	1. 收集保温盒资料 2. 交流
2. 如何测试材料的保温性能	1. 设计对比实验 2. 实习工程师测试核心技术的方法	测试核心技术
3. 保温盒各部分材料及尺寸	1. 画出工程设计图 2. 交流展示	呈现设计方案
4. 如何制作等比例模型	学习等比例制作模型的方法	制作保温盒
5. 如何测试保温效果	交流测试方法并进行测试	测试保温盒

三、学科交叉融合，培养学生的综合素质

学科融合教学有其特定内涵，它应是整合多个学科，打破学科边界，以学科核心素养为起点，选择相同（或相近）的教学内容（主题、议题、问题或任务），确立相应的教学目标，采用符合学生学习需要的教学方式，提升学生的综合素养（运用多学科的知识解决问题的综合能力等）。学科融合，理解上是把各学科知识掺杂在一起，真正的融合应该不是有意识的强加，而是水到渠成地交汇。如果重点在制作方面，那就是一堂纯粹的劳技课，如果重点在科学知识的传授上，那就是一堂纯粹的科学课，如果重点在数据的测量上，那就是一堂纯粹的数学课，所以有效地将学科知识交叉融合，是作为一堂具有创新性 STEM 课的必备条件。本项目渗透了劳技、科学、数学、美术、工程的知识。在科学方面，学生需要理解不同材料的导热性；材料的选择不同，呈现的产品效能则不同；当我们了解热传递的发生条件、热传递的方式及导热性能后，就能根据实际需求，选择是防止热传递的发生，还是利用热传递来方便生活。在劳技方面，制作过程中涉及材料选择、各类工具的使用以及制作技巧。在工程上，从设计到制作出保温盒的过程是一个工程项目，需要综合考虑需求、材料、制作方法，以及结构等多方面因素。在数学方面，学生在设计过程中要使用计量工具测量、检测，同时在绘制草图时也需要运用数学知识。在美术方面，运用线条、形状等造型元素画出保温盒的设计图。

在制作保温盒的过程中，学生可能需要测量泡沫板的尺寸，那就用尺去测量一下。数学不是静态的，它不是停留在纸面上的计算和严格的数学知识，科学也不仅仅是科学知识的理解和认知，更是带着工程思维和技术方法去解决问题。STEM课程的教学，是多学科的融合。要让学生带着问题去思考，用工程技术知识科学地解决问题，最重要的是激发学生的自主创新意识。

四、激发学生学习兴趣，基于真实情境

教学情境具有认知性、情感性和实践性，其真实性乃是认知性、情感性和实践性的基础和保证。创设的教学情境越真实，越容易发挥学生的主动性，学生主动建构的知识就越可靠，越容易解决真实情境中的问题，从而真正理解和掌握知识，进而促进学生高阶思维能力的发展。激发学生对本学科的学习兴趣，是促使他们感知事物、发展思维的强大动力。只有当学生对课堂学习感兴趣时，他们才能积极主动且心情愉快地去创新学习。

项目式学习通过真实的和具有挑战性的任务，使学生逐步习得知识、技能和关键品格。在知识的基础上，通过项目活动运用知识，使学生创造新知识，形成稳定的解决复杂问题的思路和方法。项目式学习在问题解决的过程中彰显知识的功能价值，使核心知识结构化，促进学生化学核心素养的发展。

项目选择要考虑其真实性，学生对身边的事物有着天然的好奇心，只有真实的任务才能更好地激发学生的兴趣进而投入设计活动。设计保温盒从学生们熟悉的点外卖的情境入手，基于真实的生活体验，学生能够很快聚焦设计需求，并且乐于投入精力去设计与改进，从而使我们的生活更加便捷。

本项目以某工厂的工人师傅吃饭遇到饭菜冷掉的真实问题为驱动，学生通过实地调查呈现数据信息，聚焦做个保温盒的主题研究。如果直接让学生利用课余时间制作一个保温盒，则此活动就是为了做而做，不能真正体会到工程实践的意义。因此，指导学生经历完整的工程实践过程，领会并掌握工程师进行实践研究的方法是本项目的教学重点及难点。在本项目中，保温盒的核心是保温。那如何做到保温？用什么材料来制作？这些材料的保温性能如何等一系列问题随之而来。先带领学生进行材料选择、测试保温性能等方面的前期研究，在此基础上进行方案设计，让学生体会到工程设计并不是一蹴而就的，而是根据真实数据进行有依据的设计；其中，制作模型与测试改进环节更要给予学生充足的时间进行迭代循环，重点关注模型核心技术的有效性，当模型的测试结果与任务需求不一致时，需要重新设计制作并再次测试，直到测试出符合任务需求的模型；展示交流环节重点关注工程报告书的完整性，它贯穿工程实践活动的整个过程，因此要能呈现完整的工程实践要素。

五、搭建学习支架，助力项目展开

头脑风暴将个人的智慧与人际沟通结合在一起，产生尽可能多的解决设计问题的办法，经常在工程实践的各个步骤里反复出现。头脑风暴环节的目的是让学生大胆想象，即先让每一个学生独立思考产生尽可能多的想法，让各种设想在相互碰撞中掀起创造性的风暴，这是一种集体开发创造性思维的方法。在实际操作中，给足时间让每一位学生分享个人想法后就很快进行意见整合环节，使得一些比较内向不善于表达自己的学生在这个环节也能充分表达。

在项目开展前，教师给每个人准备一叠便利贴，方便他们用简单的词语或图示记录自己对待问题的想法，让其他成员能够看清楚，从而明白便利贴上解释的内容。本项目主要运用个人头脑风暴与团队头脑风暴，首先，小组成员围绕"除了保温，保温盒还应该满足怎样的需求""要想达成这样的要求，我们现有的信息足够解决问题吗？你还想知道些什么"等问题进行思考，把自己的想法记录在便利贴上；接着，小组成员充分、自由地发表各自的想法，然后整理讨论出达成一致的想法；最后，全班进行头脑风暴确定保温盒达成的最终需求及前期要研究的问题。

运用个人与团队相结合的头脑风暴法，有利于让学生在前期集中百分之百的注意力去构思，而不受他人影响，在后期聆听组内众多成员的想法后，能从不同的角度拓展自己的思维。为了产生想法，首先要给予学生机会去思考，因此需要注意的是，在整个头脑风暴的过程中，小组成员及教师都无需评价或者判断该想法的好坏。

在工程项目开展的过程中，灵感转瞬即逝，记录所了解的信息和想法也至关重要。一份工程报告书不仅能向他人复述重要信息，也能随时记录他人分享时的有用信息和想法。

在本项目中，教师在实施每个环节时都会拿到一张相对应的记录纸，最后装订成一份完整的工程报告书。它包括任务、前期研究、设计与制作、测试方法与测试结果、改进方案与再次测试结果等，完整呈现出工程要素和学生思维的过程。

（设计者：李亭亭、杨静俐）

五、艺术类学科项目化学习

美术项目化学习案例（一）　未来世界——房屋

一、基本信息

适用年级：社团课程

对标单元：苏少版美术一年级上册《玩泥巴》苏少版美术一年上册《土与火的艺术》(一)、苏少版美术四年下册《壶和罐》(一)、《壶和罐》(二)、《土与火的艺术》(二)苏少版美术四年级上册《我造的小房子》

建议课时：5 课时

课程概述：在项目化学习的框架中，设计《未来世界——房屋》这一项目化课程，以构建未来的"我"作为设计师求职的真实情境，解决如何设计并新城市建筑房屋的问题，以具有可塑性的泥塑为载体展现出来。课程从基础学习开始设计，以房屋为主题，以循序渐进的过程式探究学习培养学生的创新意识和创造力，提高学生对二维转换三维空间和形体的感受力，培养学生艺术核心素养。

二、课程设计

课程设计背景：由于我们生活在一个三向度的空间中并不断扩张，因此，每个人都应该拥有领悟三维空间的能力。从起初的原始社会直到现在的科技社会，为了达到发展和对世界的探讨所付出的努力是多维度的，而制造出的工具更是多维度的，但有时候孩子们在学习中更多接收到的是单向度和双向度的学习，对空间三维多向度的联系相对缺乏。因此，强化立体性对培养造型能力增强空间知觉至关重要。项目化学习是培养学生核心素养的重要抓手，在小学美术课程中，泥塑是重要的一部分，是培养学生三维立体空间感知和学习的重要手段，也是带领学生在真实环境中直观感受二维和三维空间转变问题的有效路径，因此设计了《未来世界——房屋》的项目化课程。

课程目标：

1. 学生将知道：什么是平面，什么是立体。

2. 学生将理解：平面与立体的不同，平面到立体的转化，理解一个完整的事物具有多面性。

3. 学生将能做：运用平面到立体的转换知识，用泥塑做出立体的房屋。

项目驱动性问题：

时间已经来到2050年，你是一个正在求职的建筑设计师，正好看到中国建筑设计研究院要为一座刚发现的小岛做城市规划，需要制造实用、稳固、安全、美观、智能的房子。现在需要你将自己的设计做成模型参加城市的房屋规划设计比赛。

教学过程设计：

教学任务(一)　入项

任务概述：学生在驱动性问题情境中参与学习任务，激发其创造未来房屋模型的兴趣。通过触摸感受、尝试堆高堆稳走进泥塑世界。

所需课时：1课时

任务目标：从驱动性问题出发，学生初步尝试泥塑，掌握基本方法。

教学资源：苏少版美术一年级上册《玩泥巴》

任务展开过程：驱动性问题激发兴趣——实验堆高堆稳泥巴，感受泥的特性——掌握泥塑基本手法

学习任务一：进入驱动性问题

观看建筑的发展视频，师生共同探讨未来人类居住的房屋。（时间分配：10分钟）

学习任务二：初步感知——走近泥与塑

通过捏捏黏土、泥巴、橡皮泥等不同材质的泥，感受不同材质的泥（黏土、泥巴、橡皮泥等）讨论特性。（时间分配：10分钟）

学习任务三：小试身手——使用工具并把泥堆得又高又稳定

尝试实用工具想办法堆高手中的泥巴，学生分析堆得最高的和最稳定的泥，并说出原因和方法，教师总结，并补充其他方法。（时间分配：40分钟）

学习任务四：学以致用——修改与再次尝试

使用不同方法再次尝试堆高堆稳泥巴。（时间分配：40分钟）

评价要点：

任务评价	
评价维度	评价等级
稳定	例：☆☆☆

续 表

任务评价	
形状	
创意	
注：评价最高为三星	

教学任务(二) 项目展开

任务概述：本任务分为两部分：第一部分学生通过制作花瓶，感受泥塑中三维的协调性，练习对多方位多角度的三维感；第二部分为学生对花瓶的装饰设计。（本任务紧扣课程设计的核心概念，根据对设计图的使用，学生逐步认识二维三维转变的问题。另一方面也是对任务一的巩固和拓展）

所需课时：1 课时

任务目标：初步尝试认识二维三维转变的问题，学习装饰手法。

教学资源：苏少版美术一年上册《土与火的艺术》（一）、苏少版美术四年下册《壶和罐》（一）、《壶和罐》（二）、《土与火的艺术》（二）

任务展开过程：草图——制作——讨论修改——装饰我的花瓶

学习任务一：我的花瓶

画花瓶：画出一个漂亮的花瓶，并尽可能地画出细节。（时间分配：20 分钟）

学习任务二：变图为物

将图纸转化为三维的泥塑（教师示范＋学生动手＋讨论修改）。（时间分配：60 分钟）

学习任务三：装饰设计

根据草图的细节对花瓶进行装饰。（时间分配：20 分钟）

评价要点：

任务评价		
评价维度	评价标准	评价等级
三维空间能力	理解、制作	例：☆☆☆
维度转换能力	合理、准确	
创意设计能力	想法、创意	
注：评价最高为三星		

教学任务(三)　项目展开

任务概述:尝试做一个房子

所需课时:1 课时

任务目标:学会设计一个简单的房子。

教学资源:苏少版美术四年级上册《我造的小房子》

任务展开过程:活动:走近生活——实地考察不同风格的艺术建筑,探讨所见所知

学习任务一:建筑设计分析

(1) 前置任务:实地考察不同风格的艺术建筑分析:实地考察身边的建筑,展示介绍身边不同风格建筑(如民居,园林、美术馆、博物馆)完成一个任务单,拍摄视频和多角度图片制成资料册(简易装订即可)。(必选一个建筑,其余可以根据自己的情况补充)

建筑名称		试着画一画
名称		
风格		
用途		
国家		
年代		
作者(非必填)		
特征(如门窗墙特征)		
吸引你的建筑亮点		

(2) 交流讨论——稳定性与实用性:小组内投票选择一个房屋分析优缺点,形成建筑的介绍海报,并进行班内展览。(贴在黑板上)(时间分配:20 分钟)

学习任务二:制作建筑模型

(1) 落笔生花——观察与画图:选择其中一个海报的房子,从不同角度临摹房子。(时间分配:20 分钟)

(2) 拔地而起——小房子模型:根据临摹的房子图片,用泥塑制作小房子模型(时间分配:40 分钟)

(3) 交流讨论——模型展览:以班为单位进行参观,参观后投票、留言,请制作者回答问题。(时间分配:20 分钟)

评价要点:

泥塑模型评价及反思					
名称	用途及适用环境	图纸	稳定性	缺少的材料	可改进之处

教学任务(四)　出项:未来世界——房屋

任务概述:设置真实情境(穿越到未来),创作设计未来房屋,根据情境用泥塑制作未来房屋模型。

所需课时:2 课时

任务目标:设计并建造未来房屋模型。

教学资源:苏少版美术四年级上册《我造的小房子》

任务展开过程:了解先锋房屋的设计——进一步去创想,画出草图——制作未来世界的房屋

学习任务一:现代风格的艺术建筑分析

前置任务:搜索现代艺术建筑的资料,中外不限,选择一个感兴趣的进行赏析,填写任务单,并根据任务单制成资料册(简易装订即可)(1 项必选其余可以根据自己的情况补充)

建筑名称	例:第三国际纪念塔	试着画一画
名称		
风格		
用途		
国家		
年代		
作者(非必填)		
特征(如门窗墙特征)		
吸引你的建筑亮点(如实用、稳定、安全、设计、智能等)		

学习任务二:介绍与交流——我是讲说员

(1) 现代风格的建筑设计与构造交流(评价附后):学生根据建筑(如写字楼、住房、综合性建筑)分类分组,汇总打卡单,制成资料册,小组选择资料册中的一个建筑根据打卡表的几个角度一设计师的角度向大家进行介绍。

(2) 现代建筑和常见建筑的对比,交流讨论

(时间分配:20 分钟)

学习任务三:未来房屋模型——我是设计师(学习任务三四为 1 课时)。

从驱动性问题出发,讨论、制作未来世界泥塑模型,书写设计介绍。(时间分配:90 分钟)

学习任务四:展览交流和评价——我是小岛市设计师

展览与交流——综合考虑多方面因素并选择两到三种你喜欢的作品并填写评价项目评价表。(时间分配:10 分钟)

评价要点:

项目评价表								
建筑名称	用途	对应图纸	稳定性	实用性	艺术性	环境	智能	改进
例:小岛家	住宅	☆☆☆	☆☆☆	☆☆	☆☆	☆☆	☆☆☆	
……								
注:1. 前两栏为作者填写。2. 最后一栏为改进建议手写。3. 评价最高为三星。								

三、教学反思

一、真实性问题情境建构驱动性问题

1. 情境中真实性问题

真实性问题情境的目的是使学生形成未来解决现实世界中问题的专家素养,而非真实问题情境,常常是为了传授专家结论而人为制造出来的。[①] 因此真实性和真实是不一样的,尽管一般而言,真实的都还具有真实性,但真实性情境是为了真实,也就是说必须包含真实的特征,这并不代表它必须是真实的。

甚至从教学的角度来说,具有真实性的问题更适合课堂的环境创设。原因如下:

① 刘徽.大概念教学:素养导向的单元整体设计[M].北京:教育科学出版社,2022:182.

(1) 能控制提供给学习者任务的先后序列；

(2) 有给各项任务提供更多支持与指导的更好机会；

(3) 在完成任务时避免出现不安全和危险的情况；

(4) 加快或放缓完成任务的进度，降低完成任务的成本；

(5) 创建在现实世界中很少出现的任务；

(6) 创建那些由于物质或资源有限而不太可能实际发生的任务。①

在本案例中，构建的是未来的“我”作为设计师求职的真实情境，驱动学生主动解决如何设计新城市建筑房屋的问题。这里情境是根植于现实世界的，构建“未来”的主题。但这个主题确是真实的，因为未来总在不言中到来，求职的问题也将是每个学生将来都会以不同程度去面对的问题。

2. 项目化学习中真实问题情境的表现

真实性问题情境的核心是“真实性”，对于真实性问题的可行性也有相应的条件：

(1) 开放性。真实性问题情境尝尝根植于现实世界，而不是隔离于现实世界，因此，它必然是开放的。

(2) 复杂性。正是由于真实性问题的情境是开放的，与外部环境始终处于交流状态，也决定了它必然是复杂的。如真实性问题从产生到解决过程中的复杂性、如不同领域之间关系的专业性、如真实性问题中必然存在的学科交叉和动态变化。

(3) 多元性。现实世界问题解决常常具有多元性，目标、条件、解决的途径都需要参与者自己去界定和寻找，路径是多元的，所以也具有无限可能。

(4) 限制性。现实世界的问题情境常常具有一定的限制，包括时间和空间及资源等方面的限制。

3. 真实情景中的驱动性问题框架的构建

驱动性问题是项目化学习的核心要素，因为驱动性问题使整个项目活动保持持续性和一致性。② 尤其在学科项目化中，项目化学习是通过驱动性问题粘

① 刘徽.大概念教学：素养导向的单元整体设计[M].北京：教育科学出版社，2022：182.

② 夏雪梅.项目化学习设计：学习素养视角下的国际与本土实践[M].北京：教育科学出版社，2021：9.

合在一起的。学生在一段时间内通过研究、应对一个真实的、有吸引力的和复杂的驱动性问题、课题或挑战，从而掌握重点知识和技能。因此，问题情境的科学性和有效性要经得起推敲，这就要求在情境中设计驱动性问题时应进行解构分析，将重点放在如何汲取真实情境的要素，思考那些让情境变得真实的关键要素，使其可以在常态课堂中得以实施。在这里，我们选择用维金斯和麦克泰格给出的 GRASPS 模型来构架真实性问题。

G——目标（具体的目标或任务及可能的困难）

R——角色（担任的角色及职责）

A——对象（你的委托方、客户或服务对象）

S——场景（面对的具体情境）

P——产品（需要交付的产品）

S——标准（检测产品是否有效的指标）[①]

根据维金斯和麦克泰格给出的 GRASPS 模型框架，设计在未来世界房屋的项目化案例的真实情境。具体如下：

目标：制作未来房屋模型；

角色：建筑设计师；

对象：中国建筑设计研究院；

场景：求职考试；

产品：模型；

标准：科学合理、稳固安全、人性化美观、未来智能。

这里的 GRASPS 模型中的六大元素就是在现实世界中一个真实情境包含的基本元素，因此借助这六个元素也可以还原真实世界的情境。基于此，驱动性问题具有了真实性的情境，形成具有真实性的驱动性问题，即使在一个虚构的情境中学生也能够体验到真实。值得注意的是，在这样真实项目中，学生在解决真实问题的过程中所形成的思路是可迁移的，因为解决问题的方式是与真实情境相类似的，项目化学习也正是在强调这种思维的真实性。

在这样真实的情境问题的驱动下，学生为了解决问题而进行深入持续地探索，在调动所有知识、能力、品质等创造性地解决过程中发生的问题，并最终形成公开成果，形成对核心知识和学习历程的深刻理解。

① 刘徽.大概念教学：素养导向的单元整体设计[M].北京：教育科学出版社，2022：200.

二、分课时任务落实核心素养

1. 核心素养视角下的项目化

素养是面向未来的育人目标的国家凝练。《义务教育课程方案和课程标准(2022年版)》的颁布让核心素养的教育变革从研究领域的“理想课程”转化为具有政策意义的“正式课程”。从教与学的方式来看,项目化学习是支持学生通过解决真实问题培育素养的一种教与学的新样态,是促进国家课程教与学方式变革的一种重要载体。项目化学习不是活动,而是指向素养的严谨学习系统设计,它以真实问题激发学生主动学习,以本质问题和大概念促进学生在项目间的迁移,以高阶学习带动低阶学习,实现项目逻辑和知识逻辑的平衡。

项目化学习不是为了项目而学习,不是为了要产生一个显性的结果而展开的学习,而是来自对问题的共同探索,在探索的过程中形成创造性、批判性的思维培育并形成核心素养。这种核心素养根本上来自实践,在本案例中,基于美术学科而展开的美术课程的项目化学习的核心素养要像在“像艺术家一样创作”的美术实践过程中得到落实。

2. 利用单元化、逆向思维设计分课时

分课时的设计是一个庞大的任务,为了使项目更好地落实核心素养,课程涉及横向的知识技能以及纵向的教学逻辑顺序。因此我们使用了单元教学思维和逆向思维两种方式进行课程的设计。

横向来看,如果把未来世界——房屋这一项目化学习案例预设为一个大的单元,那么分课时设计就是这个大单元中的若干个小单元。进行单元课程设计时,要从粗到细进行单元化细分。先确定小单元中的基本问题,结合各阶段的学习目标与学习活动内容,分别提出若干小问题,由相关联的连续问题为线索,串联起单一课时和单元课程,形成一幅纵横交错的地图,引导学生获得思考和探索。这些小问题也是学习任务,能使学生获得以思维建构对知识结构的掌握和运用的学习体验,从而达到以问题为线索激发学生高阶思维、促进学生持续探索并深入理解学科大概念,以及推动深度教学的实施。

本阶段的活动以WHERETO元素中相应的首字母进行编码:

W——了解单元学习的方向(where)和预期结果(what)

H——把握(hook)学生情况和保持学生情趣

E1——代表知识的体验(experience)和观点的探索(explore)

R——反思(rethink)和修改(rexise)

E2——允许学生对自己的作业进行自评、互评(evaluate)

T——根据学生个体的需求、兴趣和能力来涉及作业和活动(tailor)

O——(organize)教学,使其最大限度地提升学生的学习动机与持续参与的热情,提升学习效率①

在头脑中有了清晰的预期结果后,要全面地开展分课时的设计,因此必须要从纵向上设计课程的先后顺序,这里我们逆向思考如下几个问题:如果学生要有效开展学习并获得预期成果,他们需要哪些知识和技能?哪些活动可以使学生获得所需要的知识和技能?根据表现性目标,我们需要哪些内容,知道学生做什么,以及如何用最恰当的方式展开教学?要完成这些目标,哪些材料和资源是最合适的?哪些可以被看作实际证据来证明学生已经真正掌握了学习内容?怎样设计学习才能使学习者通过应用和反馈来发力?② 只有在我们明确预期结果后,才能用逆向思维合理的导出课程的教学思路、教学方法、教学顺序,以及资源的合理配置。

三、指向核心素养的项目化学习评价

1. 从核心素养到项目化学习目标

学生是否在项目化学习中发展了核心素养?评价在这个问题上起到至关重要的作用。因此,为了更好地评估和促进学生真实的成长情况,项目化学习的评价需要指向核心素养。不仅如此,评价还可以提升项目化学习设计与实施的质量,因为最终评价的设计会影响到目标的设计,换言之,目标设计和评价设计是相互修正的。

没有评价就没有课程,评价是课程设计的关键,而如何让学生在项目化学习的成果中实现价值最大化,一直是美术作业中教师比较关注的问题。一直以来,美术学科的项目化学习中大观念、基本问题对标美术学科的核心素养,要考量素养目标是否在学习过程中得到落实。在未来城市——房屋中,以分课时的课程设计框架,以学生在项目进行中的不同阶段成果分别进行评价,在最后对成果进行综合评价,最终成果的评价以彰显项目的实施是否达到了核

① 季洪旭.单元教学探索:基于理解的你想教学设计案例[M].上海:华东师范大学出版社,2019:109.

② 季洪旭.单元教学探索:基于理解的你想教学设计案例[M].上海:华东师范大学出版社,2019:108.

心素养的目标。

2. 教—学—评一致性

学习评价是根据总的教学目标设计、运用相应的评价工具，通过系统地收集、分析、整理信息面对项目的过程及结果所做的价值判断和反馈。项目化学习评价的设计旨在对学生整体项目实施过程与结果进行全面客观的评估。以项目中真实问题的学习和解决过程为导向，结合学习活动的内容、类型和性质，进行整体规划，做到教学目标、学习、活动评价三者相一致。

追求理解的逆向教学设计倡导以核心素养为核心组织教学活动，强调项目化学习的项目与评价的一致性，以此促进课程标准和核心素养在教学中的落实。即方向由目标所规定，目标源于美术课程标准与核心素养的整合、评价设计先于课程设计、指向学生项目成果的质量。因此评价的设计只管重要，评价任务的设计依学习目标达成所需要的证据来定，学生项目进行的状况也需要借助教学过程的评价来获知，形成“教学—评价—教学”的螺旋式上升环，为项目化学习的目标达成提供根本保障。

3. 在评价中彰显核心素养

项目化学习中的评价是丰富多元的，但为了更好地评估和促进学生真实的成长，项目化学习的评价需要指向核心素养，以此提升项目设计与实施的质量。因此，先固化学习的评价要指向学习目标，具有目标—实践—成果—评价的一致性，既要有过程性评价，考核学生的认知和实践能力，也要有指向目标的结果性评价。这里要提的是，在项目进行的过程中，学生经历的实践、活动有很多，但并不是都要逐一评价，关键是要体现核心素养。

核心素养的四个关键特征：

第一，将知识、能力、思想方法、价值观等整合阐述，体现素养的统整性。

第二，能够在知识世界和真实世界之间进行灵活的远迁移。

第三，具有进阶性，可以在不同的年段用进阶性的学业质量标准阐述学生能理解、做到什么程度的能力。

第四，具有实践性，指向学生能够运用学科知识、能力、思想方法去“做”的事情。

在本案例未来世界——房屋中，评价的有效性主要体现在第一、二课时和第四课时。他们分别代表了刚接触到材料时对材料的把控能力，基本方法的掌握能力、对三维知识的感受和理解以及最后成项目的总结性评价。

可以看出，学科项目化学习的评价处处彰显核心素养。因为项目化学习的评价与项目进行的过程是环环相扣的，是不可割裂的。项目化学习中的驱动性问题创设了评价的主情境，随着驱动性问题的展开，学生在经历真实问题、分析问题、解决问题，形成项目成果的过程中，评价也依次展开。所以评价线也是项目完成过程的反馈线。一方面，它可以对大概念、知识、能力和学习实践等进行综合或独立的评价；另一方面，它也具有逆向设计的逻辑，在进入项目化学习活动的时候，评价便已经开启了。

（设计者：王颖）

美术项目化学习案例（二） 纹样漫步者

一、基本信息

适用年级：小学三年级

对标单元：苏少版小学美术第五、六册

建议课时：5 课时

课程概述：本课程通过对苏少版小学美术第五册、第六册的纹样单元进行重构，以项目化活动为载体，贴合本地（吴地）文化内涵，引领学生体验并完成纹样的理解和创作的过程。通过一次次的纹样研访活动，激发孩子们对纹样的好奇探知欲，引导学生提炼纹样的外部轮廓，形成纹样资料库，联系教材单元的纹样课程，同时开展纹样的创作活动。最终培养学生独立创作纹样的能力，并设计出具有特色的纹样系列作品。

二、课程设计

课程设计背景：在“小小艺术家——纹样漫步者”（泰伯庙写生活动）中，有学生在写生时发现在窗边和瓦当旁，出现了许多有规律的图案，有的同学说：“咦，这个图案像天上的云朵。”“这个好像刚才见过，像迷宫。”他们看到的这些图案都似曾相识，见过却道不出它们的名字，大家充满了好奇。我决定与同学们一起再去看看，于是我们举行了第二次写生活动：“小小艺术家——吴文化之旅”（梅村二胡文化园写生活动），在第二次写生活动中，大家还在二胡上找到了这些纹样。两次写生之旅后，孩子们将收集的纹样进行整理，发现这些纹样都有着自己的“姓名”。于是，关于“纹样”的饕餮盛宴就此展开，这个项目也应运而生。

课程目标：

1. 学生将知道：① 纹样有哪些；② 创作纹样的方法

2. 学生将理解：纹样出现的意义

3. 学生将能做：自主创作纹样的能力，并讲述创作的过程。

项目驱动性问题：

纹样有哪些？我们身边有没有纹样？它出现在哪里？我们从“小小艺术家——纹样漫步者”活动中发现了很多出现在窗户、门框、房梁、瓦片上，他们的外形还记得吗？我们用画笔记录下来，这些纹样有的像古代的汉字；有的则像盛开的花朵；还有的像极了飘在空中的祥云……带着疑问，我们把纹样带进多媒体教室去看看，你会发现这些纹样还可以通过加一加、减一减、旋转、叠加等方式变得更加神秘有趣。讲一讲纹样创作的过程，你是否也和古代纹样艺人一样，创作出兼备美术艺术性和数学严谨性的美丽纹样了呢？

教学过程设计：

教学任务(一)　入项

任务概述：

让学生认识什么是适合纹样，了解适合纹样的种类及构成特点。

所需课时：2 课时

任务目标：认识纹样的外形和种类，能够绘制简单的纹样。

教学资源：多媒体设备、课件、参考《中国经典纹样图鉴》，泰伯庙背景资料

任务展开过程：进入驱动性情境——回顾纹样单元——搭建纹样知识体系

学习任务一：写生研学活动中寻找纹样

“小小艺术家——纹样漫步者”写生活动，带领学生用眼睛主动发现纹样，激发学生对古代纹样的兴趣(时间分配：20 分钟)

学习任务二：绘制收集，整理查询吴地纹样

就地绘制发现的纹样，并将绘制好的纹样带回美术教室，小组合作整理收集回来的纹样，并在老师的带领下，将此次行程中的纹样以不同的种类进行分类，命名。(时间分配：25 分钟)

学习任务三：学生掌握绘制纹样的方法

(1) 学生经过小组讨论整理，分享各小组收集绘制的纹样，找到纹样在外

形轮廓、骨架及重复方式的特点，归纳绘制纹样的重难点。由各小组汇报讨论结果，教师利用实物投影做纹样绘制的示范，教授纹样的不同骨架（离心式、旋转式、向心式、综合式等），对称式：先画出基本骨架线，再进行图案的设计。均衡式：将图案根据装饰形状的不同进行相应的变形。学生完成纹样的初步绘制，潜移默化中掌握纹样绘制专业步骤。（时间分配：25 分钟）

（2）引导学生发现纹样设计的第二个方法：夸张，通过分析、理解，学习第三个方法：想象。及时让学生小组互相交流，在项目进行中互相分享，分享中自主思考纹样变化的方式。（时间分配：10 分钟）

评价要点：能够在共同探讨中形成纹样创作的方式和纹样绘制的重难点

教学任务（二） 项目展开

任务概述：学会用多种方法记录、绘制纹样。

所需课时：1 课时

任务目标：通过写生让学生能够结合纹样的特点独立设计纹样形成具有个人特色的纹样符号。

教学资源：多媒体设备、课件、二胡文化园、《山海经》

任务展开过程：实地走访二胡文化园二次观察——分析辨别出不同的纹样特性——独立设计纹样符号

学习任务一：用新媒体方式记录看到的纹样

（1）教师在此阶段教授学生以视频图片的形式记录看到的纹样，并以不同小组分类，寻找文字纹样组、寻找植物纹样组、寻找动物纹样组、寻找几何符号纹样组，学生根据分组在梅村二胡文化园中完成各小组的任务。教师通过云平台整理出不同种类纹样，罗列出纹样宝库。（时间分配：25 分钟）

（2）学生在教师整理的纹样宝库中寻找并学习纹样。将电子纹样与之前画纸上纹样做对比。搜集罗列出两种方式，让不同年龄段的同学进行投票：选一选你喜爱的记录纹样的方式，整理调研结果。（时间分配：15 分钟）

评价要点：明晰记录纹样的不同方式的优缺点

学习任务二：设计电子纹样

（1）引导学生将纹样电子稿根据不同分类进行创作，利用电脑软件进行纹样的重复、旋转、裁剪、构图。（时间分配：10 分钟）

（2）学生独立完成纹样设计草图，熟悉电脑软件（Photoshop、Illustrator）的使用方法。（时间分配：10 分钟）

评价要点:熟悉设计流程,能够独立完成电子纹样设计

教学任务(三)　项目展开

任务概述:在学习过程中,让学生感受适当纹样的美,发现适合纹样在生活中的运用。培养对美的感知能力,感受生活中的艺术美。

所需课时:1 课时

任务目标:收集整理自己的纹样符号,并用多媒体设备进行扫描配置不同的背景。

教学资源:多媒体设备、课件、ps 软件、绘图软件,iPad 学习平板

纹样评价表		
结构完整	纸质纹样	电子纹样
外形平滑	(　　)星	(　　)星
色彩丰富	(　　)星	(　　)星
线条流畅	(　　)星	(　　)星
构图均衡	(　　)星	(　　)星
注:评价结果为五星制		

任务展开过程:整理归纳项目中自己的纹样——利用多媒体设备进行扫描变成电子图片——电子纹样设计创作(进行配色和上色)——设计纹样文创产品

学习任务一:归纳纹样种类,纸质电子纹样同时比较

学生小组进行不同年级的纹样记录方式调研,并讨论纹样的喜爱度调查有何特点,整理结果做汇报。(时间分配:15 分钟)

学习任务二:电子纹样设计创作(利用电脑软件进行配色和上色)

(1) 学习纹样创作的色彩搭配原则,合理利用冷色与暖色,对比色,互补色等色彩知识,不同种类的纹样搭配不同的色彩,给予纹样更加丰富的色彩魅力。(时间分配:10 分钟)

(2) 将上阶段的电子纹样创作图添加色彩后,进行不同形状产品的贴图,让纹样更加真实,适配不同场景。(时间分配:10 分钟)

(3) 教师引导学生通过电脑软件完成纹样的最终设计,使纹样落地,变成身边的产品出现在学生眼前,使学生明白设计闭环,同时针对不同产品,进行

纹样的角度旋转，大小位移，方向尺寸的精进，教师轮流提出阶段性修改意见。(时间分配:20 分钟)

评价要点:熟悉设计中色彩的搭配，学会电脑软件中的贴图功能

教学任务(四) 成果展示

任务概述:通过数字化手段自主创作纹样，并通过语言表达纹样设计理念。结合原创纹样，创作文创作品。感受纹样文化底蕴，做纹样传承人。

所需课时:1 课时

任务目标:学生通过数字化的手段，进行原创纹样的文创的作品创作，并进行舞台展示。

教学资源:多媒体设备、课件、文创产品样机、制作文创作品渲染软件

任务展开过程:将纹样作品与产品设计的概念相结合——进行融合设计——作品展示感受纹样文化魅力

学习任务一:纹样作品视频展示

(1) 学生将做好的纹样产品，分步骤做成视频分享，小组合作评价分别展示各自创作过程。(时间分配:5 分钟)

(2) 教师将项目中的瞬间以视频的方式展示给学生，让学生逆向了解纹样的创作过程，了解纹样的珍贵和创作的不易。(时间分配:5 分钟)

学习任务二:纹样成果展示——我来讲讲纹样的今世前生

(1) 罗列学生创作的纹样产品电子图和最终的 3d 模型，做设计展邀请全校师生观看。每位设计者在自己的作品旁做讲解，讲述纹样设计的流程，邀请扫描观看设计花絮。(时间分配:5 分钟)

(2) 联合小梅花电视台录制“我来讲讲纹样的前世今生”，动情讲述纹样的来龙去脉，让学生在纹样的情境中创作纹样，讲述中也是对纹样艺术的传承，传承纹样艺术，提高学生传统文化素养。(时间分配:15 分钟)

评价要点:大胆表达创作过程，再次明晰纹样创作闭环

三、教学反思

探究小学美术项目式学习:以《纹样漫步者》为例

小学美术教育是培养学生创造力和艺术素养的重要途径。传统的教学方法往往限制了学生的创作空间和想象力的发展。而项目式学习作为一种新的教学模式，通过以项目为单位的学习活动，能够激发学生的兴趣和参与热情，培养他们的综合能力。因此，本文依托小学美术项目式学习的法则与

原则，结合具体的纹样漫步者美术项目式学习方式，引导教学实践中的有效操作。

一、选取适合学生的项目主题

选取与学生生活经验和兴趣相关的项目主题，能够激发学生的学习兴趣和积极性。教师可以结合学生的实际情况，选择具有启发性和探究性的主题，如自然景观、动物形象等，以便学生更好地参与和表达自己的想法。选取适合学生的项目主题是小学美术项目式学习的关键一步。下面提供几个方法和建议，帮助教师选取适合学生的项目主题：

（一）考虑学生的兴趣和经验：了解学生的兴趣爱好和生活经验，选择与之相关的主题。例如，在无锡地区，可以选择以吴文化为背景的主题，如吴绣、吴墨等，以增强学生对本土文化的了解。

（二）考虑学生的年龄和认知水平：根据学生的年龄和认知水平，选择适合他们能够理解和参与的项目主题。对于小学生，可以选择简单明了、容易理解的主题，如纹样的绘制与应用。

（三）结合跨学科教学：考虑与其他学科的融合，选择与其他学科内容相关的项目主题。例如，在学习历史课程时，可以选择与吴文化相关的纹样作为主题，让学生同时学习历史和美术知识。

（四）体现本土文化和多样性：考虑学生所在地区的文化特点和多样性，选择能够体现本土文化的主题。在无锡地区，可以选择以无锡地方传统手工艺品的纹样为主题，让学生更加了解和尊重自己的文化。

（五）考虑社会热点和现实问题：选择与社会热点和现实问题相关的主题，让学生关注社会问题，培养他们的社会责任感和关爱他人的意识。例如，可以选择以环保为主题的纹样设计，引导学生思考环境保护的重要性。

（六）考虑学生的个体差异：尊重学生的个体差异，根据每个学生的兴趣、特长和个人需求，灵活选择不同的项目主题，让每个学生都能找到自己感兴趣的项目。可以提供多个主题供学生选择，或者根据学生的特长安排不同的项目。

（七）教师的专业知识和兴趣：考虑教师自身的专业知识和兴趣，选择教师在相关领域有一定经验和能力的项目主题。这样可以更好地引导学生，并提供专业的指导和支持。在选择无锡地区的项目主题时，教师如果对无锡的传统纹样有研究和兴趣，可以将其作为项目主题。

二、设定明确的学习目标

明确项目的学习目标，使学生知道他们要学习什么，以及期望达到的成果。学习目标可以包括技术技能的提升、创造力的培养、审美意识的加强等方面。教师应该将学习目标明确地告知学生，并通过讨论和示范进行解释，确保学生对学习目标有清晰的理解。设定明确的学习目标是小学美术项目式学习中的关键一步。通过设定明确的学习目标，可以帮助学生更好地理解和把握项目的重点内容，提高学习效果。下面是一些设定明确学习目标的方法和建议：

（一）确定学习目标的层次：根据学生的年龄和认知水平，设定适合他们的学习目标。对于小学生来说，可以分为知识层面、技能层面和情感层面的目标。例如，对于吴文化和纹样主题的学习，知识目标可以是了解吴文化的基本特点和纹样的起源与应用；技能目标可以是掌握绘制吴文化纹样的基本技巧；情感目标可以是培养学生对吴文化的兴趣和骄傲感。

（二）设定具体的学习目标：将抽象的学习目标转化为具体可操作的目标，让学生清楚知道自己需要达到的要求。例如，对于纹样绘制的学习目标，可以设定学生需要掌握吴文化纹样的基本构图和图案元素，并能够运用不同的线条和色彩表现纹样的特点。

（三）分解学习目标的步骤：将学习目标分解为具体的步骤，帮助学生有条理地进行学习。例如，在学习吴文化纹样的绘制过程中，可以设定以下步骤：了解吴文化纹样的特点和意义；观察和分析吴文化纹样的构图和图案元素；练习绘制吴文化纹样的基本形状和线条；创作自己的吴文化纹样作品。

（四）针对学生个体差异设定个性化目标：根据学生的兴趣、特长和个体差异，设定个性化的学习目标。对于对纹样感兴趣的学生，可以鼓励他们更深入地研究吴文化纹样的历史和文化内涵，并尝试创作有个性的纹样作品。

（五）关联学习目标与评价标准：将学习目标与评价标准相结合，让学生明确自己的学习成果和评价标准。例如，设定学生绘制吴文化纹样作品的评价标准，包括构图、线条运用、色彩搭配等方面，让学生了解自己需要达到的标准。

通过以上方法和建议，教师可以设定明确的学习目标，结合吴文化和纹样的主题，帮助学生更好地理解和掌握学习的重点内容，提高学习效果。同时，教师也要根据学生的学习进度和个体差异，灵活调整和完善学习目标，以适应学生的需求和发展。

三、按照项目学习的步骤进行教学

将整个项目划分为不同的步骤，并逐步引导学生完成每个步骤。教师可以通过示范、讲解、讨论等方式，引导学生掌握所需的技能和知识。每个步骤的完成都应该有明确的目标和任务，以保证学生的学习有序进行。按照项目学习的步骤进行教学是小学美术项目式学习的重要环节。

（一）确定项目的整体框架：在开始教学之前，教师需要确定整个项目的框架，包括项目主题、学习目标、学习资源和评价方式等。这有助于教师明确教学的方向和目标，为学生提供清晰的学习导向。

（二）引入项目主题和激发学生的兴趣：教师可以通过故事、图片、视频等方式引入项目主题，激发学生的兴趣和好奇心。例如，在介绍吴文化纹样的项目中，可以分享关于吴文化的历史故事或展示精美的吴文化纹样作品。

（三）分解项目为具体的任务和学习步骤：将整个项目分解为具体的任务和学习步骤，帮助学生有条理地进行学习。例如，在学习绘制吴文化纹样的项目中，可以设定以下任务和学习步骤：了解吴文化纹样的特点和意义；观察和分析吴文化纹样的构图和图案元素；练习绘制吴文化纹样的基本形状和线条；创作自己的吴文化纹样作品。

（四）提供学习资源和指导：为学生提供充足的学习资源和指导，帮助他们完成项目任务。教师可以准备相关的书籍、图片、视频等学习资料，提供绘画工具和纸张等必要的材料，并指导学生如何使用和应用这些资源。

（五）学生自主探究和创作：在项目学习中，注重学生的自主探究和创作。教师可以引导学生进行观察、实践和尝试，鼓励他们独立思考和表达自己的创意。例如，在绘制吴文化纹样的项目中，教师可以提供一些示范和技巧，然后让学生自由发挥，创作出自己独特的纹样作品。

（六）提供反馈和评价：在项目学习的过程中，及时提供学生的反馈和评价，帮助他们了解自己的学习进展和不足之处。教师可以通过个别指导、小组讨论、同学评价等方式进行评价，鼓励学生相互学习和分享。

四、提供充足的资源和素材

为学生提供充足的参考资料、绘画工具和材料，以及其他相关的资源，有助于支持学生的学习和创作。教师可以提供图书、图片、视频等多种形式的素材，让学生有更多的参考和启发。

(一) 图书资源

1.《中国吴文化》介绍了吴文化的历史、特点和艺术表现形式,可以作为学生了解吴文化的基础参考书。

2.《无锡美术史》这本书详细介绍了无锡地区的美术发展历程和当地美术家的作品,为学生提供了无锡当地的美术案例和素材。

(二) 影像资源

1.《吴文化的魅力》是一部介绍吴文化的纪录片,通过图像和讲解,展示了吴文化的独特之处和艺术魅力,可以作为学生观察和了解吴文化的资源。

2.《无锡当地美术家访谈》是一系列关于无锡当地美术家的访谈视频,通过了解当地美术家的创作理念和作品,学生可以得到启发和借鉴。

(三) 美术案例

1. 无锡太湖石的雕刻艺术,无锡太湖石是当地的特色艺术品之一,学生可以研究和观察太湖石的不同雕刻风格和表现形式,以及其中所体现的吴文化元素。

2. 吴绣的艺术魅力,吴绣是无锡地区的传统手工艺品,以其精湛的绣技和独特的图案而闻名。学生可以研究吴绣的历史和技法,了解吴绣的艺术魅力,并尝试运用吴绣的图案元素进行美术创作。

五、注重评价和反馈

及时评价学生的学习和创作成果,提供具体的反馈和指导,帮助学生进一步提高。评价可以包括书面评价、口头评价、同伴评价等多种形式,以全面了解学生的学习情况,并针对性地提供指导和建议。在小学学生的项目式学习中,评价与反馈是帮助他们成长和提高的重要环节。根据小学生的年龄特点,以下是一些扩充的评价与反馈方法和建议:

(一) 口头评价:小学学生在项目学习中,通常需要及时的反馈和指导。教师可以通过口头评价的方式,给予学生积极的肯定和具体的指导建议。例如,夸奖学生在绘制吴文化纹样时运用了丰富的色彩,同时提醒他们注意线条的表现力和构图的平衡。

(二) 笔记评价:小学学生可以通过记录自己的学习过程和体会来进行评价。教师可以鼓励学生在学习日记或学习笔记中写下自己的思考和收获,从而促进他们对学习过程的反思和总结。

(三) 同伴评价:学生之间可以进行互相评价,通过观察和交流来提供反馈。教师可以组织学生进行小组展示和评论，鼓励他们互相欣赏和学习。这种同伴评价有助于培养学生的合作意识和互助精神。

（四）学生自评：鼓励学生对自己的学习成果进行自我评价。教师可以提供评价表或问题，引导学生思考自己的学习过程、困难和解决办法。学生可以通过自评来认识自己的优点和不足，并制定下一步的学习计划。

（五）艺术展示和评选：在项目学习结束后，可以组织艺术展示活动，让学生展示自己的作品。通过观众的评选和投票，学生可以收到来自社区的认可和鼓励，从而激发他们对美术学习的兴趣和动力。

（六）家长评价：定期与家长沟通，了解学生在项目学习中的表现和进步。家长的反馈可以帮助教师更全面地了解学生的情况，并与家长共同制定适合学生的学习计划和目标。

六、营造积极的美术学习氛围

在项目学习中，要创造积极的学习氛围，鼓励学生表达和展示自己的想法和创意，增强学生的自信心和艺术表达能力。教师可以举办学生作品展览、分享会等活动，让学生有机会展示自己的成果，并给予积极的鼓励和肯定。营造积极的学习氛围是小学美术项目式学习、沉浸式教学和情景教学的关键。以下是三种具体的方式：

（一）创设艺术环境：在教室中布置美术作品和艺术品，展示吴文化和当地美术的相关作品，提供艺术工具和材料供学生使用。例如，在教室里设置小美术角，放置艺术书籍和学习资料，激发学生的创造力和好奇心。

（二）模拟情境与角色扮演：通过模拟真实情境和角色扮演，让学生沉浸于学习中。例如，在学习吴文化纹样时，让学生穿着传统服饰，通过投影仪播放相关视频，让学生在音乐和氛围中体验吴文化的艺术创作过程。

（三）合作与分享：鼓励学生进行合作和分享，增强团队意识和协作能力。组织小组讨论、合作创作等活动，让学生分享自己的想法和作品，相互学习和借鉴。

通过创设艺术环境、模拟情境与角色扮演，以及鼓励合作与分享，教师可以营造积极的学习氛围，激发学生的学习兴趣和参与度，促进他们在小学美术项目学习中的全面发展。

七、结论

项目式学习在小学美术中的应用至关重要。通过项目式学习，学生可以全面发展他们的艺术技能和创造力，同时深入了解吴文化和当地美术。通过选取适合学生的项目主题，设定明确的学习目标，按照步骤进行教学，提供充足的资源和素材，鼓励学生合作与交流，引导学生自主探究，注重评价和反馈，关注学生的个体差异，培养学生的批判思维，营造积极的学习氛围，教师可以有效地促进学生的学习成果和创造力的发展。在营造积极的学习氛围方面，创设艺术环境、模拟情境与角色扮演以及鼓励合作与分享是非常有效的方法。这些方法可以激发学生的学习兴趣和参与度，促使他们更加投入和热情地参与小学美术项目学习。通过项目式学习，小学生能够在实践中获得艺术技能的提升，培养合作与创造力，加深对吴文化和当地美术的理解。因此，项目式学习在小学美术教育中具有重要的应用价值。

（设计者：贾尧）

六、小学德法与心理健康类项目化学习

（一）德法项目化学习案例：小小家庭理财师

一、基本信息

设计者：王源源

适用年级：小学四年级

对标单元：部编版小学《道德与法治》四年级（下）第二单元

建议课时：3 课时

课程概述：本课程通过对部编版小学《道德与法治》四年级下册《合理消费》进行重构，以项目化为载体，联系学生生活，通过创设评选金牌理财师这一驱动性任务，激发学生理解什么是合理消费，知晓勤俭节约的新内涵，学会如何做到合理消费，最终帮助学生培养良好的购物习惯，学做一个聪明的消费者。

二、课程设计

课程设计背景：生活中，几乎人人都是消费者，哪怕是小学生，也会有消费行为。且在当今社会，财商的培养非常重要。那么，如何做到理性消费？怎样树立正确的金钱观和消费观呢？学生对此往往比较模糊。项目化学习聚焦超越知识点的核心概念，帮助学生探究真实情境下问题，结合部编版小学道德与

法治四年级下册第2单元《做聪明的消费者》单元，以此设计了《小小家庭理财师》这一项目课程。

课程目标：

1. 学生将知道：

① 了解家庭经济来源和生活必需的开支，初步了解商品价格。

② 知道家庭各项支出在总支出中应有的合理占比。

2. 学生将理解：

① 能通过分析家庭成员基本情况及收支平衡关系，初步评估家庭的财务状况。

② 能通过分析消费类别和消费行为，理解合理消费与不合理消费间的区别。

③ 理解勤俭节约的时代内涵。

3. 学生将能做：

① 通过转移注意力、冷处理等多种方法抑制不合理的消费冲动。

② 制定合理的消费计划。

项目驱动性问题：

过度消费有很多害处，例如家庭陷入债务危机、浪费资源、破坏环境等。但现实中很多人都做不到合理消费。为了引导家庭合理消费、科学理财，班级拟举办一场“金牌理财师”大赛，号召学生化身小小家庭理财师，收集自己家庭近一个月的消费账单，尝试为自己的家庭制定理财规划。

教学过程设计：

教学任务(一)　入项——学做家庭理财规划师

任务概述：学生在驱动性问题情境中参与学习任务，通过为小茜家制定理财规划学习之后为自己家庭制定理财规划的方法和技能。

所需课时：1课时

任务目标：

1. 了解家庭经济来源和生活必需的开支，初步了解商品价格。

2. 理解合理消费，明确勤俭节约有时代新内涵。

3. 掌握抑制不合理的消费冲动的一些方法。

教学资源：多媒体设备、课件、计算器等

任务展开过程：情境导入，走进课题——认识课题，明确意义——进入项

目,制定规划

学习任务一:情境导入,走进课题

播放过度消费弊端大的视频,直观感受不合理消费的坏处,从而引出课题。(时间分配:2 分钟)

学习任务二:认识课题,明确意义

再次讨论不合理消费的坏处,明确合理消费的重要意义,引导学生进入驱动型情境,从而自发参与金牌理财师评比。(时间分配:3 分钟)

学习任务三:进入项目,制定规划

(1) 整体财务评估:学生通过了解小茜家庭成员基本情况、小茜家庭收支间的平衡关系,学会从整体上评估小茜家的财务状况:小茜家财务风险的高低、抗风险能力的高低。在此基础上,对小茜家消费行为是否合理有了初步的感知。(时间分配:10 分钟)

评价要点:能够完成家庭成员基本情况表;结合对小茜家的了解,能运用经济学名词——月结余比率正确评估出小茜家的财务状况。

小茜家庭成员情况表

家庭成员	年龄	职业	收入	健康状况 (优良/一般/较差)

小茜家庭月收支情况表

单位:元

月总收入	
月总支出	
月结余	

月结余比率 = 月结余 ÷ 月总收入 =(　　)÷(　　)* 100% =(　　)%(注:经验表明月结余比率应在 30%以上,家庭才有存钱能力,才能抵抗风险。)

（2）消费类别分析

学会对账单上的支出分类，在分类的基础上画出柱状统计图，进行消费类别的分析。（时间分配：10 分钟）

评价要点：1. 能对支出进行正确分类。2. 会画消费类别柱状统计图。

（3）消费行为分析

结合小茜家的基本情况，学会辨别小茜家庭账单上消费行为是否合理，认识到像生活必需品、学习必需品、有利于健康的消费是合理的，而不利于健康、增加家庭经济负担、盲目攀比、满足虚荣心的消费行为是不合理的。明确辨别消费行为是否合理，既要考虑家庭基本情况，还要考虑购买的物品是否真的需要，总而言之，要学会合理分配有限的资金。

同时，还可以通过为小茜提高金点子的设计，找到抑制不合理消费冲动的方法。不过为了防止矫枉过正，可以设计演一演的环节让学生用家庭理财师的口吻告诉小茜：勤俭节约是有时代新内涵的，合理消费是既要量入为出，又要将生活安排得井井有条。（时间分配：10 分钟）

评价要点：1. 会辨别消费行为合理与否，并且有充足的理由佐证。2. 会通过辩一辩的方式辨别出像电话手表、旅行等非生活必需品的开支是否合理。3. 能够找到抑制不合理消费的金点子。4. 通过演一演明确勤俭节约新内涵。

任务四：制定理财规划

总结以上分析，对小茜家提出总的规划建议，并结合自己情况谈收获，再次内化要学会合理消费的教学目标。引出本节课的作业——收集自己家庭近一个月的消费账单，为下节课做准备。（时间分配：5 分钟）

评价要点：制定的理财规划清晰、具体，成功为小茜家制定《家庭理财规划书》。

教学任务(二)　项目展开——制定家庭理财规划

任务概述：联系现实生活，为自己的家庭制定个性化的理财规划，并在组内初选，选出本组最优家庭理财师。

所需课时：1 课时

任务目标：

1. 了解自己家庭的收支情况，评估自己家庭的整体财务状况。

2. 在消费类别分析和消费行为分析的基础上为自己的家庭制定理财规划，形成家庭理财规划书。

3. 组内初选，评出本组最优家庭理财师。

教学资源：家庭理财规划书模板，各家庭近一月的消费账单，计算器等

任务展开过程：分析账单，制定规划——组内讨论，推选最优

任务一：分析账单，制定规划

按照上节课学习的方法，尝试评估自己家庭的整体财务状况、在分析消费类别和消费行为的基础上提出规划建议，完成为自己家庭量身定制的《＊＊家庭理财规划书》。（时间限制：20 分钟）

评价标准：完成《＊＊家庭理财规划书》。规划书模板见附件。

任务二：组内讨论，推选最优

1. 讨论择优标准。

2. 组内展评，组员根据择优标准，推选出本组最优家庭理财师。

评价标准：（10 分钟）

我做到了吗？	☆☆☆☆☆	☆☆☆☆	☆☆☆
准确评估家庭财务			
正确分析消费类别			
正确分析消费行为			
恰当制定理财规划			
总评	（优秀　良好　一般）		

任务三：学习技巧，做好准备

1. 讨论金牌理财师应该是怎样的呢？

2. 从着装、表达、呈现方式上系统总结金牌理财师行业术语、着装要求、行业规范以及演讲技巧，为下节课评选“金牌理财师”做好准备。

评价标准：通过充分讨论，每组为择优选出的优秀理财师出谋划策，制定一份参评准备单，课下按照准备单做好参评准备。（10 分钟）

教学任务（三）　成果展示——评选金牌理财师

任务概述：再次回顾金牌理财师评选技巧。各小组派出最优家庭理财师参赛，全体同学按照评价标准评选出金牌理财师。

所需课时：1 课时

任务目标：按照标准评选出金牌理财师

教学资源:《＊＊家庭理财规划书》、PPT、音频、视频等多媒体设备

任务展开过程:回顾金牌理财师评选技巧——了解金牌理财师评选标准——评选金牌理财师

任务一:金牌理财师是什么样的?

回顾上节课总结的金牌理财师评选技巧,提醒各小组做好参评准备。(10分钟)

任务二:你是金牌理财师吗?

讨论金牌理财师评选标准,总结并出示评价单。(5分钟)

任务三:舞台交给你!

(1)理财规划大秀场:各小组派代表多种形式展示规划书,其他组的组员们参照评价单给予评价,最终评选出全场最佳,授予金牌理财师奖章。(20分钟)

(2)总结:不合理消费,通通闪开!

总结本次项目,谈收获体会。(5分钟)

评价标准:填写评价单,完成评选。评价单如下图。

评选标准	☆☆☆☆☆	☆☆☆☆	☆☆☆
规划专业,建议有效。			
形式多样,内容丰富。			
表达流畅、逻辑清晰。			

三、教学反思

基于项目化的小学道德与法治中道德修养学习新思路

学生核心素养是个体在面对复杂、不确定的生活情境时表现出的关键能力、必备品格和价值观念,它需要学生在各种复杂的生活情境中培育。在小学道德与法治教学的内容中,包含很多与现实生活有关的道德现象,教师通过对这些内容的讲解,可以帮助学生构建正确的价值观、人生观和世界观。然而,具体到实际的道德与法治课堂上青少年道德教育应该与社会公共生活"亲密接轨",课本之中的道德教育既要在课堂空间完成,更要在真实生动的社会公共生活中完成。如何让学生保持与现实社会亲密接触的姿态,有效拓宽教学时空,更多地参与社会生活,在班级、学校以及社区中去体验、感受道德的重要价值,养成高尚的道德情操,成为亟待解决的问题。而提高对项目化学习的研

究，我们发现，项目化学习能有助于学生进行道德修养学习。

一、基于项目化小学道德与法治中道德修养学习现实意义

《义务教育道德与法治课程标准（2022年版）》明确提出，道德修养是道德与法治课程要培养的核心素养之一。道德修养是立身成人的标准，是指养成良好的道德品质和行为习惯，把道德规范内化于心、外化于行。传统小学道德与法治教学仅靠教师的讲授及知识点的传授，不仅效果甚微，也不利于学生在实际情境中灵活运用所学的知识与方法，传统课堂中道德教育的"实效性"也常常为人所诟病，道德修养呼唤新的学习方式。

对此，项目式学习为我们提供了诸多借鉴。项目式学习是一种以学生为中心的教学和学习方式，学生在一定时间内，选择、计划、提出一个项目构思，并通过展示等多种形式解决实际问题。与传统的教学方式相比，与传统的教学方式相比，项目化学习范式既融合了对于核心内容本质的理解，也包括知识形成和应用过程中所体现出来的思想方法和思维方式，能有效促进学生的积极思考，提升学生核心素养，实现教学目标的全面发展，基于这一理解，我们在小学道德与法治教学中进行了一次项目化尝试。

二、基于项目化小学道德与法治中道德修养学习新思路

部编版四下第二单元《做聪明的消费者》中第5课是《合理消费》。生活中，几乎人人都是消费者，哪怕是小学生，也会有消费行为的产生。且当今社会，财商的培养非常重要。那么，如何做到理性消费？怎样树立正确的金钱观和消费观呢？学生对此往往比较模糊。基于已有的实践研究成果，提出问题、规划方案、解决问题、评价反思是项目式学习的关键环节。我们按照项目化设计的路径设计了《小小家庭理财师》一课，希望通过这样的尝试，为小学道德与法治中道德修养这一核心素养的学习提供新思路。

（一）创设真实情境，找准生活化驱动性问题

部编版四下《做聪明的消费者》一课由3课构成：其中第1课《买东西的学问》首先从购物过程入手，引导学生学习基本的购物常识和技巧，学会文明购物，能够维护自身合法权益。第2课《合理消费》从学生外在的购物行为转向学生内在的购物需求，引导学生反思自己的购物要求，培养学生合理比较、自我控制的能力，并进一步引导学生学会合理开支与消费，避免过度消费。通过对于教材的分析我们不难发现前两个课时注重对于学生购物尝试、技巧的引导和消费观念的培养，主题脉络较为清晰，因此，《做聪明的消费者》道德与法治项目化学习的内容更侧重于将这两课时内容进行整合。

1. 自然生成驱动性问题

项目实施时间正好处于6月初，课堂伊始，出示“618购物节”页面，琳琅满目的商品映入眼帘，作为消费者，你想买点什么？孩子们畅所欲言，眼睛里满是向往与兴奋。接着通过视频展示每年的“618”“双十一购物节”发生的过度消费、超前消费等不合理消费的真实现象，让学生直观感受到不合理消费的不良后果，学生在后果的冲击下感受到了应该要合理消费。那么如何才能合理消费呢？引发了学生真实的思考，调动了学生的学习兴趣。自然而然地引出了驱动型问题——参与金牌理财师大赛，为自己的家庭制定理财规划，引导自己的家庭合理消费。

2. 指导分解驱动问题

作为家庭理财规划师，该如何为自己的家庭制定理财规划呢？我们通过小茜家的这份账单学习学习。通过这样的过渡语自然引入小茜家庭5月份消费账单，将驱动型问题分解为：学习做家庭理财师、为家庭制定理财规划、参与金牌理财师评选这样的三个子任务。同时，为了学习做家庭理财师，又将通过四个小任务来完成学习过程。学生一下子明确了学习目标。

（二）运用多种方式，促进高阶思维能力发展

1. 可视化思维工具，促进高水平思维的介入

在传统教学模式中，“知识加工”和“问题解决”的思维过程往往处在“黑箱”之中，导致课堂往往忽视学生的主体思维。项目式学习的主要特点在促进以学生为中心，团队协作，批判性思维和能力的发展与人际沟通和项目管理有关。这就要求我们实现思考方法和路径的可视化。

在《小小家庭理财师》入项课——学做家庭理财师中，我们就针对小茜家的账单设计了4张任务单，每一张任务单都用图表、文字、统计图等形式将主要学习内容可视化。在具体问题的驱动和思维工具的支持下，同学们在项目式学习探究过程中，实现了高水平思维的有效介入。例如，通过完成家庭成员基本情况调查表，学生分析出了小茜家潜在的财务风险；通过计算月结余比率精准判断小茜家庭抵抗风险的能力；通过各支出类别柱状统计图分析该家庭消费结构是否合理等。学生在分类比较、分析归纳演绎推理中，闪耀着思维的光芒。同学们投入的不仅仅是智力或思维，更有情感和身体。当完整的生命

系统被充分激活后，他们呈现的是一种全息的生命投入样态。此时，他们获得的不是教材上关于合理消费的刻板知识，而是可迁移的、情景化的、“活化”的生活智慧。

2. 思辨性问题的设置，激发高阶思维能力的火花

大部分学科的关键知识都是相互关联的，能否建立起知识间的相互联系，能否引发学生从不同角度全面思考问题，直接决定了项目化学习的质量。因此，在《小小家庭理财师》项目式学习中，我们注重引导学生从“网”而非“点”的角度思考其在真实情景中的可能性，设置了很多思辨性问题。

例如，小茜家 5 月份在休闲娱乐支出上花了很多钱。如果学生只关注金额，那么会得出这项支出不合理的结论？但是如果引导学生分析角度更全面，那么学生会发现五一小长假出去旅行占据了休闲娱乐支出的绝大部分。而小长假旅行在时间上是有特殊性的，小茜家是经常花很多钱出去旅行还是一年只偶尔出去玩一两次，会影响后面的分析结论，关键是注重引导学生从“网”而非“点”的角度思考。

又如，小茜家庭花了 800 元购买了电话手表，这一支出是否合理，也是极具思辨性的话题，课堂上随机生成了辩论赛，辩论过程激烈、热闹、有深度，学生在教师的引导下从只关注某个“点”判断合理与否，转为综合考虑小茜家庭基本情况的基础上，分析小茜是否真正需要电话手表以及怎样使用电话手表来进行合理与否的论证，并最终得出结论：我们要学会合理分配有限的资金。这一过程极大促进了高水平的思维的“卷入”，思维的火花一直在迸射。

3. 解决实际问题，促进高阶思维能力的发展

柯林斯等认为，促进学习的一个关键要素是让学生在一个体现了知识未来多种应用的环境中完成任务和解决问题。以问题解决为出发点的学习是有意义的学习，因为解决问题使得学习者获得生成假设、使用探究策略、形成问题、评价反思合适的决定等重要技能，实现综合分析、迁移应用等高阶思维的发展。因此，在道德与法治项目式学习中，我们鼓励学生搜集、整理诸多解决方法，选择一种方法大胆尝试。

以《小小理财师》入项课为例，同学们分析了小茜家庭合理与不合理的消费行为后，小茜说：“我也知道有些东西不该买，可是实在想要，该怎么办呢？”这其实是以小茜的口吻模拟了学生自己的生活经验。学生在积极讨论的基础

上给出了很多得到金点子——冷静法、转移注意力法、替代法，等等，相信在解决这样问题的过程中，学生生活中在面对同样问题时，一定会尝试选择今天总结的方法去抑制不合理消费冲动，达到道德认知内化于心、外化于行。

（三）注重审思评价，实现学生道德的自主建构。

1. 审视反思，帮助学生实现道德的自主建构

反思既是一种思维方式，也是一种元认知过程。未经由反思而形成的“接受”，只是知识的机械堆积或死记硬背。只有经过回顾并分析自己的表现，这样的反思才能帮助学生实现道德的自主建构。在反思的过程中，学生的思辨和检验将显著地促进相关知识与技能的整合，促使其对认知活动过程进行审视，并改进学习策略。

在《小小家庭理财师》项目式学习中，反思主要表现在问题解决过程中的评价和监测。学生通过为小茜家庭制定理财规划学会了如何成为一名优秀的家庭理财师，在下一节课上就着手为自己的家庭制定理财规划。在这个过程中，学生辨别自己家庭消费是否合理以及据此提出的每一项规划建议其实都是对自己家庭消费行为的一次次诊断和反思，道德认知在这样的过程中不仅再一次内化，而且以及开始指导自己的道德行为，尝试做到知行合一，实现学生道德的自主建构。

2. 全程评价，促进学生个人和团体共同进步

项目化学习的评价指向学习目标，具有目标—实现—成果—评价的一致性。过程性评价主要考查学生的认知策略和实践，结果性评价主要考查学生的最终学习成果。

在实施《小小家庭理财师》项目时，教师就已经对成果与成果评价部分、实践评价部分一并设计了各种评价单，既有最终有没有被评为金牌理财师的结果性评价，也有例如会不会为家庭制定理财规划书、如何才能有顺利参评上金牌理财师等各种过程性评价。在项目成果的展示过程中，既有小组内评选出优秀理财规划书的评价标准，又有班内进行金牌理财师评选的评价单。也就是说，在实施《小小家庭理财师》项目时，评价从入项课就已经启动了。项目成果的展示活动是只是检验学习效果的重要过程之一，无论学生带来哪种形式的项目成果，只要他们用心做了、分析了，就是一次成功的自主学习过程，都能带给学生深刻的学习体验。

总之，将项目化应用在小学道德与法治中道德修养学习上，可以将课程延展到真实的情境与体验之中，使得学习能够基于真实的问题或真实的任务，产生有现实意义的成果。同时，学生的学习主动性、探究积极性和解决问题的能力都得到全面提升，实现了道德的自主建构，真正提升学生的道德修养水平。因此，教师要认真学习和领悟项目式学习的教学内涵，结合不同年龄段学生在道德与法治问题认知上的特点，选取学生感兴趣的项目研究主题，并围绕这一主题鼓励学生开展更加丰富有效的项目研究活动。

参考文献：

[1] 梁健生.关于小学道德与法治教学中项目化学习的应用探究[J].科教导刊，2021，12(9)：191－192.

[2] 张玉兰.小学《道德与法治》主题活动的项目化学习实践研究[J].中外交流，2021，28(3)：1429.

[3] 任陆敏.项目化学习在小学道法课堂中的实践探究：以二年级下册道德与法治“安全地玩”为例[J].卷宗，2021，11(3)：315.

（设计者：王源源）

附录：

家庭理财
规划书

班级：________________

姓名：________________

第一部分:整体财务评估

(1) 家庭成员基本情况

家庭成员情况表

家庭成员	年龄	职业	收入	健康状况 (优良/一般/较差)

(2) 家庭收支基本情况

家庭月收支情况表

单位:元

月总收入	
月总支出	
月结余	

月结余比率 = 月结余 ÷ 月总收入 =(　　)÷(　　)＊100% =(　　)%(注:经验表明月结余比率应在 30%以上,家庭才有存钱能力,才能抵抗风险)

综合以上两份表格可知,我的家庭财务风险(较高　一般　较低),抗风险能力(优良　一般　较差)。

理由:

____

____

第二部分:消费类别分析

(注:家庭支出一般分为以下大类:A. 服饰美容、B. 生活饮食、C. 住房缴费、D. 交通出行、E. 学习教育、F. 医疗健康、G. 休闲娱乐、H. 其他消费)

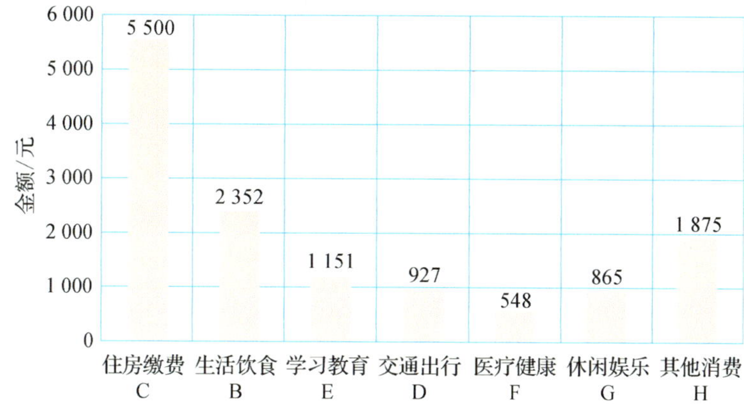

家庭 5 月各消费类别支出柱状图

由图可知，我们家 5 月较高的消费类别有________、________、________等(填选项)。

第三部分：消费行为分析

分析我们一家消费行为，思考其"合理"与"不合理"，并在对应栏内打"√"。理由仅参考：

合理：A. 生活必需品　B. 学习必需品　C. 有利于我们身体健康

不合理：A. 盲目攀比　B. 增加家庭经济负担　C. 满足虚荣心

序号	消费行为	金额	合理	理由	不合理	理由
1						
2						
3						
4						
5						
6						
7						
8						
9						

续 表

序号	消费行为	金额	合理	理由	不合理	理由
10						
11						
12						
13						

可见,我的家庭合理的消费行为有:________________________,不合理的消费行为有:______________________________________(填序号)。

第四部分:制定理财规划

综合以上分析,现对我的家庭作如下规划:

1. 通过评估,我的家庭财务风险(较高　一般　较低),存钱能力(优良　一般　较差),抗风险能力(优良　一般　较差),需要:(增加　减少)开支,(多　少)消费,(多　少)存钱。

2. 在消费类别上,建议在________、________等类别上减少支出。

3. 因我的家庭存在________、________、________、________等不合理的消费行为,建议:____

____

____

4. 面对不该买的东西,实在想要的话,建议采用________(方法)抑制消费冲动。

以上是我为我的家庭量身制定的理财规划,希望我们一家在我的规划下,消费更合理,生活更幸福!

(二)心理健康项目化学习案例:晒晒我的朋友圈

一、基本信息

设计者:许莉莉

适用年级:小学四年级

对标单元:省编心理教材三年级第 3 课《夸夸我的好朋友》、四年级第 11 课《发现同伴闪光点》、五年级第 12 课《我心中的友谊》、六年级第 4 课《我的朋友圈》

建议课时:5 课时

课程概述:本课程通过对省编小学心理教材三年级第 3 课《夸夸我的好朋友》、四年级第 11 课《发现同伴闪光点》、五年级第 12 课《我心中的友谊》、六年级第 4 课《我的朋友圈》进行重构,以项目化为载体,联系学生校园生活,指导学生学会和同伴交往,培养开朗、合群的健康人格。通过创设友谊放映室情境,引发学生对同伴关系的思考,学会发现同伴的优点,正视他人的缺点;再现同伴交往冲突,学会换位思考,包容同伴缺点。帮助学生成功绘制画作"我和我的朋友"。

二、课程设计

课程设计背景:同伴交往对于成长中的儿童具有重要意义。如何与他人建立良好关系、保持友谊;怎样进行竞争与合作;怎样处理个人与小团体的关系;怎样解决冲突;这些问题往往困扰着很多儿童。结合省编心理教材三年级第 3 课《夸夸我的好朋友》、四年级第 11 课《发现同伴闪光点》、五年级第 12 课《我心中的友谊》、六年级第 4 课《我的朋友圈》,依托绘本《我有友情要出租》《南瓜汤》,创设真实情境,聚焦核心概念,帮助学生了解自己所处的同伴关系,学会在相互交往中形成一定的社交规范和技巧,拥有积极意义的同伴交往。

课程目标:

1. 学生将知道:什么是具有积极意义的同伴交往。

2. 学生将理解:① 正视每个人都有优点、缺点。② 理解真正的交往需要正视彼此的优缺点,学会欣赏、包容,能换位思考,灵活解决交往冲突。

3. 学生将能做:① 多角度认识同伴。② 多维度掌握交往技巧,养成良好交往习惯。③ 抓住同伴交往中的相处画面,绘制友谊故事四格漫画,制作成视频。

项目驱动性问题:

亲爱的小梅花们,两年后,我们也要面临毕业,面对与朋友的分开,我们从现在起就可以做个有心人,来记录朋友间那些美好的过往。现在,诚挚地邀请你担任"友情策划师",把你和朋友之间美好的瞬间、难忘的时刻记录下来,晒在你独一无二的朋友圈。

教学过程设计:

教学任务(一)　入项

任务概述:通过阅读、探讨绘本故事《朋友之书》,使学生了解生活中朋友的重要意义。学生在阅读和讨论的基础上，多角度深入了解自己的同伴，思考如何在"晒晒我的朋友圈"活动中展现我和同伴的交往故事。

所需课时：1 课时

任务目标：引入情境，激发兴趣。认识到生活离不开同伴。

教学资源：多媒体设备、课件、绘本《朋友之书》、合作探究单

任务展开过程：绘本阅读—联系生活—拓展延伸

学习任务一：头脑风暴说友情

(1) 观看视频，了解即将毕业的六年级同学们的友谊故事。(时间分配：3 分钟)

(2) 发布任务：亲爱的小梅花们，两年后，我们也要面临毕业，面对与朋友的分开，我们从现在起就可以做个有心人，来记录朋友间那些美好的过往。现在，诚挚地邀请你担任"友情策划师"，把你和朋友之间美好的瞬间、难忘的时刻记录下来，晒在你独一无二的朋友圈。

(3) 小组合作，头脑风暴：朋友圈里可以晒什么？(时间分配：7 分钟)

评价要点：主动参与讨论，乐于分享自己的想法。

学习任务二：师生共同读友情

(1) 师生配合读《朋友之书》，学生观察图画，了解书中人物莉莉和汤姆对朋友的看法。(时间分配：15 分钟)

(2) 总结阅读收获。朋友有着共同爱好；朋友住得近，心更近；朋友愿意跟你分享他的快乐，分享一切；朋友彼此欣赏喜欢 TA 的爱好，喜欢 TA 的性格，喜欢 TA 的一切；朋友是真心陪伴你的人。朋友就是亲如家人。

评价要点：愿意分享自己和朋友之间的事。

学习任务三：一人一笔画友情

(1) 小组合作，一人画一笔，完成主题绘画。(时间分配：8 分钟)

(2) 交流感想：这是一幅怎样的画面？作品最后呈现的这个画面给你什么感受？什么是真正的友情？(时间分配：7 分钟)

评价要点：能够按照要求合作完成绘画，并真诚分享自己对友情的感受。

学习任务四：拓展延伸

课后，找自己的朋友一人一笔画友情，晒在朋友圈。

教学任务(二)　项目展开 夸夸我的好朋友

任务概述：本节课将通过小组活动、自主探究，使学生学会赞美。总目标

是让学生了解同伴交往需要赞美以及掌握赞美的多种方法。学生将在说出对同伴的赞美活动中体会到赞美给自己和同伴带来的积极力量，并在“优点轰炸”中落实赞美技巧，思考如何在“晒晒我的朋友圈”活动中表达对同伴的赞美和喜爱之情。

所需课时：1课时

任务目标：通过情景故事和活动学会发现同伴的优点，学会用真诚积极的态度赞美他人。

教学资源：多媒体设备、课件、评价表、夸夸卡

任务展开过程：导入赞美话题—把赞美说出来—制作夸夸卡

学习任务一：导入赞美话题

(1) 师生对话，回顾绘本故事。

(2) 出示情景故事（书P9）：京京和明明互相欣赏，互相学习，共同进步。学生分享感想。（时间分配：5分钟）

学习任务二：赞美说出来

(1) 自由选择伙伴，两个小伙伴面对面，想一想对方有什么优点，当面夸一夸对方，初步体验赞美的乐趣，感受赞美需要真诚。（时间分配：10分钟）

(2) 结合课前调查，夸夸自己的朋友。（时间分配：5分钟）

评价要点：能够主动分享自己夸奖小伙伴和被小伙伴夸奖时自己的感受。

(3)六人为一小组，组成朋友圈，一人坐中间，其余学生轮流夸赞其优点，落实夸赞技巧；采访被夸者。（时间分配：16分钟）

评价要点：赞美时态度真诚；赞美时内容具体；从多个方面赞美。

学习任务三：制作夸夸卡

为同伴制作精美的夸夸卡，并赠送给他。（时间分配：4分钟）

评价要点：赞美时态度真诚；赞美时内容具体；运用多种方式赞美。

教学任务(三) 项目展开“怼怼他的小缺点”

任务概述：通过情景故事再现、角色扮演等方式，使学生在活动中能够真正理解同伴交往需要正视彼此优缺点、学会换位思考，互相包容，灵活解决交往冲突，思考如何在“晒晒我的朋友圈”活动中更全面地展现同伴交往故事。

所需课时:1 课时

任务目标:正视他人的缺点,学会包容;学会换位思考,灵活解决交往冲突;培养开朗合群的健康人格。

教学资源:多媒体设备、课件、绘本故事《南瓜汤》、探究任务单、活动海报

任务展开过程:正视缺点(不那么完美)——灵活解决交往冲突——拓展延伸

学习任务一:正视缺点(不那么完美)

(1) 共读绘本故事《南瓜汤》,了解因为鸭子的固执,导致鸭子、松鼠、猫之间产生了矛盾冲突,明白每个人都是有不完美地方。(时间分配:5 分钟)

(2) 结合绘本故事中因鸭子产生矛盾,联系实际,开展活动“怼怼不完美的 TA”引导学生说一说发现的同伴的缺点。(时间分配:5 分钟)

评价要点:能够正视他人的缺点,学会包容。

学习任务二:灵活解决交往冲突

(1) 每个人都有优缺点,再好的朋友也一定发生过矛盾冲突。打开“记忆魔盒”回忆往事,简单回忆一次这样的经历。(时间分配:12 分钟)

(2) 当你和同伴有冲突时,该怎么办呢? 小组讨论,头脑风暴,寻找方法:换位思考、保持冷静……时光穿梭,再回事件当时,你会怎么做?(时间分配:11 分钟)

时光穿梭

坐上时光穿梭机,回到起冲突的那个时刻,你会……

我也许会这样说:

____

____

____

我也许会这样做:

____

____

____

评价要点:学会换位思考,灵活解决交往冲突。

(3) 教师小结并赠送锦囊妙计。(时间分配:2 分钟)

> 人无完人,交往时多用**放大镜**瞧瞧他的好;
>
> 换位思考,多用**包容镜**谅解他人。

学习任务三:拓展延伸

(4) 讲完绘本故事,并发布任务海报。(时间分配:5 分钟)

教学任务(四)　晒晒我的小幸福

任务概述:通过运用漫画形式,了解人物造型比例;学会绘画构图,抓住绘画故事重点;渗透漫画造型特点,体验漫画带来的幸福与快乐。让学生走进国风漫画中,并了解漫画创作的步骤,学习漫画相关知识与技能,利用画笔记录和朋友的小幸福。

所需课时:2 课时

任务目标:国潮多格漫画绘制和同伴相处的难忘时刻(至少记录一次快乐相处的经历或一次矛盾冲突的化解)。

教学资源:多媒体设备、课件、画板、卡纸、彩铅、水彩、炭金条、色粉

任务展开过程:初步尝试——认识动漫——自主创作

学习任务一:创设朋友视频情境,初步尝试

(1) 活动"瞧,是你的朋友吗?":放映上一个课时中情景模拟时,孩子们和朋友的活动照片,让孩子们找一找自己的同伴在哪里?并形容他们的外貌特征,包括脸型,发饰,五官服饰等找到特征后,引导孩子们以特别的形式记录和朋友的美好瞬间。(时间分配:5 分钟)

(2) 活动"哇,原来是漫画啊!":出示相同朋友间的图片,通过观察不同的表达形式——漫画、儿童画、写生素描,学生走进动漫的世界,找到动漫与其他画不同的地方。(时间分配:15 分钟)

评价要点:了解漫画的特点。

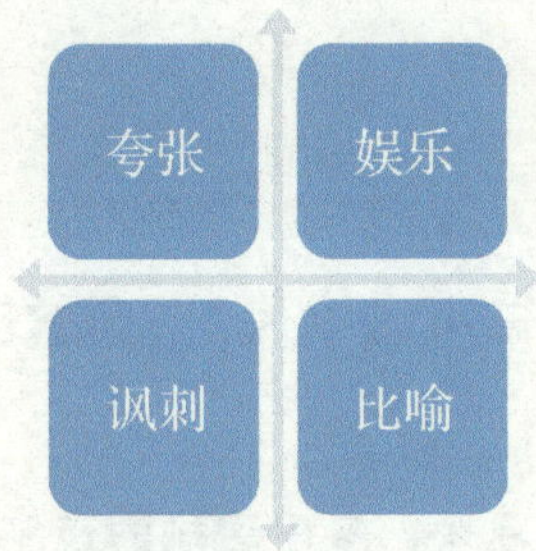

学习任务二：探索漫画故事新知，认识动漫

(1) 漫画，是一种独特的艺术表达方式。向学生介绍漫画的种类：独幅漫画、多格漫画、连载漫画；基本方法有拟人、夸张、变形、幽默。(7 分钟)

(2) 引导学生自行创作将会面临的问题：1. 人物漫画的创作；2. 朋友故事画面的选择；3. 多格漫画构图的设计。(3 分钟)

(3) 指导学生构思：你打算用独幅漫画？多格漫画？还是连载漫画来表现呢？单色素描动漫法、彩色动漫绘制法，还是其他创新创作的方法来表现呢？(时间分配：10 分钟)

评价要点：初步了解漫画种类以及表达方法；了解国潮漫画；学习简单的电脑动漫绘制方法。

漫画知识考评表					
内容知识	程度				
	A	B	C	D	E
漫画种类：独幅漫画、多格漫画、连载漫画					
漫画表达方法：拟人、夸张、变形、幽默					
电脑动漫绘制法					
国潮漫画即国风漫画					

学习任务三：教师示范国潮动漫，回忆创作

(1) 教师示范国潮漫画趋于全过程。指导学生抓住同伴交往中的相处画面，根据朋友故事长短来确定绘制独幅漫画、多格漫画还是连载漫画。(10 分钟)

(2) 用卡纸画“我的我的好朋友”多格漫画，从漫画主角开始。敢想、敢

画，画出自己独特的想法。（时间分配：25 分钟）

（3）学生将自己绘制的国风多格漫画在讲台上分享自己与同伴的故事，在叙述的过程中，学生进行故事分享评价表的填写。听听漫画后面的故事，鼓励学生间不同的表达方法。（时间分配：15 分钟）

评价要点：用国潮四格漫画的方式绘制出和同伴间相处的难忘时刻（至少记录一次快乐相处的经历或一次矛盾冲突的化解）；画面故事表达清楚，具有一定艺术表现能力。

同伴故事分享评价表					
评价维度	程度				
	A	B	C	D	E
画面故事表达意识清楚且有创意					
完成多格漫画，有健康的审美情趣					
艺术表现能力					
画面构图及表现的冲击力					
国潮漫画风格化					

教学任务（五）　成果展示

任务概述：学生尝试讲述属于自己的漫画故事，在线学习视频制作，完成友谊故事视频，并发布到朋友圈集赞。

所需课时：1 课时

任务目标：学生通过多样化形式进行成果展示

教学资源：多媒体设备、剪映 pr 剪辑软件

任务展开过程：晒晒我的朋友圈——点赞

结合漫画“我和我的朋友”，可以选择以第一人称讲述自己和同伴故事，或是运用剪映 pr 剪辑软件，制作视频，也可以将合作的画作晒在朋友圈，通过集赞方式留下美好记忆。

三、教学反思

基于同伴交往的小学心理健康教育项目化学习设计

——以《晒晒我的朋友圈》为例

同伴交往是儿童积极情感的重要后盾，有助于儿童自我认知和人格的发

展。每一堂心理课的设计都需遵循儿童成长规律，满足儿童的真实成长需求，解决儿童成长中的实际心理问题。如何将心理健康的知识、技能渗透到学生的生活中，为他们的终身幸福与发展奠基呢？带着这样的思考，我们开展了项目化学习在心理健康课程中的探索与实践。

一、从需求出发，寻找核心知识

虽然心理没有课程标准做指导，但是并不意味着无法寻找心理健康教育课程的核心概念。项目化的心理健康教育课程不是从项目或活动开始，而是从现阶段学生需要理解和掌握的心理健康知识或技能出发。同伴交往是儿童积极情感的重要后盾，有助于儿童自我认知和人格的发展。随着学生进入中高年级，人际交往对他们的影响会越来越突出。这个时期，学生人际交往主要就体现在同伴交往。小学生年龄小，容易被外界事物或者言论所左右，且随着学生身心发展，中高年级的交往冲突也成了学生成长的一部分，如何合理解决冲突，建立友好同伴关系，具有现实意义。因此，我们基于学生的社会需求、心理需求及现实需求，确立了本项目的核心概念：学会正确的与同伴交往的方式，能发现同伴优点，学会赞美；能正视同伴缺点，学会包容；学会换位思考，会处理交往冲突。在项目化学习的设计过程中，以终为始，把核心概念作为出发点和落脚点，贯彻入项到出项的整个过程，以期学生在此次项目化学习的过程中主动建构与同伴交往的核心知识和关键能力。

二、从情境出发，设计驱动性问题

将相应的心理健康核心知识转化为适合学生的驱动性问题也是重要的一步。同伴交往的话题往往来源于真实生活，真实情境下的驱动性问题更有利于引起学生共鸣，增强他们的情感体验，它让抽象的知识、技能的学习变成了有血有肉的生活事件。结合省编心理教材三年级第 3 课《夸夸我的好朋友》、四年级第 11 课《发现同伴闪光点》、五年级第 12 课《我心中的友谊》、六年级第 4 课《我的朋友圈》，依托绘本《我有友情要出租》《南瓜汤》，创设真实情境，聚焦核心概念，帮助学生了解自己所处的同伴关系，学会在相互交往中形成一定的社交规范和技巧，拥有积极意义的同伴交往。

（一）创设真实情境，找准生活化驱动性问题

毕业季来临，校园里常见毕业合影留念的身影，六年级的同学最难舍的便是相处了六年时光的好伙伴。而四年级的同学两年后也要面临毕业，面对与朋友的分开。因此，我们从这一现实出发，设计真实情境下的驱动性问题：如果你担任“友情策划师”，你会选择哪些与同伴相处的画面记录下来，晒出属于自己的朋友圈呢？自然生成驱动性问题在总驱动性问题的引导下设立四个子问题来帮助学生达成最终目标：“什么是朋友？真正的朋友关系是什么样的？”“同伴间如何学会互相欣赏？”“如何正确对待同伴缺点？”“同伴交往时产生冲突怎么办？”

三、从目标出发，规划学习实践

一般情况下，心理健康教育课程以活动为重要途径，但这并不意味着活动完成就结束了，而是要让学生在项目化学习中经历、体验有意义的心理健康成长过程，实现“做中学”。此外，整个项目活动，都应指向最终成果。因此，本堂课规划了以下学习实践。

(一) 入项活动

通过阅读、探讨绘本故事《朋友之书》，使学生了解生活中朋友的重要意义。学生在阅读和讨论的基础上，多角度深入了解自己的同伴，思考如何在“晒晒我的朋友圈”活动中展现我和同伴的交往故事。

(二) 项目实施

借助绘本《朋友之书》，本环节主要包括 3 个活动。

1. 活动一：夸夸我的好朋友。通过小组活动、自主探究，让学生了解同伴交往需要赞美以及掌握赞美的多种方法。学生在“说出对同伴的赞美”这个活动中体会到赞美给自己和同伴带来的积极力量，并在“优点轰炸”中落实赞美技巧，思考如何在最后的“晒晒我的朋友圈”活动中表达对同伴的赞美和喜爱之情。

2. 活动二：“怼怼他的小缺点”。通过情景故事再现、角色扮演等方式，使学生在活动中能够真正理解同伴交往需要正视彼此优缺点、学会换位思考，互相包容，灵活解决交往冲突，思考如何在“晒晒我的朋友圈”活动中更全面展现同伴交往故事。

3. 活动三：画画我的小幸福。学习儿童画相关知识与技能，了解人物造型比例，学会绘画构图，抓住绘画故事重点；渗透造型特点，体验绘画带来的幸福与快乐，利用画笔记录和朋友的小幸福。

(三) 探索与研究

1. 学生形成成果

学生独立回忆,完成自己与朋友间相处的一个个瞬间,用文字、画笔记录,跟自己同伴说一说当时经历的主要事件,形成个人初步成果,表达自己对于朋友的定义。

2. 评价与修改

完成初步创作后,有一个评价与修改的环节。此环节将评价权力交给学生。学生先在小组内分享交流,然后全班分享交流,并根据他人评价完善作品。同时,评价的过程也是一次与同伴交往的实践。

3. 成果公开

晒出独一无二的朋友圈。这里的“晒朋友圈”可以是个人完成全部绘画创作后,独立排版、设计地晒,也可以是两到三人同伴合作完成后再晒。学生亲历整个学习实践过程,在知识上建立了对同伴关系的正确认识,学会了如何欣赏、包容同伴,以及正确处理交往冲突的技能;在能力上经历了从认识同伴关系到构建同伴关系的过程,并将本堂课学到的核心知识和技能运用到课堂外的同伴交往中去。

四、注重反思总结,重塑学生同伴关系自我认知

(一) 案例反思

小学生的同伴关系有一个发展的过程,这一过程与小学生认识过程的发展相适应,也与小学生在班集体中的集体活动经验有关。小学生的同伴关系最初是建立在外部条件或偶然兴趣一致的基础之上的,如住在同一街道、同一幢楼房,同桌,父母相互熟悉等。后来,他们逐渐建立了新的交往标准:其一,他们倾向于选择与自己的兴趣、习惯、性格和经历相和谐的人做朋友;其二,他们倾向于选择品行得到社会认可的人做朋友,如挑选学习成绩比自己好或能力比自己强的人做朋友。另外,小学生的同伴关系还具有一定的性别特点。心理学研究表明,小学生对他们最喜欢的同伴在性别上的选择态度随着年龄的变化而变化。青春期以前的小学生,都倾向于选择同性同伴,这种现象在小学阶段呈上升趋势。在课堂教学中,小学阶段的心理课主要还是以活动为主,让学生充分参与活动,调动学生的积极性,根据教学环境的不同选择合适的教具。《晒晒我的朋友圈》这节心理课中,未充分考虑到四年级学生交友的特性,

课程设计中的活动内容可以更加细化，更加有针对性。

（二）问题引导

小学生的同伴关系最初是建立在外部条件或偶然兴趣一致的基础之上的，青春期以前的小学生，都倾向于选择同性同伴，这种现象在小学阶段呈上升趋势。虽然小学生与同伴的交往明显增多，但与父母仍保持着亲密的关系。从三年级开始，小学生的道德判断进入可逆阶段，他们开始对教师做出评价。在该节心理课的设计中，为了让四年级的学生更深一步地理解友情，加深对于朋友的了解，课程中通过头脑风暴的方式让学生思考什么是友情？朋友到底是什么？课堂中，通过《朋友之书》为例给学生提供关于朋友是什么的答案，学生在这个过程中虽然可以按照老师的引导，回答出朋友对于自己的意义，但是也容易思维定式，限制自己对于朋友意义的思考，可以换一种方式，通过主题或者问题的引导，让学生自己展开想象的翅膀，打开自己思维束缚，思考朋友对于自己的含义。

（三）思维模式转变

在这节课的课堂活动设计中，每一个活动环节设计都有很强的目的性，为了推动课堂流程的进行，注重“做法”学生通过“友情策划师”的身份策划自己的友情会议，设计自己的朋友圈，学生在活动中，可能只注重朋友圈的结果展示，而忽略了对于朋友的意义的思考，这才是本节课最重要的收获。

总之，将项目化应用在小学心理健康教育学习上，可以将课程延展到真实的情境与体验之中，使得学习能够基于现实情境，对同伴关系和友谊的定义产生深刻的思考。当然，任何一种教学方式都不是只有唯一的正确答案，相信在今后项目化心理健康教育课程的具体实践中，还有更广泛、更深入的教学实践探索与研究。

七、小学综合实践活动项目化学习

综合实践活动项目化学习案例：我是旅游线路规划师

一、基本信息

适用年级：小学六年级

对标教材：苏教版小学综合实践活动六年级（下）第二单元社会服务：主题

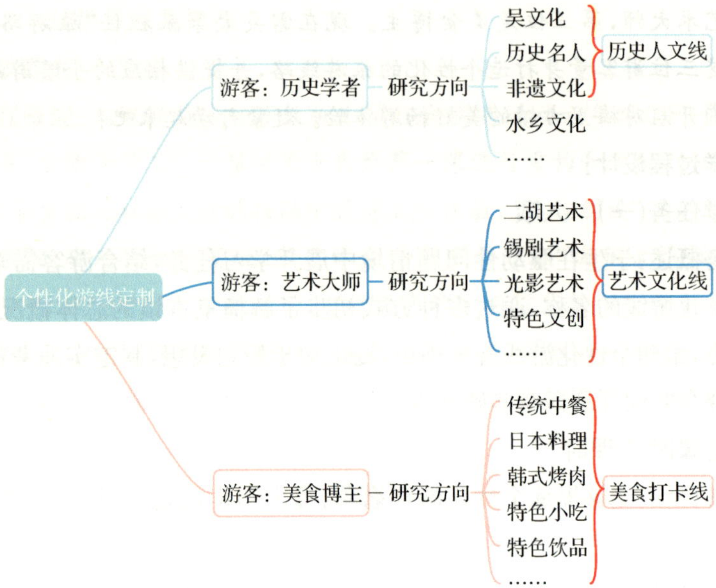

评价要点：能够在共同探讨中形成个性化游线定制的思维导图。

学习任务三：初识梅里古镇

（1）学生观看梅里古镇宣传片，结合前期搜集的资料，以小组为单位介绍梅里古镇的总体概况。（时间分配：5 分钟）

（2）学生悦览梅里古镇旅游地图，以小组为单位合作探究梅里古镇的空间布局特点。（时间分配：5 分钟）

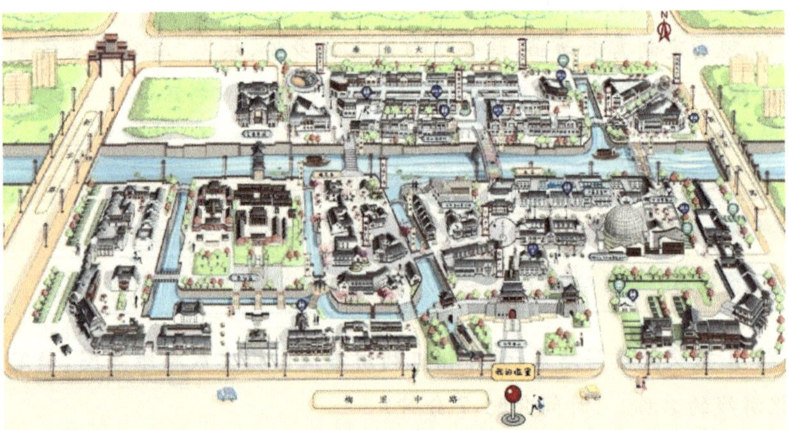

▶备注：请将你们小组寻找到的个性化线路预设站点在上图中标注出来哦！

梅里古镇旅游地图

评价要点：

学习任务四：划分游线规划小组

（1）学生对“历史人文线”“艺术文化线”“美食打卡线”三条个性化旅游线路进行自主选择，划分游线规划小组。（时间分配：3 分钟）

（2）各规划小组根据选定的旅游线路思考、讨论、交流初步的规划设想。（时间分配：5 分钟）

（3）各规划小组借助空白研学日志单上的任务提示，制定实地考察计划，并利用课余时间前往梅里古镇开展研学活动。（时间分配：5 分钟）

<table>
<tr><th colspan="6">“梅里初印象”研学日志单</th></tr>
<tr><td colspan="2">研学时间</td><td colspan="2"></td><td>研学地点</td><td></td></tr>
<tr><td colspan="2">线路名称</td><td colspan="4">□ 历史人文线　□ 艺术文化线　□ 美食打卡线</td></tr>
<tr><td colspan="2" rowspan="3">小组分工</td><td>统筹组织</td><td></td><td>资料搜集</td><td></td></tr>
<tr><td>填写记录</td><td></td><td>现场拍摄</td><td></td></tr>
<tr><td>后勤保障</td><td></td><td colspan="2"></td></tr>
<tr><td rowspan="7">本小组寻找到的预设站点</td><td></td><td>站点名称</td><td>站点照片</td><td colspan="2">入选理由</td></tr>
<tr><td>第一站</td><td></td><td></td><td colspan="2"></td></tr>
<tr><td>第二站</td><td></td><td></td><td colspan="2"></td></tr>
<tr><td>第三站</td><td></td><td></td><td colspan="2"></td></tr>
<tr><td>第四站</td><td></td><td></td><td colspan="2"></td></tr>
<tr><td>第五站</td><td></td><td></td><td colspan="2"></td></tr>
<tr><td>第六站</td><td></td><td></td><td colspan="2"></td></tr>
</table>

教学任务(二)　项目展开

任务概述:以研学日志单为参考,结合实地考察所得,分别确定三条个性化游线的站点名称和具体位置。各规划小组深入学习地图绘制的相关知识与基本技巧,并根据本组所选定的线路初步绘制个性化游线地图。

所需课时:1课时

任务目标:能够确定三条个性化线路的站点名称和具体位置,并完成个性化游线地图的初步绘制。

教学资源:多媒体设备、课件、填写好的研学日志单、涂色工具、白色卡纸

任务展开过程:确定自选线路站点——知晓地图绘制的多样性表达——尝试绘制个性化游线地图

学习任务一:确定自选线路站点

(1) 各规划小组代表汇报本组在研学过程中寻找到的线路预设站点。(时间分配:5分钟)

(2) 在教师的引导下,综合比对各小组寻找到的线路预设站点,择优选取后最终确定三条个性化游线的站点分布。(时间分配:5分钟)

评价要点:能够在共同探讨中确定三条个性化游线的站点分布。

学习任务二:知晓地图绘制的多样性表达

(1) 在教师的引导下,通过对梅里古镇现有旅游地图和其他旅游景点地图的观察、比对,知晓地图的绘制风格、图例样式可以通过多样化的形式来展现。(时间分配:5分钟)

(2) 在教师的引导下,知晓地图绘制的构成要素,学习图例样式的绘制技巧。(时间分配:8分钟)

评价要点:能够在探究学习中掌握图例样式的绘制技巧。

学习任务三:尝试绘制个性化游线地图

(1) 根据已确定的线路站点,各规划小组合作绘制个性化游线地图的初稿。(时间分配:10分钟)

(2) 各规划小组代表汇报游线地图初稿的设计意图,其余小组提出修改意见。(时间分配:7分钟)

(3) 各规划小组利用课后时间,根据修改意见完成对游线地图初稿的修改,并通过多种方式搜集与本组所选线路站点相关的图文资料。

评价要点:能够合作绘制出个性化游线地图的初稿。

教学任务(三)　项目展开

任务概述:各规划小组展示本组绘制的个性化游线地图,并根据评价量表进一步优化。学习撰写旅游线路发布词,将各线路站点串联成线,形成完整的介绍文稿。

所需课时:1 课时

任务目标:能够展示并优化三条个性化线路的游线地图,学会撰写旅游线路发布词。

教学资源:多媒体设备、课件、游线地图初稿、评价量表、站点图文资料

任务展开过程:展示并优化游线地图——撰写并优化游线发布词——启动个性化游线发布会

学习任务一:展示并优化游线地图

(1) 各规划小组代表上台展示本组绘制的游线地图,并分享设计意图。(时间分配:10 分钟)

(2) 其余各组根据评价量表对展出的游线地图提出修改意见。各小组记录修改要求,并于课后完成手绘游线地图的定稿。(时间分配:5 分钟)

"个性化手绘游线地图"评价量表		
评价维度	评价标准	评价结果
整体呈现	画面布局完整	☆☆☆
	地图要素齐全	☆☆☆
	图例大小合适	☆☆☆
设计美感	图例简洁美观	☆☆☆
	色彩搭配协调	☆☆☆
	风格个性鲜明	☆☆☆
主题匹配	符合个性化需求	☆☆☆
备注:根据评价结果,选取对应颗数的☆涂色		

学习任务二:撰写并优化游线发布词

(1) 在教师的引导下,学生学习撰写发布词的方法和要点。(时间分配:4 分钟)

(2) 各规划小组根据搜集到的站点图文资料,结合实地考察所得,在教师的引导下,合理搭建发布词的框架,并完成发布词的撰写。(时间分配:10 分钟)

(3) 各规划小组代表上台交流本组撰写的个性化游线发布词，其他小组根据评价量表提出修改意见。各小组记录修改要求，并于课后完成发布词的定稿。(时间分配：6分钟)

"个性化游线发布词"评价量表		
评价维度	评价标准	评价结果
结构框架	严格参照模版框架，结构清晰，介绍完整	☆☆☆
文字内容	突出线路的最大特点，语言表达生动有趣，能够激起游客的游览兴致	☆☆☆
推荐理据	对于挑选的站点有足够充分的推荐理由，能够凸显出对应个性化线路的内涵	☆☆☆
备注：根据评价结果，选取对应颗数的☆涂色		

学习任务三：启动个性化游线发布会

启动"个性化游线发布会"，公布活动流程及各项准备事宜，各规划小组根据要求，确认分工，做好充分的展示准备。(时间分配：5分钟)

教学任务(四)　成果展示

任务概述：各规划小组依托"个性化游线发布会"的平台，运用多种方式现场发布本组设计的个性化游线，分享团队创作的心得体会，并接受对应定制游客的现场提问。

所需课时：1课时

任务目标：学生通过现场发布个性化游线进行成果展示。

教学资源：多媒体设备、课件、手绘游线地图定稿、评价量表、获奖证书

任务展开过程：发布个性化游线——接受游客现场提问——评选"最佳规划团队"

学习任务一：发布个性化游线

各规划小组采取个性化的发布方式，向对应的定制游客现场介绍本组设计的个性化游线。(时间分配：20分钟)

学习任务二：接受游客现场提问

三位定制游客分别针对各规划小组发布的个性化游线进行现场提问。(时间分配：5分钟)

学习任务三：评选“最佳规划团队”

（1）三位游客根据评价量表对各组的现场发布进行点评，评选出心仪的个性化游线，并为“最佳游线规划团队”颁奖。（时间分配：10 分钟）

<table>
<tr><th colspan="4">“最佳游线规划团队”评价量表</th></tr>
<tr><th></th><th>评价维度</th><th>评价标准</th><th>评价结果</th></tr>
<tr><td rowspan="7">线路手绘地图</td><td rowspan="3">整体呈现</td><td>画面布局完整</td><td rowspan="7"></td></tr>
<tr><td>地图要素齐全</td></tr>
<tr><td>图例大小合适</td></tr>
<tr><td rowspan="3">设计美感</td><td>图例简洁美观</td></tr>
<tr><td>色彩搭配协调</td></tr>
<tr><td>风格个性鲜明</td></tr>
<tr><td>主题匹配</td><td>符合个性化需求</td></tr>
<tr><td rowspan="3">线路发布词</td><td>结构框架</td><td>严格参照模版框架，结构清晰，介绍完整</td><td>☆☆☆</td></tr>
<tr><td>文字内容</td><td>突出线路的最大特点，语言表达生动有趣，能够激起游客的游览兴致</td><td>☆☆☆</td></tr>
<tr><td>推荐理据</td><td>对于挑选的站点有足够充分的推荐理由，能够凸显出对应个性化线路的内涵</td><td>☆☆☆</td></tr>
<tr><td rowspan="3">现场呈现</td><td>团队合作</td><td>现场发布分工明确，合作无间，团队凝聚力强</td><td>☆☆☆</td></tr>
<tr><td>语言表达</td><td>语言流畅，表达清晰，富有感染力</td><td>☆☆☆</td></tr>
<tr><td>呈现方式</td><td>以多样化的方式进行现场呈现，风格鲜明，富有特色</td><td>☆☆☆</td></tr>
<tr><td>现场互动</td><td>临场应变</td><td>根据定制客户的现场提问，给出相应回答</td><td>☆☆☆</td></tr>
<tr><td colspan="3"></td><td>总计（　）☆</td></tr>
<tr><td colspan="4">备注：根据评价结果，选取对应颗数的☆涂色</td></tr>
</table>

（2）教师就整个项目化实践活动中学生的表现做总结发言并寄予期望。（时间分配：5 分钟）

三、教学反思

综合实践活动项目化学习案例
——《我是旅游线路规划师》实践反思

随着国家教育改革的深入推进，聚焦核心素养，落实课程育人、实践育人、活动育人，开展基于真实情境、真实问题的跨学科、跨领域教学，开展探究性学习、个性化学习、团队合作学习、项目化学习已经成为一种发展趋势。其中，项目化学习是一种倡导从真实问题出发，开展深度体验和探究活动的教学方式，通过主题结构化设计，支撑师生完整、深入、有效地开展实践活动，从而提升学生对事物的理解力与问题的解决能力，是实施综合实践活动的有效路径。

学校地处江南文明的发祥地，吴文化的发源地——梅村，周边地域资源丰沃。随着“梅里古镇”的新建，形成了以伯渎河为中轴线的集人文历史、艺术文化、饕餮美食为一体的网红街区。本项目是通过对苏教版小学综合实践活动六年级(下)第二单元社会服务：主题活动三——旅游景点我推荐一课进行重构和改编，旨在依托“梅里古镇”多元立体的空间资源，有效丰富综合实践课程的内容，进一步打开学生校外实践的平台，通过设计、打磨、推介个性化游线，引导学生了解家乡的社会环境和人文景观，增强学生对家乡的认同感和归属感，同时聚焦信息整理、组织策划、解决问题的核心概念，帮助学生在真实情境中提升解决问题和服务社会的实践能力。在整个项目推进的过程中，学生从真实情境出发，变身“旅游线路设计师”，为梅里古镇不同的游客群体成功定制出了3条个性化游线，并绘制出相应的旅游线路图，出色地达成了本项目的预期目标。下面，我将从四个方面对本项目进行反思和总结：

(一)问题在真实情境中萌生

情境是在一定时间内各种情况的相对的或结合的境况，是一切认知活动的基础，是为学生学习提供的背景与活动场景。在开展项目化学习的初始阶段，真实情境的创设是至关重要的，它决定着整个学习进行能否顺利地向纵深处推进。在本项目中，我们通过对课程内容的重构和改编，利用校外优渥的地域空间和文化历史资源——梅里古镇，赋予学生“旅游线路规划师”的创新身份，为学生创设了生动真实的项目化场景：近年来，随着梅里古镇“网红街区”名号的打响，越来越多的外地游客纷纷涌入古镇，都想近距离感受这“江南第一古镇”的魅力所在。面对游客日益增长的个性化需求，梅里古镇文化旅游公司决定开展“企校合作”，推出个性化旅游线路定制服务，现在邀请大家来担任

“旅游路线规划师”，为这三位游客量身打造个性化的旅游线路，并提供相应的手绘游线地图，帮助他们开启对梅里古镇的美好畅游体验。

“旅游线路规划师”这个身份对于学生而言是具有极大吸引力的。所以当学生置身于真实情境中时，他们渐渐摆脱了往常的胆怯和散漫，并时刻以规划师的身份来严格要求自己。他们在与真实情境的互动中，萌生了一系列问题：如何理解游客的个性化需求？如何根据游客的需求来定制线路？如何绘制游线地图？如何撰写旅游发布词？……这一系列基于学生内在需求的真问题进一步激发了学生的学习动机，有效地驱动着整个项目化学习的推进，指引学生走出课堂，走入社会，去了解家乡的社会环境和人文景观，增强对家乡的认同感和归属感，做好家乡的小小代言人。

（二）知识在实践探究中建构

项目化学习的本质是引导学生与外部世界建立起内在联系，并与现实世界的真情实感进行互动，从而形成结构化的知识与技能。本项目聚焦的核心概念包括信息整理、组织策划和解决问题，引导学生通过观察、思考、设计、讨论、合作、探究、展示等学习活动，履行“线路规划师”的职责和义务，定制出游客满意的个性化游线，从而在真实情境中提升解决问题和服务社会的实践能力。

在入项阶段，学生通过认真思考和共同探讨，形成了思维导图并确定了三条个性化游线的名称，并在对梅里古镇的总体概况及空间布局特点深入了解的基础上组建了个性化游线规划小组，最终成功开展了实地研学活动。在项目展开阶段，各规划小组的主线任务是绘制个性化游线地图和撰写旅游线路发布词。其下位又包含：确定三条个性化游线的站点名称和具体位置；深入学习地图绘制的相关知识与基本技巧；展示并优化个性化游线地图等子任务。在成果展示阶段，学生将三位定制游客请到现场做一对一、面对面的介绍和分享，并以一场成功的“个性化游线发布会”为本项目画上了一个圆满的句号。在整个项目推进的过程中，学生既获得了一定的知识内容，又习得了相应的学习方法，同时培养了科学务实的求知精神与态度，对其全面建构知识和养成学科素养具有重要的意义，更为培养必备品格和形成关键能力创造了条件。

（三）问题在深度学习中解决

杜威表示“认为脱离问题解决而积累的知识，可以在日后随意使用是错误的。只有在思维过程中获得的知识，才能具有逻辑的使用价值”。在传统的综合实践活动课程中,学生往往会因为割裂的学习内容、单一的学习方式、孤立的学习框架而出现学得快也忘得快,且不会灵活运动的现象。这说明学生对知识的学习还只停留在浅表的记忆层面,并未到达思维的探索层面。

在本项目中,“旅游线路规划师”的身份看似离学生很遥远,难以落地。但当我们把研究主题,拆分成一个个具体的、可操作的、充满实践性的活动项目时,往往研究便能落到实处。学生从驱动性问题出发,首先确定了三条个性化游线的名称,然后各规划小组结合梅里古镇的总体概况及空间布局特点,集思广益,拟定考察计划,并开展实地研学,接着学习绘制个性化游线和撰写个性化游线发布词,最终成功召开“个性化游线发布会”。学生通过一次又一次严谨规范的考察、探究、对比、设计、评价,从否定到肯定,从失败到成功,在过程中不断积累实践经验、逐渐完善项目方案,最终为三位梅里古镇的游客成功定制出个性化游线。在项目活动中,学生融合综合实践、数学、美术、语文等学科知识,跨界重组,使得知识与经验在设计规划个性化游线的实践探究中得到运用与创生,由“点状”的知识点结成“网状”的知识结构,既解决游客的个性化需求,又进一步激活学生的辩证思维,培育科学严谨的探究精神,高效培养实践探究能力与创新意识,最终实现深度学习。

(四) 成果在展示评价中表达

在项目化学习中,项目式成果的表现形式是多种多样的,这些成果作品皆是由学生通过学习共同体运用在学习过程中所获得的知识和技能合作完成的。在综合实践活动课程中,成果展示则更侧重于考查学生信息整理、组织策划和解决问题的能力,而非最后呈现的结果。

在本项目的入项阶段,各规划小组根据本组选定的个性化游线展开了深入的实地考察,并撰写了《“梅里初印象”研学日志单》。在展示过程中,各规划小组代表面向全体学生汇报本组所寻找到的线路预设站点的概况及入选理由,其余同伴则通过提问、评议、比对等环节,择优选取最具代表性的站点,最终串联成三条个性化游线。在项目展开阶段,各小组先后向大家分享了阶段性成果:个性化游线地图和个性化游线发布词,然后依托《“个性化手绘游线地图”评价量表》和《“个性化游线发布词”评价量表》,经组内、同伴、教师三方评价,给出建设性的优化意见,直至将各项成果作品打磨至最优化。在最后的“个性化游线发布会”上,三位定制游客依托《“最佳游线规划团队”评价量表》,围绕线路手绘地图、线路发布词、现场呈现、现场互动四个方面对所有小组进行现场考核，评选出心仪的个性化游线，并为“最佳游线规划团队”颁发证书。科学多元的评价能够指引学生进行自我反思与批判，帮助学生及时调整和创新思路，锤炼学生的思维品质和实践意志，从而提升成果表达的质量。在每一次的展示中，我们能惊喜地看到，学生的思维缜密性和语言表达能力都得到了不同程度的锻炼，同时在同伴的肯定与赞美中，他们也收获了钻研的乐趣和成功的喜悦。

在综合实践活动课程中引入项目化学习是非常有必要且有意义的。今后，我将继续深耕研究，构建具有校本特色的课程体系，促成综合实践活动课程和项目化学习的有机融合与碰撞，使综合实践活动课程走向学科育人，促进学生的生命丰富。

（设计者：周敏）